sociología
y
política

A LUZ MARÍA Y FERNANDA

LOS POBRES DE LA CIUDAD EN LOS ASENTAMIENTOS ESPONTÁNEOS

poder y política

por

JORGE MONTAÑO

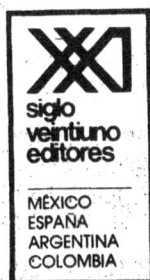

siglo
veintiuno
editores

MÉXICO
ESPAÑA
ARGENTINA
COLOMBIA

![siglo XXI logo]

siglo veintiuno editores, sa
CERRO DEL AGUA 248, MEXICO 20, D.F.

siglo veintiuno de españa editores, sa
C/PLAZA 5, MADRID 33, ESPAÑA

siglo veintiuno argentina editores, sa

siglo veintiuno de colombia, ltda
AV. 3a. 17-73 PRIMER PISO. BOGOTA, D.E. COLOMBIA

edición al cuidado de carmen valcarce
portada de anhelo hernández

primera edición en español, 1976
quinta edición en español, 1985
©siglo xxi editores, s.a. de c.v.
ISBN 968-23-0429-6

ÍNDICE

[5]

PRESENTACIÓN

Hasta fechas relativamente recientes, el tratamiento del fenómeno urbano en el mundo, estuvo confinado a meros trazos tendientes a resolver problemas inmediatos, que sin ser los más agudos constituían fuentes de descontento entre los sectores medios y altos de la sociedad. En esa discusión, aun más incipiente en México que en muchos otros lugares, se ha soslayado sistemáticamente a los pobres de la ciudad. Éstos se han concretado a protestar contra el sistema desigual dominante abandonando sus lugares de origen, para incursionar por las lujosas avenidas de los atractivos centros urbanos, cambiando su miseria sin esperanza, por un amplio panorama de expectativas que a la postre resulta contener más limitaciones. Recientemente, sin embargo, han empezado a reconocer sus potencialidades de oposición actuando en forma desarticulada y en ocasiones organizada a fin de obtener un mínimo de satisfactores.

Hemos decidido abordar el problema, apuntando brevemente las causas del fenómeno, vinculándolo con el contexto de la sociedad global. De esta manera, pretendemos evitar el planteamiento que señala las características dramáticas de la marginación sin atender al origen ni explicar los fundamentos de su permanencia y agudización. Es precisamente ese enfoque lo que genera preocupaciones catastrofistas que hacen temer la invasión desordenada de "las periferias a los centros de las ciudades", rompiendo con los principios elementales de gobierno, y en el otro extremo se inscribe la tesis de que la mejor solución consiste en ignorar la existencia del fenómeno que habrá de desaparecer por el efecto de los buenos deseos.

La presente investigación está dedicada a determinar a grandes rasgos los mecanismos y el tipo de relación que ha establecido el aparato gubernamental y político con los pobres de la ciudad explicando de esta manera, las actitudes políticas de estos últimos. El análisis a través de un trabajo de campo, nos permitió comprender los cambios y variaciones que ha sufrido esa interrelación desde sus inicios hasta nuestros días. En ese orden, hemos puesto especial interés en los escasos momentos en que dichos asentamientos reciben la atención del aparato, tales como los largos rituales electorales; a contrapunto de los períodos en los cuales esta actividad concluye dando paso a una situación real de abandono. Pensar que los pobres de la ciudad no participan activamente en el desequilibrado proceso social, político y económico, constituye una falacia insostenible. Su cotidiana actividad representa una forma diferente de actuación, de la cual se desprenden nuevos términos de incorporación. Para ello, resulta importante revisar los niveles de solución que el sistema político mexicano les ha brindado y evaluar las dimensiones de las nuevas características del fenómeno. Hasta ahora, la respuesta ha sido en términos de fideicomisos, unidades habitacionales, proyectos de regularización inconclusos, etc. En el esfuerzo por resolver el problema central de la tenencia de la tierra se ha seguido a través de distintas legislaciones la pauta y los designios de los especuladores. El Estado no ha asumido un papel regulador, dejando en manos de los traficantes de la miseria el destino de las mayorías desprotegidas. La queja constante de los sectores acomodados por el congestionamiento de tráfico, la contaminación del aire o la escasez de zonas verdes son temas que se contraponen a la preocupación del 60% de la población para obtener techo, empleo, comida, salud, agua y educación. Corresponde al lector juzgar si la creciente violencia urbana tiene relación con el orden de prioridades de las autoridades y está en consonancia con las necesidades y exigencias que de lo básico tienen los pobres de la ciudad.

Deseo agradecer al profesor Eric J. Hobsbawm bajo cuya supervisión se realizó este trabajo, orientando mediante el análisis crítico el curso de la investigación. El profesor Eric Wolf hizo observaciones valiosas y alentadoras en momentos difíciles y Wayne Cornelius de manera desinteresada y generosa facilitó materiales inéditos. A Miguel Limón, cuyas críticas contribuyeron a ubicar el trabajo, estimulando su sometimiento al juicio abierto. Alejandra Moreno Toscano, me dio acceso a los avances del seminario de Historia Urbana e hizo valiosos comentarios sobre el problema metropolitano y Claude Heller leyó con paciencia el manuscrito haciendo observaciones importantes. El Consejo Británico y la Universidad Nacional Autónoma de México proporcionaron el financiamiento para alcanzar la tranquilidad necesaria en la investigación de campo. En la última etapa, la vinculación con los profesores del Departamento de Sociología de la Unidad Azcapotzalco de la Universidad Autónoma Metropolitana permitió complementar y enriquecer el trabajo.

CAPÍTULO 1

PANORAMA HISTÓRICO

I. INTRODUCCIÓN

El propósito de esta sección es presentar un recuento de aquellos aspectos del desarrollo urbano en México que resulten significativos para el objetivo de este trabajo. Hemos incluido entre otros factores el análisis de los movimientos de migración interna, la tasa de crecimiento natural de las ciudades, así como el proceso de industrialización y su incidencia en el incremento de las mismas. Al hacer esto, queda claro que nuestro panorama histórico deja a un lado aspectos que de otra manera podrían ser importantes, sin embargo, el interés principal es presentar los factores relevantes que nos permitan entender las implicaciones políticas de la expansión urbana, a la cual algunos teóricos califican como: hiperurbanización, urbanización patológica o megalópolis (no entramos en una discusión extensa acerca de los méritos de tales afirmaciones, para lo cual se dispone de poca evidencia que las sustancie) y que resultan irrelevantes para el propósito de este trabajo. Consideramos importante demostrar que es indispensable tener un condicionante estructural de los motivos de la migración y sus consecuencias en el crecimiento urbano, a fin de explicar, sin caer en simplificaciones, las actitudes políticas de los pobres de la ciudad.

II. LOS ORÍGENES DEL CRECIMIENTO DE LA CIUDAD DE MÉXICO Y MONTERREY

A la llegada de los españoles en la primera década del siglo XVI se estimaba que Tenochtitlan tenía 300 mil habitantes, aunque no es sólo el elemento cuantitativo el más importante sino su localización geográfica, de donde los nahuas controlaban eficientemente su imperio, los dos océanos y América Central.[1] De aquí se desprende la razón de que este importante centro no estuviera

[1] G. Sjoberg, "The origin and evolution of cities", *Scientific American,* septiembre de 1965, pp. 57-58.

localizado junto al mar, y su engrandecimiento se debió a la sub-
yugación de los grupos indígenas vecinos.[2] La primacía de la
ciudad de México fue un hecho central dentro del sistema urbano
colonial, la vida económica era controlada desde la capital, en
donde por siglos, estuvo localizada la única casa de moneda y el
único consulado del virreinato de la Nueva España.[3] Peticionarios
de todas las escalas sociales y regionales del país debían acudir a
la metrópoli para cualquier cosa, desde concesiones de tierra hasta
licencias comerciales, dando lugar a un auge que llevó a la recons-
trucción total de la antigua Tenochtitlan.[4] En 1803, Alexander
von Humboldt encontró "una ciudad creciendo en forma impresionante, llena de progreso, en contraste con otras partes del mismo
país. México es un país de desigualdades".[5] Con el estallido de la
guerra de independencia (1810-1821) la tasa de crecimiento del
país declinó por primera vez en tres siglos y esta tendencia continuó durante los siguientes 50 años, ya que la inestabilidad política y la continua agitación actuaron como los principales obstácu-
los para la concentración humana en la capital.

La nueva nación se vio afectada seriamente por la hostilidad del
mercado internacional y el nivel de consumo doméstico era demasiado bajo, por lo que se adoptaron los niveles implantados por
los españoles. La legislación de Reforma tuvo efectos adversos a
los propósitos originales de sus inspiradores dando como resultado
que las tierras expropiadas fueran puestas en el mercado de tal
manera que grandes extensiones de terreno urbano quedaron disponibles, lo que estimuló a la oligarquía rural a invertir en las ciudades iniciando el desarrollo de las áreas urbanas. La intervención
y ocupación extranjera, la guerrilla republicana y finalmente la
expulsión de los franceses aumentaron la intranquilidad nacional,
antes de que se sintiera la influencia estabilizadora de la presidencia de Porfirio Díaz. Durante su régimen se reimpuso el orden
político, mediante una doble estrategia que tuvo como consecuencia un incremento considerable de la inversión extranjera en agricultura, minería, energía y ferrocarriles, renglones que fueron
activamente promovidos por el gobierno, dando como resultado

[2] A. Basols, *Zonificación de México*, Dirección de Planeación de la Secretaría de la Presidencia, México, 1965 p. 37.

[3] J. De la Cruz, y J. Webel, "México", en Morse, Richard, *The urban
development in Latin America*, Standford University Press, 1971 p. 97.

[4] Para una descripción de la ecología económica del Valle de México,
poco después de la conquista, véase Ch. Gibson, *Los aztecas bajo el dominio
español*, México, Siglo XXI, 1967.

[5] Citado por Alonso Aguilar, *México, riqueza y miseria*, México, ed. Nuestro
Tiempo, 1967, p. 82.

una rápida tasa de crecimiento para el sector comercial de la economía.[6] Durante este período se dio un aumento acelerado de la población que luego disminuyó su ritmo. El combate del bandolerismo, la abolición de las alcabalas que habían entorpecido el comercio interno, la gradual comercialización de la agricultura y el aumento en la producción de materias primas para la exportación, contribuyeron a crear una infraestructura económica, que permitió una mayor eficiencia en la ubicación de los recursos y el consiguiente incremento del comercio interno y externo. Los enclaves históricos fueron remplazados por una economía de mercado, particularmente en las regiones donde florecieron la minería y la agricultura.

Para 1900, había 245 mil habitantes en la ciudad de México, es decir, casi se triplicó el número de un siglo atrás. Más de la mitad de este crecimiento ocurrió durante los últimos veinticinco años del siglo XIX. Para entonces estaba claro que México requería el patrón de una economía de exportación dependiente de la creciente explotación de los recursos naturales, con mano de obra barata, capital y tecnología extranjera con el fin de expandir la producción para el mercado exterior. Como en muchos otros países de América Latina, este tipo de primacía en la exportación trajo consigo prosperidad a algunos sectores de la sociedad pero excluía del proceso de desarrollo a la gran mayoría de la población.

Como se mencionó anteriormente, la ciudad de México era la capital de la colonia más rica de España, además de ser el centro administrativo y cultural. Dentro de su hinterland se dio una combinación peculiar de prácticas españolas e indígenas, mientras en el norte del país debido principalmente a la lejanía geográfica, se dieron características especiales que se conservan actualmente. El trigo, algodón y la ganadería fueron las principales actividades en la zona rural de esa región, mientras la minería en San Luis Potosí, Zacatecas y Durango adquirió temprana importancia.

Después de la independencia, el gobierno intentó acelerar la colonización, mejorar las deficientes comunicaciones con el resto del país y mantener un control más efectivo sobre el norte de México. Tales esfuerzos fueron ineficientes dada la inestabilidad del gobierno central, lo que explica la pérdida de una parte del territorio nacional. Por un período largo, el norte se sintió en la periferia tanto en términos políticos como geográficos. Mon-

---

[6] Leopoldo Solís, *La realidad económica mexicana, retrovisión y perspectivas*, México, Siglo XXI, 1970, pp. 46-52.

terrey refleja totalmente el espíritu del área. La ciudad fue fun-
dada dentro de los límites del "Reino de Nuevo León" en 1596
en un área considerada como improductiva, y únicamente susceptible de ser habitada por las tribus chichimecas, dado que carecía
de recursos minerales importantes o materias primas para manufacturas. Por estas desventajas, resultaba difícil que Monterrey
llegara a ser un centro comercial importante. Sin embargo una
serie de factores externos crearon las condiciones para trasformar
la ciudad en la capital de la faja fronteriza. Estos factores fueron:

1. La secesión de Texas y la pérdida de los demás territorios causaron
la reubicación de los límites México-Estados Unidos, a 275 kilómetros
de Monterrey, aunque esto no constituyó una ventaja hasta que el comercio fronterizo aumentó y se mejoraron las comunicaciones.
2. La guerra civil americana llevó a un bloqueo de las costas en poder
de la Confederación impidiendo la exportación de algodón de esta zona.
Durante la guerra, parte de este algodón, tuvo que ser enviado a través
del norte de México. Monterrey se convirtió en el centro exportador y
receptor de importaciones destinadas al sur de los Estados Unidos dando lugar a negocios altamente lucrativos.[7]

Así, el desarrollo de la ciudad de Monterrey se vio impulsado
por la guerra civil americana y en menor grado por la intervención francesa en México. Sin embargo, aún en la última parte de
los setentas el estado de Nuevo León, del cual Monterrey era la
capital, así como los demás estados del norte de México, tenían
poca significación en la economía mexicana. La falta de buenas
comunicaciones con el resto del país continuó siendo el obstáculo
principal para el desarrollo interno. En 1880 comenzó la construcción del ferrocarril de la ciudad de México a Laredo (pasando por Monterrey) trabajos que concluyeron ocho años después. Estados Unidos asumió con prontitud el papel de compra-
dor dominante de las escasas exportaciones mexicanas y principal
proveedor de sus importaciones. Otras vías de ferrocarril fueron
terminadas en los decenios de 1880 y 1890 comunicando a Monterrey con Torreón y Tampico. Un segundo hecho de importancia económica del porfiriato que benefició a Monterrey, fue el
aumento sustancial de las inversiones extranjeras, alentado directamente a través de políticas gubernamentales favorables, e indirectamente por la estabilidad política introducida por Díaz. La
mayor parte de las inversiones se canalizaron en el sector de ex-

[7] F. López Cámara, *La estructura económica y social de México en la época de la Reforma*, México, Siglo XXI, 1969, p. 119.

portación de la economía, convirtiéndose Monterrey en un centro de distribución de productos a los Estados Unidos. Desde 1890 la tarifa McKinley favoreció el procesamiento de los minerales en México que se realizó en esa ciudad.[8]

Otro factor en su crecimiento fue la intervención vigorosa de Bernardo Reyes, gobernador de Nuevo León, quien alentó la industrialización, entre otras cosas, dictó disposiciones en 1888 para conceder la exención de impuestos a las industrias que se establecían en Monterrey, y fue debido a estos incentivos que la primera fábrica de acero en América Latina se fundó en esa ciudad. No obstante la participación de capital extranjero, los inversionistas locales lograron adquirir la hegemonía del mercado y si bien la acumulación de capital pudo tener un origen comercial, lo que distingue la historia económica de Monterrey de otras ciudades de América Latina, es que la oligarquía local no sólo dominó el comercio del noreste del país, sino que extendieron sus operaciones progresivamente, abarcando la manufactura de muchos productos que fueron enviados a otras partes de México y al exterior. Otra peculiaridad de la región son las bases originales de un capitalismo de familia que dio lugar a dos grupos que tradicionalmente han dominado la escena económica: El de Cervecería Cuauhtémoc (ahora Alfa) y el de la Compañía Fundidora de Fierro y Acero de Monterrey. Para alcanzar niveles competitivos en el plano internacional, las industrias de Monterrey tuvieron que ser eficientes, manteniendo una tecnología avanzada a base de una fuerte inversión de capital. Éste fue ampliamente autogenerado con una continua reinversión de una parte importante de las utilidades.

Mientras que las tres últimas décadas del siglo XIX fueron de prosperidad y desarrollo para Monterrey, los estados vecinos de San Luis y Zacatecas se empobrecieron con el agotamiento de las minas y otras actividades metalúrgicas. Estos cambios dieron lugar a las primeras migraciones en gran escala. En 1880 se estimaba que la ciudad tenía 30 mil habitantes; para 1910, de acuerdo con el censo, la población aumentó a 79 mil. Dada la escala de urbanización de la época, una ciudad de 80 mil habitantes era de un tamaño razonable; la ciudad de México no había alcanzado el medio millón (véase cuadro I-1), y solamente había 21 ciudades en el país con poblaciones de más de 20 mil habitantes y 8 de cada 10 mexicanos vivían en localidades de menos de 5 mil habitantes.[9]

[8] F. Mauro, *Le development économique de Monterrey*, Caravelle, Toulosse, 1964, núm. 2, pp. 35-61.
[9] Luis Unikel, "Urbanización y urbanismo" en M. Wionczek, ed. comp., *Disyuntivas Sociales*, México, septiembre de 1970, núm. 5, pp. 82-83.

CUADRO I-I

Población de la ciudad de México y Monterrey, 1742-1970

(Población en miles y % = promedio tasa de crecimiento)

Años	México Población	%	Cd. de México Población	%	Monterrey Población	%
1742	3 336		98		4	
1793	5 200	0.9	113	0.3		
1803	5 837	1.2	137	1.5	7	1.7
1810	6 122	0.9	180	4.0		
1823	6 800	0.8	165	−0.7	11	2.5
1838	7 044	0.3			16	2.4
1855	7 853	0.6	200	0.6	21	2.0
1862	8 397	1.0	210	0.7		
1877	9 389	0.8	230	0.6	28	1.3
1884	10 448	1.5	300	3.9	35	3.2
1900	13 607	1.7	344	0.9	62	6.7
1910	15 160	1.1	417	3.2	79	2.6
1921	14 800	−0.2	615	2.6	88	1.0
1930	16 553		1 029	3.8	134	
1940	19 654		1 644	4.1	186	
1950	25 791		2 953	6.3	380	
1960	34 923		5 125	5.5	720	
1970	48 313		8 815	5.7	1 242	

Datos de 1742 a 1921, FUENTE: Morse, op. cit., p. 95.
Datos de 1930 a 1970, FUENTE: Censos de población de México.

De estas ciudades, únicamente Monterrey podía considerarse como ciudad industrial en el sentido moderno del término.

III. URBANIZACIÓN Y AGRICULTURA

El proceso de urbanización del México moderno se divide por lo menos en dos grandes etapas. La primera cubre el período 1900-1940 que puede considerarse como de lenta urbanización, y el segundo 1940-1950 en que el proceso se acelera a sus más altos niveles estableciendo un ritmo que se ha reducido ligeramente. Al final del siglo XIX, el crecimiento de población respondió al gran impulso que recibió el desarrollo económico, después de un largo período de estancamiento con bajos niveles de producción. Lo anterior se reflejaba en el sector agrícola del cual hasta 1910, dependía el 70% de la población. De acuerdo con los datos disponibles, este proceso inicial de aceleración tuvo una seria contracción, ya que la tasa de crecimiento de población durante el período 1900-1910 cayó de 1.7% a 1.1% anual, debido a la disminución real de los salarios y al atraso de la agricultura, el cual se dio a pesar del aumento en la producción percápita en el mismo período (véase cuadro I-I). No obstante que hubo mejoras considerables en las condiciones de salud reduciendo la tasa de mortalidad y aumentando la tasa de natalidad, de tal forma que no se podía esperar que la tasa de crecimiento de la población, una vez en ascenso, se desplomara a menos que las condiciones económicas se deterioraran para segmentos importantes de la población.[10] Un ejemplo claro fue el centro del país donde durante la primera década del presente siglo se dieron índices bajos de crecimiento de la población como consecuencia del atraso de la región que se caracterizaba por una agricultura de subsistencia, en lugar de producción y exportación. Dado que aquélla causaba el retraso de la agricultura comercial y el desequilibrio regional se apoya la tesis de que los índices del crecimiento de población estaban relacionados con los paupérrimos niveles de vida del campesinado. Es factible señalar que había una clara vinculación con el sistema de explotación que prevaleció en las áreas rurales hasta la revolución.

La "pax porfiriana" operaba sobre la base de que la política debería minimizarse a fin de lograr la prosperidad económica, para lo cual utilizaba métodos que variaban según la resistencia de los actores desde cooptación hasta encarcelamiento y asesinato. A pesar de que se tomaron medidas económicas de gran éxito, el porfiriato estimuló la explotación y pauperización de los sectores mayoritarios, dando lugar a la emergencia de un proletariado urbano forzado a vivir a nivel de subsistencia. Se formaron grandes compañías de bienes raíces que frecuentemente mantenían la tierra ociosa con el solo propósito de obtener beneficios a través de la especulación a mediano plazo, y si bien, el Estado trató de conciliar los intereses en conflicto como un medio de impedir confrontaciones, una clase económica y políticamente consciente del norte del país, constituyó la base de la rebelión contra Díaz. Dado que el número de beneficiados por el porfiriato tendía a disminuir y la riqueza a concentrarse en unos cuantos, esto motivó el malestar y la discusión entre las otrora élites simpatizantes.

[10] Leopoldo Solís, *op. cit.*, pp. 53-61.

La revolución armada de 1910-1917 trajo consigo trasformaciones fundamentales en la estructura política del país. Sin embargo parecería obvio que sin los profundos cambios instituidos en la organización agraria, ninguna trasformación política podía haber tenido alcances importantes. El resultado principal de la reforma agraria fue la redistribución de la propiedad de la tierra, que fue necesaria para combatir una situación en la cual "en 1910, el último año de dictadura, 1% de la población poseía 97% de la tierra".[11] Además de todo esto, es bien sabido que, la organización latifundista basada en el sistema de *hacienda*, no era solamente un sistema de posesión de grandes propiedades, sino que era sobre todo un sistema social. Los dueños de la tierra eran la aristocracia social, económica y política del país y también los "propietarios" de las vidas de aquellos que residían en sus tierras. Las condiciones de vida y trabajo del peón en la hacienda eran miserables, más aún, el peonaje como forma de trabajo fue la verdadera base del sistema.[12] No era solamente la falta de tierra lo que llevó a los campesinos a un levantamiento de masas, sino también las condiciones oprimidas de vida a la que estaban sujetos. La reforma agraria ayudó a liberar al peón del sistema hacienda y a modernizar las técnicas de producción usadas en las áreas rurales, logrando, por medio de esta combinación, la formación de capital. La movilización de mano de obra barata y capital proveniente de las áreas rurales al sector capitalista, al mismo tiempo que la producción en las áreas de agricultura aumentó considerablemente, ayudó a mantener el sector no agrícola.[13] El efecto inmediato de la destrucción del sistema de hacienda, fue la migración de los campesinos empobrecidos hasta los centros más urbanizados. El papel crucial que jugó la agricultura en el proceso de industrialización-urbanización será analizado brevemente a fin de obtener una mayor claridad. Varios autores han señalado que el sector agrícola debe proveer: 1) aumento de la producción de alimentos para una población urbana en rápida expansión; 2) aumento de producción de materias primas; 3) producción de exportaciones para financiar la importación de productos industriales; 4) una oferta creciente de mano de obra que colabore a resolver las demandas de los sectores urbanos, industrial y de servicios; 5) ahorros para ser usados en obras de infraestructura y en el desarrollo

[11] Rodolfo Stavenhagen, "Aspectos sociales de la estructura agraria en México", en *Neolatifundismo y explotación*, ed. Nuestro Tiempo, 1968, pp. 32-33.
[12] *Ibíd.*, p. 34.
[13] Víctor Flores Olea, "Poder, legitimidad y política en México", en *El perfil de México en 1980*, México, Siglo XXI, 1972, t. 3, pp. 476-479.

industrial y 6) un mercado para los productos del sector industrial.[14] A pesar del papel que ha desempeñado la agricultura en el desarrollo mexicano durante el período bajo consideración, las relaciones estructurales existentes entre el sector urbano y el sector agrícola contribuyeron a acentuar la disparidad en perjuicio de este último. Fenómeno que empezó a gestarse desde las postrimerías del movimiento armado ya que si bien en el espíritu de la Constitución se lograron avances importantes, la aplicación de esos principios fue lenta y poco efectiva especialmente en el período 1917-1934. El curso de la reforma agraria fue cuidadosamente planeado para evitar "alteraciones" en la producción agrícola que provendrían de redistribución precipitada de la tierra a los campesinos. Más aún, el presidente Obregón buscó evitar dificultades con los norteamericanos dedicados a actividades rurales a fin de no deteriorar las relaciones diplomáticas entre México y Estados Unidos. Siendo él mismo un miembro del grupo de terratenientes de Sonora, su postura acerca de la tierra era contradictoria, por lo que procedió a distribuir predios en aquellas áreas donde el descontento era mayor.[15] Una gran parte de la tierra distribuida, contribuyó al cese de hostilidades con los seguidores de Zapata en el estado de Morelos. No obstante, Obregón fue suficientemente hábil para lograr el apoyo de líderes agrarios. Calles (1924-1928) continuó con la distribución moderada de la tierra, lo que sin embargo tuvo efectos importantes para detener el éxodo de campesinos a las ciudades. Fundó el Banco de Crédito Agrícola para financiar y apoyar el programa de reforma agraria, aunque su interés radicaba en la industrialización y en la construcción de obras de infraestructura que fueron las causas del deterioro del ingreso real en el sector rural.

En 1934, cuando Lázaro Cárdenas asumió la presidencia después de haber sido gobernador del estado de Michoacán, en donde ya había comenzado a implantar una política de beneficio al campesino, el programa de la reforma agraria ya tenía casi 20 años. Para él, la solución de los problemas económicos, sociales y políticos de México estribaba en llevar a cabo el programa de reforma agraria que surgió de la Revolución mexicana.[16] Creía firmemente en el sistema ejidal y durante su período de 6 años distribuyó más de 18.6 millones de hectáreas de tierra, lo que

[14] R. Hansen, *La política del desarrollo mexicano*, México, Siglo XXI, 1972, p. 80.
[15] E. N. Sympson, *The ejido Mexico's way out*, Chapell Hill, 1973, p. 87.
[16] Sanford Mosk, *Industrial revolution in Mexico*, ed. Ezekiel Harper y Bros, 1947, p. 53.

equivaldría a más del doble de la cantidad de tierra distribuida a los campesinos en dos décadas. Cárdenas garantizó asistencia técnica-financiera, orientada a mejorar y promover la situación de los ejidatarios, creando el Banco Nacional de Crédito Ejidal con el fin de otorgar refaccionamiento a los nuevos propietarios.

Como Sanford Mosk ha señalado: "había poco lugar en el pensamiento de Cárdenas dedicado a la construcción de plantas industriales de gran escala o al crecimiento de los centros urbano industriales. La industria sería llevada a los campesinos, a sus pequeños pueblos, evitando su movilización a las ciudades industriales. De esta manera esperaba obtener para el pueblo mexicano los beneficios materiales que la industria podía ofrecer sin engendrar los peligros del industrialismo urbano".[17] El entusiasmo de la administración de Cárdenas por el desarrollo de las áreas rurales no fue totalmente compartido por los gobiernos subsecuentes como se puede ver en los siguientes datos. Entre 1930-1940 (los últimos seis años bajo Cárdenas) el número de unidades de propiedad privada se duplicaron aumentando de 600 mil a 1.2 millones. Después el aumento fue insignificante y entre 1950-1960 disminuyó, lo que refleja, a pesar de la información estadística poco confiable, un proceso de reconcentración de tierras de propiedad privada. Actualmente dos tercios de las unidades de propiedad privada tienen menos de 5 hectáreas y poseen solamente 1.3% de toda la tierra de propiedad privada y 10% de toda la tierra de propiedad privada dedicada a la agricultura. Estas cifras demuestran que en el sector privado el mayor número de propiedades son minifundios y unidades de agricultura que generalmente son demasiado pequeñas para proveer tanto empleo como un ingreso satisfactorio a la familia campesina promedio. Este tipo de explotación de tierra está ligado a un cultivo de subsistencia (principalmente maíz) basado en recursos económicos insuficientes, por lo que pasan una buena parte del año ociosos. Una cifra reciente, señala que en 1950 los campesinos (ejidatarios, minifundistas y jornaleros) trabajaban un promedio de 190 a 200 días por año, disminuyendo a 100 y 120 días durante la década pasada y el promedio para el decenio actual es solamente de 60 a 70 días al año.[18] Por otra parte, las tasas de crecimiento de la población han permanecido constantes desde 1930, pero la proporción de población rural respecto al total de la población ha disminuido de 74.4% en 1940 a 49.3% en 1970 (véase cuadro I-II). En térmi-

---

[17] *Ibid.*, pp. 57-58.
[18] Iván Restrepo, *Excélsior*, 22 de octubre de 1974, p. 24.

CUADRO I-II

México: población rural y urbana 1900-1970

(Población en 000s)

	1900	%	1940	%	1960	%	1970	%
Total	13 607	100.0	19 649	100.0	34 923	100.0	49 100	100.0
Urbana[1]	1 434	10.5	3 928	20.0	12 747	36.6	22 100	45.0
Semiurbana[2]	1 128	8.3	1 492	7.6	2 757	7.9	2 800	6.0
Rural[3]	11 044	81.2	14 229	74.4	19 149	55.5	24 200	49.0

FUENTE: L. *Unikel, op. cit.*
[1] Ciudades con más de 15 000 habitantes
[2] Ciudades entre 5 000 y 14 999 habitantes
[3] Poblados con menos de 4 999 habitantes

nos absolutos la población rural ha aumentado de 11 millones a 17 en el mismo período, lo que equivale a un incremento de casi 50% en 30 años. Si tomamos solamente a la población económicamente activa, vemos que el número de personas trabajando en la agricultura ha aumentado de 3.6 millones en 1930 a 6.1 millones en 1960, esto es un aumento de 70%, pero su posición relativa con respecto al total de la fuerza de trabajo disminuyó de 70.2% en 1930 a 54% en 1960.[19] Debido a este crecimiento de población y a la disminución del ritmo de distribución de tierra ejidal, el número de campesinos sin tierra ha aumentado de 2.5 millones en 1940 a cerca de 4 millones en 1970, lo que significa que en 1960 la población sin tierras laborables era mayor que en 1930, y también más numerosa que en 1910, representando actualmente más de la mitad del total de la fuerza de trabajo en la agricultura.

Estas cifras son de gran importancia para el propósito de este trabajo, ya que los jornaleros ocupan el estrato más bajo de la población de México, con ingresos de subsistencia muy por debajo de los niveles del salario mínimo oficial, convirtiéndolos en migrantes potenciales y actuales a los centros urbanos. Normalmente trabajan por día o por "obra" sin tener seguridad de empleo o de ingreso. Muchos miles son trabajadores migratorios que siguen circuitos estacionales fijos, de acuerdo a las necesidades de las diferentes cosechas. Los que se encuentran en el centro y norte del país, ansían empleo legal o ilegal en los Estados Unidos, pero todos viven sin protección de la ley, seguridad social, asistencia médica, vivienda adecuada o facilidades de educación para sus familias. Es importante tener presente estos factores a fin de explicar las actitudes que adoptan cuando llegan a las ciudades, y que para algunos autores son incomprensibles. Los datos más recientes estiman que de los tres millones de solicitantes de tierra, sólo cerca de 350 mil podrán recibirla y esto en el caso de que el gobierno decida modificar la legislación creando nuevas tierras de cultivo.[20] Además de esto, si las presentes tendencias demográficas continúan en el campo, la población agrícola no comenzará a disminuir en términos absolutos por lo menos en 15 años más. Sin embargo, si por alguna razón los sectores no agrícolas de la economía pierden el ritmo mantenido durante los últimos años, la población agrícola continuará creciendo en términos absolutos hasta las primeras dé-

---

[19] R. Stavenhagen, op. cit., p. 50.
[20] Restrepo, op. cit., p. 25.

Estructura ocupacional agrícola
Porcentaje de la población

	1930	%	1940	%	1950	%	1960	%	1970	%
Fuerza de trabajo agrícola	3 626	100	3 831	100	4 800	100	6 144	100		
Incremento				5.6		20.6		33.0		
Jornaleros	2 479	68	1 892	49	2 055	43	3 300	54.4		
Incremento				—23.7		8.6		60.0		
Ejidatarios	537	15	1 223	32	1 380	29	1 500	25		
Incremento				128.0		13.0		8.7		
Pequeños propietarios	610	17	716	17	1 365	28	1 300	21		
Incremento				17.0		91.0		—4.7		

FUENTE: Rodolfo Stavenhagen, *op. cit.*, p. 29.

cadas del siguiente siglo y para entonces habrán doblado su número con obvios resultados.[21]

A pesar de los esfuerzos de conciliación contenidos en el nuevo código agrario (1971) que pretende dar cabida a las demandas de los campesinos y a las presiones de las clases dominantes rurales, las condiciones en el campo, tienden a deteriorarse. Aun cuando las haciendas tradicionales han desaparecido, un nuevo fenómeno ha ensombrecido el objetivo más importante de la Revolución mexicana; éste es el desarrollo del neolatifundismo, que representa, la respuesta capitalista al programa de la reforma agraria. Se ha apuntado acertadamente que el "neolatifundismo es el resultado natural de la estructura de poder actual, esto es, de la estructura de clases del país".[22] Por otra parte los distintos regímenes gubernamentales han interpretado en forma inconsistente, con vaivenes en la política agraria que van desde Cárdenas y concluyen en Alemán. Recientemente, Díaz Ordaz siguió el modelo de éste, mientras Echeverría ha intentado durante los setentas romper las estructuras obsoletas (véase cuadro I-III). Dado que los campesinos están viviendo bajo presiones económicas continuas, como se ha demostrado, rentan sus tierras mediante acuerdos ilegales e injustos, violando la disposición constitucional que señala que el ejido es una propiedad inalienable. En consecuencia, el capital monopoliza la tierra, agua y otros recursos en beneficio de los terratenientes, contribuyendo al empobrecimiento de las áreas rurales, al convertirse los usufructuarios en asalariados de su propia tierra.

Balan *et al.*, al investigar la migración a Monterrey, observaron una comunidad de origen: Cedral, un municipio en el norte del estado de San Luis Potosí, que ha padecido directamente los efectos de la decadencia de la economía minera, obligando a la población a dedicarse a actividades agrícolas.[23] En la mayoría de los casos formaron ejidos colectivos, pero las condiciones del suelo los presionaron a migrar a Monterrey, abandonando su terreno y vivienda sin ningún beneficio personal al no haber mercado para sus propiedades.[24] La dualidad agraria que hemos examinado previamente se presenta con claridad en Cedral donde la mejor tierra y agua disponible no fueron sujetas a expropiación y distribución ejidal, permaneciendo en manos de particulares. Dichos autores han indicado: "Como se sabe, la agricultura de

---

[21] *Ibid.*, p. 25.

[22] Stavenhagen, *op. cit.*, p. 50.

[23] J. Balan, H. Browning, y W. Feindt, *Men in a developing society*, Texas University Press, 1973, p. 74.

[24] *Ibid.*, p. 77.

Distribución de tierras desde Carranza, decreto de 1915

Presidente	Fin del período	Número aproximado de meses	Total hectáreas distribuidas	Promedio mensual	Porcentaje de la superficie nacional	Total acumulado	Porcentaje de la superficie nacional
Carranza	Mayo 21, 1920	66.5	167 936	2 525	0.1	167 936	0.1
De la Huerta	Noviembre 30, 1920	6.0	33 696	5 616		201 632	0.1
Obregón	Noviembre 30, 1924	48.0	1 100 117	22 919	0.6	1 301 749	0.7
Calles	Noviembre 30, 1928	48.0	2 972 876	61 935	1.5	4 274 625	2.2
Portes Gil	Febrero 4, 1930	14.1	1 707 750	121 117	0.9	5 982 375	3.0
Ortiz Rubio	Septiembre 3, 1932	30.8	944 538	30 667	0.5	6 926 913	3.5
Rodríguez	Noviembre 29, 1934	27.0	790 694	29 285	0.4	7 717 607	1.9
Cárdenas	Noviembre 29, 1940	72.0	17 906 429	248 700	9.1	25 624 036	13.0
Ávila Camacho	Noviembre 30, 1946	72.0	5 944 449	82 562	3.0	31 568 485	16.1
Alemán	Noviembre 30, 1952	72.0	4 844 123	67 279	2.5	36 412 608	18.5
Ruiz Cortines	Noviembre 30, 1958	72.0	4 936 668	68 565	2.5	41 349 276	21.0
López Mateos	Noviembre 30, 1964	72.0	11 361 370	157 797	5.8	52 710 646	26.8

FUENTE: James W. Wilkie, *The Mexican revolution: federal expenditure and social change since 1910* (Berkeley y Los Angeles: University of California Press, 1967), p. 188, revisado para la segunda edición.

irrigación requiere inversiones sustanciales de capital y los ejidos no han logrado obtener créditos para comprar bombas de agua, semillas y otros elementos necesarios para la agricultura comercial, con los particulares beneficiándose de las escasas fuentes de financiamiento."[25] De acuerdo con este estudio solamente tres o cuatro familias tienen suficientes recursos para obtener irrigación en tierras ejidales adicionales, obligando a los poseedores legales a convertirse en jornaleros.

En Cedral, como en otras partes del país, la economía basada en la agricultura no se ha desarrollado de acuerdo con las demandas y exigencias de la población, que se ve obligada a movilizarse en busca de un ingreso de subsistencia. Otro incentivo para la migración interna es la distribución desigual de las inversiones públicas y privadas, que ha generado una falsa impresión del crecimiento de la agricultura. El desarrollo agrícola se ha llevado a cabo solamente en aquellas áreas del país donde se practica la agricultura comercial, altamente productiva, particularmente en los distritos de riego del norte y noroeste del país. En áreas estacionales (de no irrigación) la productividad agrícola es baja. Flores Olea ha señalado que en el estado de Sonora el valor de la producción agrícola por hectáreas cultivables es de 1 660 pesos, mientras que en Oaxaca (Pacífico sur), en donde la población agrícola es casi cuatro veces mayor que en Sonora y en donde el área cultivable es más que el doble, el producto por hectárea cultivable es inferior a 500 pesos.[26] En vista de lo anterior, es explicable que Oaxaca proporcione un alto porcentaje de migrantes a la ciudad de México.

Es claro que las diferencias regionales tienden a aumentar. En los años recientes, las tasas más altas de crecimiento del producto agrícola se han dado en las zonas de riego dedicadas a cosechas comerciales. Rodolfo Stavenhagen apunta que:

las políticas agrícolas del gobierno tienden a favorecer estas regiones; es aquí donde se efectúan las mayores inversiones en infraestructura económica y social. Los escasos recursos nacionales destinados a la investigación y extensión agrícola también se realizan en estas zonas. En contraste, las regiones de agricultura de subsistencia carecen de apoyo financiero y técnico y las estructuras de mercado son igualmente desfavorables para el campesino.[27]

[25] *Ibid.*, p. 78.
[26] Flores Olea, *op. cit.*, p. 475.
[27] R. Stavenhagen, *Sociología y subdesarrollo*, Nuestro Tiempo, 1972, p. 176.

Por esta razón, el minifundio de subsistencia, aunque es marginal al proceso de desarrollo económico, cumple actualmente una función histórica ya que contribuye a mantener a la población en su lugar de origen proveyendo de un mínimo de condiciones de subsistencia a aquellos que de otra manera tendrían que migrar.

IV. LAS ÁREAS RURALES Y EL SISTEMA POLÍTICO

Cárdenas creó la organización agraria con la intención de agrupar a los miembros de las comunidades ejidales (surgidas bajo el programa de la reforma agraria) como base de su membrecía, empeñándose en constituir una confederación capaz de dar apoyo a sus agremiados frente a los detractores del nuevo plan agrario. Con fundamento en el decreto de julio de 1935, se organizaron grupos en todas las comunidades ejidales del país, los que subsecuentemente se integraron en organizaciones estatales llamadas ligas de comunidades agrarias y uniones campesinas. Estas ligas se unieron para formar la Confederación Nacional Campesina (CNC) que a su vez se incorporó al partido gobernante y fue a través de este tipo de organizaciones, que 2 millones de ejidatarios y jornaleros quedaron protegidos y con representación oficial. La CNC cumple con varios objetivos, entre los cuales se cuenta, a] la movilización de afiliados en apoyo de los candidatos del PRI, b] la defensa de los intereses del campesinado en sus negociaciones con los funcionarios del gobierno y c] encontrar soluciones y servir de intermediarios a los problemas internos que surgen en las zonas rurales. La función política más importante de las ligas de la CNC es la canalización de demandas, descontentos y quejas convirtiéndose en la única forma de lograr una resolución satisfactoria en cualquier negociación con las autoridades gubernamentales, asegurándoles el control de este importante sector de la población. La rigidez que ha caracterizado a la CNC ha sido un factor clave para que algunos grupos abandonen la organización integrando asociaciones paralelas independientes, que adelantan sus peticiones en forma directa ante el Estado. Recientemente se realizaron negociaciones con estos grupos disidentes, que culminaron con la firma del Pacto de Ocampo, donde se aglutinan mediante denominadores comunes, las tendencias más entradas del espectro agrario.[28]

[28] Jorge Montaño, *Partidos y política en América Latina*, México, UNAM, 1974, p. 162.

Además de los mecanismos de control que ejercen las ligas y la Confederación Nacional Campesina, los ejidatarios, jornaleros y pequeños propietarios están sujetos de acuerdo al código agrario, a una fuerte dependencia de varias oficinas gubernamentales (Secretaría de Agricultura, Secretaría de la Reforma Agraria, Secretaría de Recursos Hidráulicos y Banco Nacional de Crédito Ejidal), cuyas decisiones están orientadas políticamente en beneficio de los intereses dominantes. Es por ello que los campesinos se ven envueltos en una trama complicada de relaciones burocráticas, primero al nivel local y después al nivel estatal y federal. Los lazos estrechos de sus líderes con las autoridades son el obstáculo principal de la verdadera representación. Sin embargo, con la excepción de algunos sectores desesperados, han aceptado y acatado el control político de la CNC.[29] En vista de esto, es importante señalar que cada campesino (jornalero, peón, ejidatario y minifundista), ha estado de una y otra forma en contacto con los diferentes niveles del sistema político mexicano y su identificación con el aparato CNC-gobierno-partido, está totalmente justificada. Fisher y Friederich han estudiado este proceso de control y manipulación en diferentes áreas de México demostrando claramente el marco y los recursos ilimitados que existen para lograr tales fines.[30] El proceso se inicia en el centro y desciende a la sección local del PRI que tiene un fuerte control sobre la actividad política de la región, autoridad que se extiende hasta el nivel municipal, a través del cual son nombrados los presidentes de los comisariados ejidales. "En agradecimiento por el apoyo leal al partido, llevando al ejido el mensaje de las políticas estatales y del presidente municipal, el político local puede disfrutar de las ventajas de su posición."[31]

Esto es importante de subrayar, ya que desmiente la presunción tradicional de que los migrantes entran en contacto con el sistema político cuando llegan a los centros urbanos, o bien a la tesis que supone una vinculación con una red de relaciones sustancialmente distintas. Lo que es totalmente inexacto en el caso de México. La CNC es el sector más homogéneo de los que forman el PRI y aunque los líderes principales no son de origen campesino, la base no objeta este hecho y sólo critica la ineficiencia de la burocracia en la resolución de sus demandas. Continuamente, estos grupos de-

---

[29] *Ibid.*, p. 142.
[30] Paul A. Friederich, "The legitimacy of a cacique", en M. J. Swartz (comp.), *Local level politics*, Aldine, Chicago; G. Fisher, "Culture change in Nayarit", en R. Wauchope, (comp.), *Sinoptic studies of Mexican culture*, Tulane University Press, 1957.
[31] Fisher, *op. cit.*, p. 57.

sesperados hacen viajes costosos a la ciudad de México con la esperanza de obtener una entrevista con el presidente y lograr finalmente la solución a sus problemas. A pesar de estos síntomas de insatisfacción, el sector campesino es aún la fuerza más factible de ser movilizada en las campañas electorales. González Casanova ha demostrado que los estados más pobres, con los niveles de urbanización más bajos, tienen mayor votación por el PRI. No acepta esto como un indicador de modernización como lo sugieren los desarrollistas, sino implica que el nivel de manipulación es mayor en estas áreas.[32] En efecto, los mecanismos de control, en lugar de disminuir, tienden a hacerse más estrechos conforme las condiciones económicas se deterioran ya que los canales de acción seguirán circunscritos a las alternativas oficiales y tradicionales. Los ex campesinos viviendo en los centros urbanos tienen formada una opinión acerca del proceso político y de los riesgos en caso de violación a las reglas del juego. De esta manera, podemos suponer que es la combinación de los antecedentes rurales y la exposición urbana lo que condiciona las actitudes de los pobres de la ciudad. Si dejamos de tomar esto en consideración, es difícil entender su reacción pasiva ante una situación de miseria extrema.

V. INDUSTRIALIZACIÓN Y CRECIMIENTO URBANO

Hacia mediados de la década de 1920, se habrían rebasado los niveles de producción de la prerrevolución en minería y petróleo, electricidad y manufacturas. La inversión pública en instalaciones de energía hidroeléctrica y carreteras se consideró de importancia básica para el desarrollo económico y social, creándose para este propósito varias instituciones de crédito que ayudaron a reorganizar el sistema financiero. El énfasis que dieron los gobiernos posrevolucionarios al proceso de industrialización, implicó un patrón de inversión pública que causó el deterioro del ingreso real en el sector rural. De esta manera, aunque el movimiento social fue esencialmente de naturaleza agraria, los terratenientes se inclinaron más hacia el cambio de actividades a fin de distraer la atención de los problemas reales. Por lo tanto, los habitantes del campo se empobrecieron al pagar por el desarrollo industrial. Calles, sin embargo, creía que el proceso normal del crecimiento

[32] Pablo González Casanova, *La democracia en México*, México, ed. Era, 1965, p. 149.

28 PANORAMA HISTÓRICO

económico traería consigo mejoras en la igualdad social y en la
distribución del ingreso, sin necesidad de una implementación
radical de los artículos constitucionales inspirados bajo la presión
de figuras progresistas como Jara, Mújica y Victoria. La economía
fue severamente afectada por la depresión económica, al cerrarse
parcialmente, el mercado de explotación para México, lo que
produjo un descenso en el ingreso y demanda interna. La distribución de la tierra casi se suspendió y la situación angustiosa
de las áreas rurales obligó a los más aventureros a abandonarlas.

El presidente Cárdenas como se mencionó anteriormente, modificó la política iniciada por Calles dando mayor apoyo a la
agricultura, y lo que aunado a la recuperación de los mercados
internacionales en minería, petróleo y materias primas agrícolas
fue igualmente benéfico para el país. Esta recuperación fue seguida de algunas reformas estructurales incluyendo la nacionali-
zación absoluta de los ferrocarriles y la expropiación del petróleo.
A pesar de que se incrementó la distribución de la tierra, los treintas marcan el inicio de una vasta migración de las poblaciones
más empobrecidas y alejadas de las ciudades con la esperanza de
obtener mejores condiciones de vida, así como también hacia los
centros de agricultura comercial en expansión del norte y noreste
del país. Este movimiento del centro a la periferia del país y de
las áreas rurales a los centros urbanos, se refleja en la posición
de la población total del centro (menos el D. F.) que disminuyó
de 41% en 1930 a 35% en 1960, mientras que la fuerza de trabajo en la agricultura, como una parte de la población económicamente activa, después de haber aumentado entre 1910 y 1930,
cayó seis puntos de su porcentaje en los treintas (1930), siete
en la siguiente década y cuatro más en los cincuentas (1950).[33]

Sin duda alguna, la manufactura era la actividad más importante en la economía mexicana durante los treintas. La producción de todo tipo aumentó considerablemente, no sólo de los tradicionales como textiles, cerveza, azúcar, zapatos, jabón y tabaco
sino también productos nuevos como cemento, fierro y acero,
lo que explica la corriente masiva de migrantes a los centros
urbanos[34] (véase cuadro I-I). Factor que se ve forzado por la pérdida de los lazos institucionales a la tierra, no obstante que el
programa de distribución agraria alcanzó su mayor nivel durante
este período pero las condiciones de vida en las ciudades eran
mucho más atractivas. Raymond Vernon explica la situación así:

[33] Solís, *op. cit.*, p. 66.
[34] C. Reynolds, *The Mexican economy*, Yale University Press, 1970, p. 46.

la demanda de alojamientos dio gran impulso a la industria de la construcción en las ciudades. Los artesanos que producían textiles o zapatos, fueron sustituidos por las fábricas; los alimentos y bebidas producidos en casa fueron remplazados por la producción de las plantas industriales. La actividad humana se circunscribió a grupos suficientemente grandes como para justificar la instalación de sistemas de energía eléctrica, suministro de agua, servicios de reparación y mantenimiento, y terminales camioneras. El autofinanciamiento por reinversión de utilidades, complementó el capital de inversión que antes se hubiera extraido del sector agrícola. Puede ser que el nuevo medio tomado como un todo, fuera el más apropiado para el ejercicio de la latente habilidad de los empresarios.[35]

Esta afirmación requiere explicación al menos en dos sentidos. El primero es que aun cuando la mayoría de los autores que han analizado el desarrollo económico, político y social de México coinciden en que 1940 marca el principio del período de industrialización para nosotros el proceso se inició antes y no como resultado de la coyuntura bélica mundial, sino a raíz de los factores que han sido mencionados.[36] Por otra parte, la baja tasa de urbanización estaba relacionada al hecho de que la reforma agraria atravesó por un período de abandono y bonanza quedando claro hasta después del régimen de Cárdenas, que las oportunidades y atractivos urbanos eran superiores en todos sentidos a las prevalecientes en el campo, adquiriendo esta convicción tanto los campesinos como la burguesía rural. La inversión extranjera y la de bienes raíces abandonaron el decadente e inseguro sector agrícola en busca de mayores beneficios en las zonas urbanas, hipótesis que se vio confirmada con el auge de nuestras exportaciones durante la segunda guerra mundial. La demanda externa dio lugar a un efecto multiplicador en la producción doméstica que comenzó a niveles muy inferiores a los de pleno empleo. "Tan pronto como algunos sectores de la economía alcanzaron el límite de su capacidad en el uso de maquinaria y los precios aumentaron suficientemente, se buscaron formas para satisfacer las demandas crecientes de bienes que no podían ser obtenidos en el exterior debido a la escasez propia de una economía de guerra."[37]
La oferta de trabajo fue relativamente elástica durante los cua-

[35] R. Vernon,, *The dilemma of Mexico's development*, Harvard University Press, p. 85-86.
[36] S. Mosk, sugiere que "la política de Cárdenas obstruyó la inversión a largo plazo en la industria, debido a la inseguridad producida por sus excesos nacionalistas", *op. cit.*, p. 60.
[37] C. Reynolds, *op. cit.*, p. 37.

rentas debido en buena medida al subempleo de la década anterior
y al incremento vertiginoso de la tasa de urbanización durante
todo el período.[38] Los salarios reales no se modificaron proporcionalmente a los aumentos en la productividad, permitiendo un
cambio en la distribución del ingreso entre 1940-1955 en ganancias y renta, pero no en sueldos y salarios. La posibilidad de
incorporar mano de obra del sector de subsistencia mediante salarios relativamente bajos, significó que aun cuando los sindicatos
estuvieron activos, no se permitió que los incrementos salariales
excedieran a los precios. Ávila Camacho trató de "rectificar el
curso equivocado" de la administración anterior, suspendiendo
la dinámica del programa de la reforma agraria, los ejidos colectivos no recibieron apoyo y se procedió a iniciar la liquidación
de la indemnización a las compañías extranjeras que habían explotado la industria petrolera, así como a estimular inversiones
directas externas en la manufactura y comercio.[39] Tanto los inversionistas nacionales como los extranjeros consideraron que el
nuevo clima político redundaría en beneficios económicos a mediano plazo y entró en vigencia el principio que apunta Vernon:
"lo que es bueno para los negocios, es bueno para México", mismo que se convirtió en el motu de los dos regímenes que go-
bernaron esa década.[40] Alemán permitió que se flexibilizaran las
restricciones de crédito que el Banco de México había aplicado
al sector privado y protegió a la industria eliminando las limitaciones a las importaciones en aquellos bienes de capital que se
requerían del exterior.[41] Estos incentivos estimularon a algunas
empresas extranjeras que vendían bienes de consumo a México a
establecer sus fábricas o instalaciones para realizar el proceso final dentro del territorio nacional.[42] Los nuevos industriales se
multiplicaron y fortalecieron por la guerra y la protección gubernamental, aceptando con gusto la expansión del gasto público en
el programa de construcción de carreteras, electrificación rural,
obras de irrigación así como inversiones en educación ya que esto
implicó grandes ganancias para la industria de la construcción
y una mayor oferta de nuevos contratos.

[38] R. Vernon, op. cit., pp. 98-109
[39] C. Reynolds, op. cit., p. 37.
[40] R Vernon, op. cit., p. 117.
[41] Ibid., pp. 119-121.
[42] Ésta fue una de las atracciones para la migración interna hacia las
ciudades fronterizas, ya que existía el atractivo adicional de obtener un
contrato de trabajo formal en los Estados Unidos. Véase La política industrial en el desarrollo económico de México (varios autores), NAFINSA, 1972.

Este tipo de desarrollo se mantuvo a través de la política de sustitución de importaciones, ya que era urgente la ampliación del mercado interno mediante una mayor participación social en los beneficios del auge económico. Sin embargo, se permitió un incremento desigual de los precios en beneficio de los productos industriales y en claro detrimento de la producción agrícola. La razón de este desequilibrio es que las inversiones no dependían del mercado interno y la ausencia de éste no detendría la formación de capital.[43] Durante el período 1950-1960 el gobierno tuvo que imponer restricciones a la rápida expansión de la década anterior, procediéndose a la devaluación de la moneda como una medida severa que tomó la administración de Adolfo Ruiz Cortines para nivelar la balanza de pagos. Las agencias gubernamentales promovieron el desarrollo de nuevas industrias a través de medidas flexibles comerciales, y se continuó la inversión pública en carreteras, obras de irrigación, energía eléctrica, modernización de ferrocarriles, subsidio a compañías aéreas, trasportación en autobús y costos de combustible, todo lo cual favoreció el crecimiento de los sectores dependientes de la expansión interna y externa del comercio con la excepción fundamental de las áreas rurales. "En los últimos años de la década de los cincuentas, se estableció un sistema de licencias de importación, que se convirtió en un control directo y en una protección que aún subsiste. El programa se inició con el doble objetivo de acelerar el ritmo de industrialización y de conservar las divisas extranjeras un tanto escasas, prohibiendo la importación de artículos de lujo. En la actualidad cerca del 90% de las importaciones están sujetas a satisfacer requisitos de licencia."[44] Otro incentivo importante al proceso de industrialización fue el impacto de la política fiscal en la distribución del ingreso nacional.[45] En la segunda parte de la década de los treintas, y en los cuarentas, el gobierno no se apoyó en el financiamiento inflacionario de los gastos del sector público. Los ingresos del Estado permanecieron bajos, los programas de inversión aumentaron y el Banco de México tuvo que cubrir la mayor proporción de los déficit crecientes. Hay un gran debate acerca de qué tipo de política fiscal ayudó a este crecimiento, pero es claro que el gobierno decidió financiar los programas del sector público a través de la inflación antes que a través de impuestos directos. A mediados de los sesentas, era obvio que los esfuerzos para desarrollar

[43] Flores Olea, *op. cit.*, p. 180.
[44] Hansen, *op. cit.*, p. 48.
[45] Allan Lavell, *Industrial development and the regional problem: A case study of Central Mexico*, tesis de doctorado, Universidad de Londres, 1971.

la industria habían sido un éxito pero que debido a ese progreso
habían generado un crecimiento desigual. El proceso de pauperización rural debido a la inversión indiscriminada de recursos
humanos y financieros en los llamados "polos de crecimiento"
fueron las causas pivotales de la migración interna, aunado a la
miseria en el sector agrícola que obligó a la importación de trigo,
maíz y otros productos esenciales.

VI. CONCENTRACIÓN METROPOLITANA

Por los factores que hemos analizado, la urbanización privilegiada estaba confinada a la ciudad de México, Guadalajara y Monterrey que recibieron el mayor volumen de recursos; "para 1960
todas las carreteras llevaban a la capital del país; el D. F. era
no sólo el centro político y administrativo de la nación sino económico, educativo, social y cultural de la República... Su influencia es penetrante. El resto del país son simples satélites de
mayor o menor magnitud que se mantienen en órbita por reflejo
del sol central".[46] La gran metrópoli empezó a mostrar los efectos
de la sobreconcentración, por lo que se elaboraron planes y programas tendientes a ayudar a las autoridades a darle alcance a la
gran demanda de recursos escasos. Se hicieron esfuerzos modestos
en favor de la industrialización y del desarrollo regional con el
propósito de crear otros polos de atracción.[47]

Sin embargo, en la ciudad de México siguieron surgiendo nuevas industrias y arribando más migrantes, ya que las potencialidades de su mercado, fuentes de empleo y la proximidad de las
agencias de crédito y gubernamentales representan ventajas que
estimulan una alta concentración urbana.[48] El gobierno federal
ha "colaborado" a esta situación a través de subsidios a la distribución del trigo, maíz, petróleo y combustible disel, electricidad, gas natural y otros productos, manteniendo precios que des-
favorecen al Distrito Federal y tienen el efecto inverso de lo de-
seado.

Midiendo el costo percápita relativamente alto de la infra-

[46] W. Tucker, *The Mexican government today*, University of Minnesota,
Press, 1975, p. 407.
[47] Allan Lavell, "Regional industrialization in Mexico: Some policy considerations", *Regional Studies*, vol. VI, pp. 343-362, 1972.
[48] C. Bataillon, *La ciudad y el campo en el México central*, México, Siglo
XXI, 1972, pp. 125 ss.

estructura urbana en la capital, Lamartine Yates destacó los **altos** precios que la sociedad debe pagar por la sobreconcentración de la inversión industrial en el Valle de México. Concluye que estas desventajas no se han trasmitido a los industriales a través de aumento de costos, sino que se ven estimulados por la política gubernamental orientada a evitar el alza del costo de la vida en la ciudad de México a través del subsidio a los servicios.[49] Para 1971, el Distrito Federal contaba con el 27% del capital en industrias privadas y públicas. El estado de México (cuya zona industrial es parte del área metropolitana de la ciudad de México) captaba el 16% y Monterrey el 17%. Esto significa que las áreas metropolitanas de la ciudad de México y Monterrey aglutinaban en ese año el 60% de la inversión de capital, mientras el resto del país tenía un 40% desigualmente distribuido.[50] Durante el período 1940-1950 la tasa de crecimiento del área metropolitana de la ciudad de México era de 5.7% anual siendo la más alta de este siglo (véase cuadro I-IV). Pero lo que es más sorprendente es que más de 612 mil personas migraron en ese período buscando mejores condiciones de vida.[51] En la siguiente década se dio una desaceleración en la tasa de urbanización a pesar de la migración de 800 mil gentes a la ciudad y durante la última década se estima que 2 800 000 personas llegaron a la ciudad de México.[52] Sin embargo es importante no exagerar el peso de la migración rural como el único factor que determina la tasa de urbanización, ya que especialmente durante las últimas dos décadas, es evidente que el crecimiento natural, ha sido uno de los más altos del mundo. En efecto, hay datos que permiten afirmar que los índices de fertilidad rural y urbana son sustancialmente los mismos, situación que ha prevalecido por un largo período, mientras que la tasa de mortalidad urbana es sustancialmente inferior que en las áreas rurales, por lo que la tasa de crecimiento

[49] Paul Lamartine Yates, *El desarrollo regional de México*, Banco de México, 1960, p. 127.

[50] Utilizaremos el concepto de área metropolitana para referirnos a la zona que se extiende más allá de los límites de la ciudad de México y de Monterrey, ya que de otra manera, nuestras conclusiones no serían exactas ya que estas unidades político-administrativas aunque estén formalmente separadas, tienen fuertes lazos de dependencia con la ciudad central. Solamente excluimos a aquellos distritos en donde la explotación agrícola constituye la actividad principal de los habitantes. Véase Luis Unikel, *La dinámica del crecimiento de la ciudad de México*, El Colegio de México, 1972, p. 8.

[51] Claudio Stern, en *Excélsior*, 22 de octubre de 1972, p. 24.

[52] Salomón Eckstein, *El marco macroeconómico del problema agrario mexicano*, México, Centro de Investigaciones Agrarias, 1968, pp. 146-160.

CUADRO I-IV

Zona metropolitana de la ciudad de México (MZMC) (Población 000s)

Unidades político-administrativas / Zona metropolitana	Población en miles					Tasa de crecimiento			
	1930	1940	1950	1960	1970	1930-1940	1940-1950	1950-1960	1960-1970
Total	—	1 644	2 953	5 125	8 815	—	5.7	5.1	5.4
Ciudad de México	1 029	1 448	2 235	2 832	2 907	3.5	4.4	2.4	0.3
Adyacentes	128	222	697	1 879	3 986	5.7	12.1	10.4	7.8
Distrito Federal	118	208	667	1 793	3 594	5.9	12.3	10.4	7.2
Azcapotzalco	40	63	188	371	549	4.6	11.6	7.0	4.0
Coyoacán	24	35	70	170	347	3.8	7.1	9.3	7.4
Gustavo A. Madero		42	205	579	1 205	—	17.3	11.0	7.6
Iztacalco	9	11	34	199	488	1.9	11.7	19.3	9.4
Ixtapalapa	22	25	77	254	539	1.5	11.7	12.8	7.8
Álvaro Obregón	23	32	93	220	466	3.7	11.2	9.0	7.8
Estado de México	10	14	30	86	392	3.5	8.0	11.1	16.4
Naucalpan	10	14	30	86	392	3.5	8.0	11.1	16.4
No adyacentes	128	157	236	515	1 922	2.0	4.2	8.2	14.0
Distrito Federal	70	85	132	221	432	2.1	4.4	5.4	6.9

Cuajimalpa	5	6	10	19	38	1.1	4.8	7.1	7.0
Magdalena Contreras	10	13	22	41	77	2.9	5.3	6.4	6.6
Tláhuac	12	14	20	30	63	1.6	3.5	4.4	7.8
Tlalpan	15	19	33	61	135	2.5	5.5	6.4	8.2
Xochimilco	28	33	47	70	119	1.9	3.5	4.1	5.4
Estado de México	58	72	104	294	1 490	2.0	4.0	10.9	17.6
Coacalco	1	2	2	4	14	2.4	2.9	5.6	13.1
Cuautitlán	9	11	14	21	42	1.6	2.4	4.2	7.4
Chimalhuacán	6	7	13	11	20	1.8	5.8		5.7
Ecatepec	9	11	15	41	221	1.8	3.8	10.4	18.4
Huixquilucan	11	12	13	16	34	1.2	1.2	1.9	7.8
Nezahualcóyotl				65	651				26.0
La Paz	3	3	4	8	33	2.0	3.2	6.5	15.4
Tlalnepantla	10	15	29	105	377	3.7	7.1	13.8	13.6
Tultitlán	6	7	9	15	53	1.3	3.4	5.3	13.2
Zaragoza	3	4	5	8	45	1.5	2.2	5.3	18.8

FUENTE: L. Unikel, *La dinámica del crecimiento de la ciudad de México y el censo de población.*
1. En 1940, la zona metropolitana incluía los rumbos de Azcapotzalco, Coyoacán, Gustavo A. Madero, Iztacalco, la Magdalena Contreras y Alvaro Obregón; en 1950 incorporaba Ixtapalapa y Tlalnepantla; en 1960 Cuajimalpa, Tlalpan y Xochimilco, así como las municipalidades de Chimalhuacán, Ecatepec y Naucalpan.
2. Nezahualcóyotl llegó a ser municipalidad en 1964, con tierra de Chimalhuacán y Texcoco.

CUADRO I-V

Zona metropolitana de Monterrey (MZM)

Unidades político-administrativas	1960	1970
Abasolo	236	398
Apodaca	6 259	18 564
Escobedo	1 824	10 515
Garza García	14 943	45 985
Guadalupe	38 233	159 930
Monterrey	601 085	858 107
Santa Catarina	12 895	36 385
San Nicolás de Los Garza	41 243	113 074
Total - MZM	716 718	1 242 958

FUENTE: *Censo general de población,* Secretaría de Industria y Comercio, 1960-1970.

natural de esta población es considerablemente superior que el incremento en las zonas rurales.[53]

Estas tendencias afectaron a la ciudad de México y Monterrey de la misma manera, ésta ha crecido de 166 mil en 1940 a 1 millón 442 mil en 1972 (véase cuadro I-v). Dada la rapidez en el incremento, es explicable que más de 2/3 de la población adulta haya nacido fuera de la ciudad. Como hemos apuntado, Monterrey recibió 210 mil migrantes durante la década pasada, de los cuales el 81.3% provenía de las entidades vecinas Coahuila, Durango, San Luis Potosí, Tamaulipas y Zacatecas. De éstos, 52% vivían dentro de los límites del estado de San Luis Potosí, en donde de acuerdo con el censo de 1960, 218 comunidades fueron abandonadas y siguiendo el de 1970, 654 localidades se agregaron a dicha lista. Durante la última década, la tasa de crecimiento del área metropolitana de Monterrey fue de 5.5% anual, cifra superior a la del estado de Nuevo León (4.3%) y también por encima de la media nacional (3.4%). Es importante señalar que un 3.9% corresponde al crecimiento natural y 1.6% a la migración interna. Monterrey sigue siendo una ciudad con un alto porcentaje de la población dedicada a tareas del sector secunda-

[53] Gustavo Cabrera, *Dinamica de la población de México,* varios autores, El Colegio de México, 1970.

rio y sólo 1/4 en los servicios. Los servicios básicos de infraestructura de esta metrópoli fueron saturados hace tiempo, debido al rápido crecimiento de los últimos años.

A pesar de la expansión del sector industrial, el presupuesto del Estado y en consecuencia del área metropolitana se encuentran entre los más bajos del país, lo que impide mejorar ciertos servicios excepto la construcción de obras públicas aparentemente innecesarias, tales como vías rápidas de acceso a las zonas residenciales e industriales. Sin embargo como hemos señalado, históricamente Monterrey no ha padecido una dependencia absoluta, con sus correspondientes consecuencias negativas de la ciudad de México. La distancia es un factor importante ya que no es posible convertirla en satélite dependiente de la gran metrópoli, lo que ha contribuido a mantener una relativa autonomía económica que es escasa en México. La clase dominante continúa en manos de los descendientes de quienes dieron auge a la ciudad en los inicios de este siglo. El clique está constituido además de éstos, por sus socios y algunos profesionistas. Las compañías financieras y las industrias más importantes, están ligadas por lazos familiares o por intereses mutuos que les permiten operar en grupo. Estos negocios están claramente diferenciados de la clase política, ya que los políticos locales son intermediarios entre los intereses económicos y el gobierno federal. Es importante destacar este fenómeno ya que a menudo se plantean desavenencias con el gobierno federal que se rodean de visos de rebelión, para lo cual usan no sólo sus recursos financieros sino todo tipo de presión como estudiantes o a los pobres de la ciudad. Han adoptado una política paternalista hacia sus obreros que les ha asegurado una lealtad, a cambio de la cual les asignan salarios industriales superiores a los mínimos oficiales, y beneficios marginales así como otras ventajas que no tienen aquellos que están trabajando en los servicios y en el comercio.[54]

VII. CARACTERÍSTICAS DE LOS MIGRANTES

Es importante apuntar las características de los pobres de la ciudad, a fin de complementar los datos acerca de las causas estructurales de la migración interna y del crecimiento urbano de las ciudades mexicanas. Algunas condiciones parecen ser relevantes

[54] *Novedades,* marzo 16 y 17 de 1975.

en el contexto de nuestra discusión: en primer lugar, los migrantes no eran y no son homogéneos en términos de estatus socioeconómico. Hay una gran diversidad derivada del origen v. gr. aquellos que provienen de zonas estrictamente rurales y los que han tenido una experiencia urbana previa. En las primeras etapas, había un mecanismo natural de selección que llevaba a los más capacitados de los pueblos y de las pequeñas ciudades en busca de mejores niveles de vida. Igualmente, la ubicación geográfica del lugar de origen también constituye un elemento de formación, así los migrantes de las costas y del interior, son totalmente distintos, lo que se acentúa con la exposición urbana. Éste es un elemento importante de retener para explicar las actitudes políticas. En segundo lugar, la movilidad ocupacional no es tan rígida como en otros países. Diversos estudios han presentado evidencia de que en términos generales, hasta 1960, tomando en cuenta que los migrantes llegaban jóvenes y con mejores niveles no se daba ninguna desventaja en comparación con los nativos.[55] Otros trabajos han sugerido un alto nivel de "satisfacción" entre los nuevos migrantes sin aclarar este concepto. El método de evaluación que hemos utilizado es comparativo tomando como punto de referencia la generación anterior. En este sentido encontramos que muchos de los migrantes tienen ocupaciones bien remuneradas y han experimentado cambios importantes con respecto a sus padres. Tercero, la mayoría de los migrantes provienen de áreas rurales en donde se dedicaban a la agricultura de subsistencia y tienden a considerar el trabajo urbano como superior, menos agotador en términos físicos y alejado de las calamidades e inclemencias de la naturaleza. Este razonamiento opera aun cuando las fuentes de trabajo a las que tienen acceso son las más bajas en la escala ocupacional. Cuarto, es evidente que la población mexicana ha experimentado una mejoría relativa en términos de posición económica, especialmente aquellos en los ambientes metropolitanos. Aun estos que no han compartido directamente el avance, pueden ser influidos por la propaganda constante a través de los medios de comunicación acerca del "milagro económico de México" llegando a abrigar la esperanza de resultar beneficiados. Quinto, no encuentran un ambiente hostil caracterizado por distinciones culturales o étnicas que pudieran causarles conflictos o segregación. Ésta es una de las razones por la cual, las asociaciones regionales no han tenido éxito entre los pobres de la ciudad, ya que no

---

[55] J. Balan, "Are farmers sons handicapped in the city?", *Rural Sociology* 33, núm. 2, pp. 160-174.

son necesarias para su defensa en función de color o diferente origen social.

Finalmente creemos que en muchos aspectos, la migración ha sido hasta ahora, una válvula de seguridad poderosa ya que proporciona escapes a los insatisfechos en su lugar de origen. La posibilidad de migrar de cualquier manera que sea, constituye una alternativa cuando las condiciones son extremadamente difíciles para el campesino, funcionando regularmente para equilibrar el crecimiento de la población y la pobreza permanente. Mecanismo que opera de la misma manera cuando los pobres de la ciudad desean abandonar las áreas urbanas, dado que las condiciones no parecen mejorar o tienden a deteriorarse en términos reales o de acuerdo con las expectativas. Balan *et al.*, afirman: "Entre 1965 y 1985 el grupo más afectado por las diferencias en la relación entre situación objetiva y autoevaluación, será el marginal. Aunque los números no aumenten en términos relativos y por lo menos en un centro metropolitano como Monterrey (los ingresos relativos no disminuirán), los pobres de la ciudad estarán cada vez más insatisfechos. Aun entonces, la proporción de hombres que pueden comparar favorablemente su situación con la de sus padres, parientes o amigos será menor, porque proporcionalmente menos, provendrán de una agricultura de subsistencia. Muchos habrán perdido totalmente la confianza de que sus niños puedan alcanzar un estatus ocupacional mejor que el de ellos a través de la educación."[56] Esta presunción puede dar lugar a una situación totalmente distinta a aquella que hemos analizado tomando en cuenta la evidencia disponible. La afirmación de estos autores se confirma parcialmente en la última sección de este trabajo, diez años antes del plazo que señalaron.

---

[56] Balan, Browning y Feindt, *op. cit.*, p. 330.

CAPÍTULO 2

HACIA UN MARCO DE REFERENCIA

I. INTRODUCCIÓN

A pesar de que el sobrecrecimiento de las áreas metropolitanas constituye un fenómeno de discusión inevitable dentro del campo de las ciencias sociales, resulta sorprendente observar que los estudios enfocados directamente a medir los efectos políticos de la distribución desigual de la población han sido relativamente escasos. Desde este punto de vista, y para el caso mexicano, la más o menos descriptiva literatura sobre nuestro sistema político se ha ocupado principalmente de la cuestión de la inestabilidad política; esto se debe simplemente a la preocupación de los observadores extranjeros en el sentido de que la creciente masa de los "pobres de las ciudades" se conviertan en una amenaza para las instituciones.[1]

En vista de lo anterior, es importante revisar los trabajos de diversos autores con el propósito de formular una teoría acerca de las actitudes políticas urbanas, mismas que puedan servir de marco de referencia para el contexto mexicano. Dicha teoría puede ser aplicada a otros países siempre y cuando se tomen en cuenta las variables indicadas más adelante. Hasta ahora, se han propuesto únicamente generalizaciones y proposiciones derivadas de los trabajos teóricos sociales europeos y de sociólogos y especialistas urbanos.[2] Aun cuando estas teorías han sido aceptadas como hipótesis de trabajo, es necesario aclarar algunos puntos y con

---

[1] En este sentido, véanse los estudios de Gino Germani, "Inquiry into the social effects of urbanization in a working class sector of Buenos Aires", en P. M. Hauser (comp.), *Urbanization in Latin America*, New York International Documents Service; Alex Inkeles, "Participant citizenship in six developing countries", *American Political Science Review*, 63-4, 1969; Joseph Kahl, *The measurement of modernism: a study of values in Brazil and Mexico*, Austin, University of Texas, 1968; Alejandro Portes, *Cuatro poblaciones: Informe preliminar sobre situación y aspiraciones de grupos marginados en el Gran Santiago*, Chile, 1969

[2] Wayne, Cornelius, "The political sociology of cityward migration in Latin America", en F. Rabinovitz y T. Trueblood (comps.), *Latin American Urban Research Sage Publications, California*, 1971, vol. 1, p. 97.

este propósito hemos dividido el siguiente análisis teórico en tres secciones:

1. Una revisión de las principales corrientes del pensamiento marxista sobre el tema;
2. Una discusión de las teorías del desarrollo político, y
3. Una crítica de ambos enfoques y la formulación de un nuevo marco teórico.

Antes de discutir estas teorías, es necesario delimitar las características de los individuos sobre los cuales nos ocupamos, quienes tienen cuatro aspectos en común:

a] son habitantes de zonas metropolitanas y lo han sido durante períodos variables de tiempo. Esto último es importante de destacar ya que no estamos considerando únicamente a los recién llegados de las áreas rurales, sino también a los migrantes de segunda o tercera generación que viven en el medio urbano;
b] no tienen una posición económica clara o definida en el sistema urbano de clases;
c] se encuentran en el estrato más bajo en términos de ahorro y consumo, y
d] habitan en asentamientos espontáneos formados en base a la ocupación ilegal de terrenos públicos o privados.

Sin embargo, en nuestro trabajo también hemos considerado un fraccionamiento para personas de bajos ingresos encabezado por particulares con fines comerciales, debido a que este aspecto ofrece importantes puntos de comparación para nuestra investigación. Nuestro propósito, al señalar estas características, consiste en diferenciarlos de aquellos individuos que habitan los viejos barrios de las ciudades (vecindades) y de aquellos que, aun cuando son "desclasados temporales" —por ejemplo, intelectuales, estudiantes, caseros, gitanos, vagabundos y mercenarios— no han dejado de pertenecer a una clase bien determinada.

A pesar de los elementos comunes, no se puede decir que se trate de una población homogénea. Por el contrario, es obvio que hay un número de factores que vienen a ser un obstáculo para la formación de un grupo monolítico, y esto afecta considerablemente sus actitudes políticas.[3] Aún más, en el caso de México no existen

[3] Glaucio Dillon Soares, *Apuntes sobre las consecuencias políticas de la migración en México*, mimeo., 1973.

asociaciones regionales como en Perú, mismas que desempeñan un papel importante en la adaptación de los migrantes a su nueva vida. Por otra parte, las condiciones bajo las que se instalan en las áreas urbanas contribuyen a la desintegración de los grupos de un mismo lugar de origen, lo que genera comunidades heterogéneas.[4] Esta falta de vínculos entre los migrantes, debida al tamaño de la ciudad, por un lado, y sobre todo a la diversidad de sus orígenes geográficos y de sus tradiciones, ha sido un factor de importancia para evitar brotes violentos con las excepciones a que nos referimos más adelante.[5] Se ha señalado que:

el miedo a que los pobres de las ciudades puedan ser factores de inestabilidad política, ha llevado en ocasiones a que se hagan programas sociales y habitacionales mal concebidos, precipitados y parciales que dispersan fondos y esfuerzos y no permiten una planificación realista a largo plazo, que es necesaria para hacer frente a sus problemas.[6]

Es bien claro que las racionalizaciones de este tipo han impedido el análisis de los aspectos importantes en relación a las actitudes que prevalecen en los asentamientos espontáneos.

II. PENSAMIENTO MARXISTA

El comportamiento y actividades de los "pobres de las ciudades" recibió poca atención por parte de la teoría clásica marxista-leninista y subsecuentemente, el tratamiento de este tema dentro de este marco de referencia ha sido bastante marginal. Marx y En-

[4] William Mangin, "The role of regional associations in the adaptation of rural migrants to cities in Perú", en D. B. Health y R. Adams (comps.), *Contemporary cultures and societies of Latin America*, Random House, Nueva York, 1965.

[5] Ni siquiera existe tal relación de "cultura de la pobreza", como la llama O. Lewis. Tan pronto como los migrantes llegan a la nueva ciudad se ven influidos por la esfera social, económica y cultural de una sociedad avanzada. Los medios de comunicación y la gran cantidad de atracciones hacen que los migrantes no se preocupen más que por la posibilidad de incorporarse al proceso económico. Un trabajo reciente de Larissa Lomnitz, titulado "Supervivencia en una barriada de la ciudad de México", en *Demografía y Economía*, vol. VII núm. 1, 1973 (El Colegio de México), ha mostrado cómo este proceso de ajuste, y una decisión final para permanecer en la ciudad, está íntimamente relacionado con los factores económicos, y cómo el trasfondo cultural tradicional tiende a desaparecer.

[6] Joan M. Nelson, *Migrants, urban poverty and instability in developing nations*, Occasional Papers in International Affairs, núm. 22, Harvard University Press, 1969, p. 2.

gels escribieron en una época en que había coincidencia entre los historiadores de la lucha revolucionaria en adoptar un enfoque de análisis burgués.[7] Para estos autores, la violencia política de la cual la Revolución francesa constituía el mejor ejemplo, era encabezada por la chusma, esto es, por una masa indiferenciada. Por su parte, Marx y Engels insistieron que el proletariado industrial era el agente de las revoluciones socialistas desvinculándose de esta manera, del concepto burgués de masa urbana. En nuestra opinión, este hecho nos puede ayudar a entender la escasa atención que Marx y Engels dieron a la supuesta fuente revolucionaria de esos autores y en consecuencia se explica el desinterés que sus seguidores han dado a este fenómeno.

Al analizar la composición de la sociedad "10 de Diciembre" de Luis Napoleón, Marx hizo notar que incluía:

...vagabundos, licenciados de tropa, licenciados de presidio, huidos de galeras, timadores, saltimbanquis, lazzaroni, carteristas y rateros, jugadores, alcahuetes, dueños de burdeles, mozos de cuerda, escritorzuelos, organilleros, traperos, afiladores, caldereros, mendigos; en una palabra, toda esa masa informe, difusa y errante que los franceses llaman la *bohême*.[8]

Esta "clase peligrosa", como él la llamó, está constituida por miembros provenientes de todas las clases, que ya no mantienen su lealtad al grupo originario y cuya relación con los medios de producción ha variado.[9] Sin embargo, el comentario más severo sobre este grupo, aparece en el "Prefacio a la guerra campesina en Alemania ", de Engels:

...esa escoria integrada por los elementos desclasados de todas las capas sociales y concentrada en las grandes ciudades, es el peor de los aliados posibles. Ese desecho es absolutamente venal y de lo más molesto... Todo líder obrero que utiliza a elementos de lumpenproletariado para

---

[7] Bruce Franklin, "The lumpenproletariat and the revolutionary youth movement", *Monthly Review*, enero de 1970, p. 207.

[8] C. Marx y F. Engels, *El dieciocho brumario*, en *Obras escogidas* en dos tomos, Moscú, Ediciones en Lenguas Extranjeras, 1951, tomo I, p. 268.

[9] En el *Manifiesto del Partido Comunista* se refiere a la "clase amenazadora", la escoria social, esa masa pasivamente corrupta arrojada por las capas más bajas de la vieja sociedad. En *La lucha de clases en Francia*, Marx dice que el "lumpenproletariado en todas las grandes ciudades forma una masa agudamente diferenciada del proletariado industrial".

su guardia personal y que se apoya en ellos, demuestra con este solo hecho que es un traidor al movimiento.[10]

De esto se deduce que el lumpenproletariado tiene que llegar a sumar más formas de conciencia que cualquier otra clase social, ya que la experiencia previa de sus integrantes es más variada. Aunque está claro que Marx y Engels se ocuparon de un grupo diferente del que analizamos según lo definimos arriba, su afirmación acerca de la escasa confiabilidad de este grupo en términos revolucionarios, sigue siendo válida.

Bakunin también utilizó el concepto, aunque en forma menos precisa y con referencia a países en una etapa menos avanzada de desarrollo económico que Inglaterra y Francia. Según Eugene Pynziur, Bakunin definió al lumpenproletariado así:

El miserablemente pobre proletariado, dos o tres millones de trabajadores de ciudad y fábrica y pequeños artesanos y alrededor de veinte millones de campesinos no propietarios; opuesto a ellos hay un estrato trabajador establecido que es parcialmente privilegiado por sus considerables ganancias... y... diferenciándose de la burguesía solamente en su situación fáctica pero no en sus fines.[11]

Paul Avrich dice algo similar:

Bakunin jamás menospreció la capacidad revolucionaria de los trabajadores;... su visión fue la de una revolución totalizadora, un gran levantamiento tanto en la ciudad como en el campo, una verdadera revuelta en las masas ambulantes, incluyendo además de la clase obrera, los elementos más oscuros de la sociedad, el campesinado primitivo, el lumpenproletariado de los barrios, los desempleados, los vagos y los bandidos.[12]

Indudablemente Bakunin prefirió hacer un enlistado y generalizar acerca de las potencialidades de los "no trabajadores", sin tener en cuenta que la disposición a la violencia del lumpenproletariado se debía en realidad a varios factores que desbordan un objetivo puramente revolucionario. Como sabemos, su pensamiento ha contribuido fuertemente, en especial en este aspecto, a estimular análisis audaces y promover política aventurera en diversas ciudades de los países en proceso de desarrollo.

En un esfuerzo proselitista, Bujarin y Preobrazhenski afirmaron que los anarquistas representaban el interés del lumpenpro-

[10] *Op. cit.*, pp. 602-603.
[11] Eugene Pynziur, *The doctrine of anarchism of Michael Bakunin*, Milwaukee, 1955, p. 81.
[12] Paul Avrich, *The Russian anarchists*, Princeton, 1967, p. 22.

letariado llamado al anarquismo "socialismo lumpen proletario".
Su propia definición del lumpen es muy semejante a la elaborada
por Engels:

Observamos en todos los países capitalistas un número creciente de
desempleados urbanos. Entre estos grupos encontramos con frecuencia
a trabajadores de origen chino y japonés, campesinos que han venido
del fin de la tierra en busca de trabajo; jóvenes recién llegados del
campo; extenderos y antiguos artesanos. Encontramos también obreros
metalúrgicos, impresores, textileros y hombres que han trabajado en fábricas por años y que han sido súbitamente desempleados debido a la
introducción de maquinaria moderna. Ellos forman lo que Marx deno-
minó el ejército industrial de reserva, mismo que constituye el ejemplo
más claro de depravación, desesperación y criminalidad. Éstos han estado sin empleo por años, gradualmente tienden a ser alcohólicos, vagos,
pordioseros, etc. En todas las grandes ciudades hay barrios enteros ocupados por estos desempleados. Con ellos integramos ya no el proletariado, sino un nuevo estrato formado por aquellos que han olvidado
cómo trabajar. Este producto de la sociedad capitalista se le conoce
como lumpenproletariado.[13]

Fue la experiencia práctica de Lenin la que produjo los mejores instrumentos para el análisis de las actitudes políticas de
este grupo. Si bien acepta que hay una tendencia natural del
lumpen a lanzarse a acciones espontáneas que puedan retardar el
proceso revolucionario. Atacó también a aquellos que ven en esta
lucha un mero anarquismo, blanquismo... culpabilizó de incapacidad al partido por no tomar estas acciones bajo su control.[14]

Éste es un aspecto importante para la explicación de las actitudes
políticas de los pobres de las ciudades y del lumpenproletariado
en el contexto mexicano. La actividad del aparato político del
Partido Revolucionario Institucional es lo que ha mantenido el
control de las colonias ocupadas por los marginados, y es este mecanismo el punto axial en que se apoya su estabilidad y por lo
mismo, con el análisis de estos mecanismos podemos explicar el
deterioro de semejante control y la consiguiente aparición de
asentamientos radicalizados.

Con este enfoque del lumpen, Lenin inició la revisión de la
concepción ortodoxa de Marx y Engels, criticando al mismo tiempo la superficialidad que contienen las obras anarquistas. Así, el
papel del lumpenproletariado debe preverse a través de la organización del partido,

[13] Bujarin y Preobrazhenski, *ABC of communism*, Penguin, 1969, p. 122.
[14] V. Lenin, *Obras escogidas*, Editorial Progreso, Moscú, 1969.

de otra manera es inherente impredecible tanto táctica como estratégi-
camente.[15]

Sin embargo, no distinguen a los dos grupos que estamos tratando de diferenciar, como forma esencial de llegar a una descripción más precisa que incluya la interrelación entre los pobres de
las ciudades y el lumpenproletariado. Parece, no obstante, que su
objetivo es hacer un llamado general a los bolcheviques, para que
organicen las acciones espontáneas del lumpen y

entrenar y preparar sus organizaciones para que sean realmente capaces
de actuar como un grupo beligerante que no pierde una sola oportunidad en infringir daño a las fuerzas enemigas.[16]

Para Mao Tse-tung el papel del lumpenproletariado y su posible función dentro de la revolución es muy claro:

Además de las otras clases hay una cantidad bastante grande de lum-
penproletarios, es decir, de campesinos que han perdido su tierra y de
artesanos que carecen de oportunidad alguna de empleo. Llevan una
vida sumamente precaria; ... asignar a esta gente su papel adecuado
es uno de los problemas más difíciles de China. Capaces de luchar con
valentía, pero con tendencia a mostrarse destructivos, pueden convertirse en fuerza revolucionaria si se los guía convenientemente.[17]

Pero es en otro pasaje donde, además de expresar su esperanza
en la participación del lumpen, Mao intenta diferenciar grupos
y actitudes:

El estatus de China como colonia y semicolonia ha dado lugar a un
gran número de desempleados rurales y urbanos. Ante la imposibilidad
de obtener una forma honorable de ganar la vida, muchos de ellos se
ven obligados a utilizar métodos ilícitos, tales como rateros, pandilleros,
pordioseros profesionales y prostitutas... Este estrato social es inestable, ya que mientras algunos pueden ser alquilados por las fuerzas
reaccionarias, otros pueden inclinarse a las huestes revolucionarias. Esta
gente carece de cualidades constructivas y tienden fácilmente a la destrucción, convirtiéndose en una especie de rebeldes revanchistas con
una ideología anarquista dentro del ejército revolucionario. Por lo tanto,
es imprescindible saber cómo entrenarlos a las necesidades revolucionarias y proteger al movimiento de su proclividad a la destrucción.[18]

[15] Franklin, op. cit., p. 209.
[16] Lenin, op. cit, p. 223.
[17] Mao Tse-tung, "Análisis de las clases en la sociedad china", ed. en
Obras escogidas, Buenos Aires, Ed. Platina, 1959, tomo i, p. 17.
[18] Ibid., p. 25.

Unos años más tarde añadió una nota al calce manifestando su desaliento dado que el lumpen fue utilizado por los terratenientes, tiranos locales y por Chian Kai-shek para atacar al movimiento proletario urbano de 1927, apuntando como razón los diversos orígenes de los miembros del lumpen.

Algunos autores han visto en el crecimiento de grandes sectores de desocupados y trabajadores no ocupables, tanto en los tugurios latinoamericanos como en las ciudades africanas o asiáticas, el germen de una clase potencialmente revolucionaria. Parten de la base común de rechazar el viejo término lumpenproletariado no solamente por su connotación ignominiosa sino porque implica que los desocupados son incapaces de hacer una lucha revolucionaria.[19] La base ideológica sobre la que sustentan la tesis de que la elección del lumpenproletariado debe ser la vanguardia de la historia mundial se basa, entre otras cosas, en la creencia de Frantz Fanon de que estos grupos podrían ser la punta de lanza y base urbana de la lucha revolucionaria. Según este autor, la revolución descansa sobre dos clases: a] el campesinado y b] el lumpenproletariado, añadiendo que el éxito de la lucha reside en la alianza de estas clases con los intelectuales urbanos, especialmente aquellos capaces de acercarse a la gente del campo para convivir y trabajar con ella[20] Fanon define al lumpenrevolucionario de la siguiente manera:

La constitución de un "lumpenproletariat" es un fenómeno que obedece a una lógica propia y ni la actividad desbordante de los misioneros ni las órdenes del poder central pueden impedir su desarrollo. Ese "lumpenproletariat", como una jauría de ratas, a pesar de las patadas, sigue royendo las raíces del árbol... El cinturón de miserias consagra la decisión biológica del colonizado de invadir a cualquier precio, y si hace falta por las vías más subterráneas, la ciudadela enemiga. El "lumpenproletariat" constituido y pensado con todas sus fuerzas sobre la seguridad de la ciudad significa la podredumbre irreversible, la gangrena, instalada en el corazón del dominio colonial. Entonces los rufianes, los granujas, los desempleados, los vagos, se lanzan a la lucha de liberación como robustos trabajadores. Esos vagos, esos desclasados van a encontrar, por el canal de la acción militante y decisiva, el camino de la nación. No se rehabilitan en relación con la sociedad colonial ni con la moral del dominador. Por el contrario, asumen su incapacidad para entrar en

<hr/>

[19] Peter Worsley, "Frantz Fanon and the lumpenproletariat", *Socialist Register*, Merlin Press, 1972, p. 208. Prefiere el término "subclase" o "subproletariado" por considerarlo más adecuado para caracterizar a las "víctimas de la urbanización sin industrialización".

[20] *Ibid.*, p. 207.

la ciudad a salvo por la fuerza de la granada o del revólver. Esos desempleados y esos subhombres se rehabilitan en relación consigo mismos y con la historia.[21]

Finalmente afirma que "los conseguidores, los vagos, los desempleados y los delincuentes, presionados desde abajo, se lanzarán a la lucha". Amílcar Cabral, al escribir sobre la estructura social de Bissau, menos desarrollada que la argelina, es más preciso y moderado:

Hay otro grupo de personas que llamamos los desclasados y en los que hay dos subgrupos a distinguir: el primero es fácil de identificar, es el que sería llamado el lumpenproletariado, si hay tal proletariado; consiste en gente verdaderamente desclasada, pero aún no encontramos el término exacto para él; es un grupo al cual le hemos dado mucha atención y ha probado ser extremadamente importante en la lucha de liberación nacional. Está casi totalmente formado por jóvenes que están en contacto con familias pequeñoburguesas y de trabajadores, que han llegado recientemente de las áreas rurales y que generalmente no trabajan pero tienen conexiones con las áreas rurales como con las ciudades y aun con los europeos. Algunas veces viven de algún tipo y otro de trabajo, pero generalmente lo hacen a expensas de sus familias.[22]

Peter Worsley, siguiendo a Fanon y Cabral, critica a los teóricos marxistas que se resisten a aceptar el potencial revolucionario del lumpen. Según él, una de las características distintivas del "tercer mundo" es el crecimiento explosivo de la población urbana integrada por migrantes del campo y de los pequeños poblados. Es bien claro que una vez en las ciudades, viven en un estado crónico de desempleo o subempleo, lo que les impide absorber la mentalidad y el estilo de vida de los trabajadores urbanos establecidos.[23] En su opinión, la razón por la cual se denigra al subproletariado (como él prefiere llamar a este grupo) estriba en que su modo de vida es diferente al de la clase trabajadora; y es esta actitud de la izquierda lo que explica por qué los "pobres de la ciudad" han dado su apoyo a las figuras populistas de la derecha que invariablemente les han prestado atención.[24] Worsley subraya que la teoría revolucionaria se ha derrotado a sí misma, ya que la mayoría de sus seguidores han basado su noción del proletariado

[21] Frantz Fanon, *Los condenados de la tierra*, trad. Julieta Campos, pról. Jean Paul Sartre, México, Fondo de Cultura Económica, 1972, pp. 119-120.
[22] Amílcar Cabral, *Revolution in Guinea*, Londres, 1969, p. 48.
[23] Worsley, *op. cit.*, p. 208.
[24] *Ibid.*, p. 213.

en Marx y consecuentemente su opinión de ese grupo está claramente prejuiciada. Para él, la variable crucial a fin de trasformar la apatía en una fuerza revolucionaria, es un instrumento que actúe como agente de la movilización e integre a los ex campesinos en una organización bien dirigida y con una fuerte ideología.

Los tres autores mencionados han prestado muy poca atención a una teoría empíricamente fundamentada sobre los efectos y costo social de la movilización de esta clase realizados por regímenes del tipo Boumediene o los gobiernos de la Democracia Cristiana y la Unidad Popular de Chile, de 1964 a 1973. Claramente, su optimismo no se sustenta en la evidencia de los fenómenos africano, asiático y latinoamericano. No hay duda de que el lumpenproletariado (incluyendo a ambos grupos, como sugiere Worsley) ha participado en forma secundaria en expresiones de descontento popular, pero también es cierto que no ha desempeñado un papel de importancia y, menos aún, de punta de lanza en la lucha revolucionaria.

En América Latina, la discusión teórica de este aspecto ha sido evitada con la notable excepción de Margulis quien, a pesar de la evidencia empírica recogida por un grupo que él encabezó, ahora ha "encomiado las potencialidades revolucionarias de los marginados latinoamericanos", tomando como punto de partida el caso argentino (tal como lo hicieron hace algún tiempo, desde otra perspectiva, autores como Germani).[25]

Por otra parte, Quijano, Cardoso y Dos Santos se han limitado a explicar las causas del problema migratorio, subrayando el hecho de que éste se presenta dentro del marco de la teoría de la dependencia.[26] Cardoso y Faletto señalan que los aspectos sociales y políticos del proceso de desarrollo deben estar ligados concretamente a los aspectos económicos y no yuxtapuestos a ellos, ya que el proceso económico es también un proceso social en el que los grupos económicos establecen, o tratan de establecer, un sistema de relaciones sociales que permita imponer en la sociedad

---

[25] Mario Margulis, *Revolucionarios de la periferia*, documento presentado en la reunión continental del CONACYT, junio, 1973. El trabajo al que me referí antes es: *Migración y marginalidad en la sociedad argentina*, Argentina, ed. Paidós, 1968 y también "Análisis de un proceso migratorio rural", *Aportes*, núm 3, 1967.

[26] Theotonio Dos Santos, *Socialismo o fascismo*, Chile, 1972; F. Cardoso, *Ideologías de la burguesía industrial en las sociedades dependientes (Argentina y Brasil)*, México, Siglo XXI, 1972; Aníbal Quijano, "Dependencia, cambio social y urbanización en Latinoamérica", *Revista Mexicana de Sociología*, año XXX, vol. XXX, núm. 3, 1968; F. Cardoso y E. Faletto, *Dependencia y desarrollo en América Latina*, México, Siglo XXI, 1970.

una forma compatible con sus intereses y objetivos. En una economía dependiente, los grupos dominantes son aquellos que se coligan alrededor del intercambio con el país metropolitano desarrollado y desarrollan un interés por no cambiar, sino solamente modificar, dentro de ciertos límites restringidos, la naturaleza de los intercambios con el país metropolitano. Este proceso de desarrollo ha excluido a grandes masas de la población que previamente habían sido expulsadas del campo, creando así un nuevo estrato de marginados. Ninguno de dichos autores, sin embargo, menciona la posibilidad de una radicalización o potencialidad revolucionaria sino que parecen coincidir en que hasta ahora los grupos no marginados han controlado efectivamente a las colonias recién establecidas.[27] La ausencia de discusión es aún más notoria, si tomamos en cuenta la preocupación de estos analistas por fenómenos heterogéneos que se relacionan entre sí formando un sistema total; así, el marco de dependencia se convierte en un concepto que explica globalmente el problema, sin mayor énfasis en los elementos particulares.

Algunos estudios realizados en las poblaciones y campamentos que rodean Santiago de Chile demuestran, sustancialmente la validez de los temores de Quijano y otros sobre la escasa disposición violenta de los marginados, en términos revolucionarios. A pesar de que estos "pobres de la ciudad" estaban involucrados en actividades tendientes a plantear demandas que rebasaban lo inmediatamente relacionado con los problemas comunitarios, esto sólo se produjo como resultado de una intensa y sostenida movilización de los líderes de grupos políticos ajenos a dichos asentamientos.[28] Los resultados de las investigaciones de campo de Vanderschueren revelaron que, a pesar de una actitud militante que les llevó a una ocupación temporal de edificios de gobierno (incluyendo ministerios), calles y otras instalaciones públicas con el fin de promover una decisión importante para el suministro de servicios básicos, entre otros el agua, sistema de drenaje, escuelas, servicios sanitarios y otras mejoras así como protesta por los altos precios de la alimentación o el desempleo, sin embargo, no estaban preparados para hacer uso de métodos violentos para alcanzar sus fines más allá de los límites ya descritos.[29] La razón de este

[27] Aníbal Quijano, "La constitución del mundo de la marginalidad urbana", EURE, julio de 1972, p. 92.

[28] Wayne Cornelius, "Urbanization and political demand making: political participation among the migrant poor in Latin American cities", *American Political Science Review*, vol. 68, diciembre, 1974 (por publicarse) p. 34.

[29] Franz Vanderschueren, "Pobladores y conciencia social", E U R E, julio de 1972, p. 92.

comportamiento no fue su apoyo a la democracia o una pasividad innata, sino, usando la expresión de Weber, por una "racionalidad de autoconservación". Aun los más entusiastas analistas de los campamentos, como el grupo dirigido por Manuel Castells, encontraron un sentimiento conservador generalizado, pese a los esfuerzos de los organizadores para llamar la atención de los residentes acerca de la agudización de carencias manifestadas objetivamente a nivel de la comunidad, sugiriéndoles enfocar estos problemas como nacionales, tanto en su perspectiva como en su origen e importancia.[30]

En la encuesta mencionada, a la pregunta: "Por qué cree usted que no apoyaría una revolución en Chile", un 69% contestó: porque "nos matarían o moriríamos de hambre..."[31] La misma interrogante se planteó en México obteniéndose un porcentaje más alto contra el uso de medios violentos: esto como consecuencia lógica del sistema político. Queda claro, entonces, que las demandas relativas a "asuntos no domésticos probablemente son planteadas por los residentes de comunidades de bajos ingresos, cuando éstos consideran que el riesgo de una represión violenta por parte de las autoridades es mínimo y que la posibilidad de obtener la resolución satisfactoria de sus demandas es segura".[32]

Para algunos teóricos, es obvio que prevalecen a pesar de lo anterior, las condiciones en favor de la violencia. En nuestra opinión, la violencia institucionalizada que pende constantemente sobre sus cabezas así como la posibilidad de perder el techo que los abriga y el pedazo de pan que tienen, es un argumento más poderoso contra cualquier aventura que la promesa de un futuro paraíso.

Es interesante resaltar que la mayoría de los autores parecen ignorar las condiciones prevalecientes en las zonas rurales, mismas que están estrechamente relacionadas con la conducta del migrante en el medio urbano. Al respecto se han realizado una buena cantidad de investigaciones acerca de las condiciones en que los campesinos participan en levantamientos violentos o revoluciones;

---

[30] Véase también Manuel Castells, "Chile: movimiento de pobladores y lucha de clases", CIDU, Documento 56, noviembre de 1972; Franz Vanderschueren, "significado político de las juntas de vecinos en poblaciones de Santiago", EURE, junio de 1971; Equipo de estudios poblacionales, CIDU, "Pobladores y administración de justicia", Documento 50, 1971; y "Campamentos de Santiago, movilización urbana", mayo de 1972.

[31] F. Vanderschueren, "Pobladores..." op. cit., compara los resultados de una encuesta dirigida por Alejandro Portes y una de un grupo de CIDU, dirigida por él mismo. Los resultados citados provienen de esa comparación.

[32] Cornelius, op. cit. 1974, p. 36.

sobre las características de estos movimientos y su relación con el resto de la sociedad.[33]

La mayoría de estos trabajos se concentran principalmente en el papel que el campesino de ingresos medios y bajos desempeña en levantamientos y revoluciones; para Alavi, los primeros "son los elementos más militantes del campesinado y pueden ser un poderoso aliado del movimiento proletario en el campo, especialmente para generar el primer impulso de la revolución campesina".[34]

Eric Wolf coincide con lo anterior al señalar que son "los estratos medios y bajos pero libres, los que constituyen los grupos axiales de los levantamientos campesinos" (los campesinos libres son aquellos que viven en un área fuera del dominio de los terratenientes).[35] En contraste con estos sectores "los jornaleros constituyen el grupo menos militante del campesinado. Son incapaces de levantarse por sí mismos, en contra del sistema mismo... dependen totalmente de sus patrones para sobrevivir".[36] Aún más, según Wolf: "es poco probable que los campesinos pobres pero propietarios y los trabajadores sin tierras sean capaces de apoyar una rebelión".[37]

Pero estos autores no ignoran la posibilidad de que los campesinos pobres puedan participar en los levantamientos y las revoluciones bajo ciertas condiciones:

(el campesino pobre) toma el camino de la revolución sólo cuando se le enseña, en la práctica, que el poder de sus patrones puede quebrantarse, así como la posibilidad de un modo alternativo de existencia.[38]

---

[33] Hamza Alavi, "Peasantry and revolution", *The socialist register*, Merlin Press, Londres, 1965; Mehmet Bequiraj, *Peasantry in revolution*, Centro de Estudios Internacionales, Cornell University Press, 1966; Jean Chesnaux, *Peasant revolts in China 1840-1949*, Thames and Hudson, Londres, 1973; Eric J. Hobsbawm, *Problemes agraires des Amériques Latines*, CNRS, París, 1973; Emilio Klein, *Conflict between rural workers and land owners in central Chile*, tesis, University of Sussex, 1973; Barrington Moore, Jr., *Los orígenes sociales de la dictadura y de la democracia;* Eric Wolf, *Las luchas campesinas del siglo XX*, Siglo XXI, México, 1972; John Womack, *Zapata y la Revolución mexicana*, México, Siglo XXI, 1969. Hay artículos sobre el tema por Landsberger, Shanin y Stavenhagen entre otros.

[34] Alavi, *op. cit.*, p. 375.

[35] Eric Wolf, "On peasant rebelions", *International Social Science Journal*, vol. 21, 1969 (reimpreso en T. Shanin, *Peasants and Peasant Societies*, Penguin, Londres, 1973, p. 267.

[36] *Alavi, op. cit.*, p. 375.

[37] Wolf, *op. cit.*, p. 268.

[38] Alavi, *op. cit.*, p. 268.

Según Wolf, pueden volverse activos si "se apoyan en alguna fuerza externa para desafiar el poder que los oprime".[39]

Sin embargo, Hobsbawm duda de la validez del análisis de Wolf y Alavi, y considera que "la idea de un movimiento campesino generalizado, a menos que esté inspirado desde afuera, o mejor aún desde arriba, es muy poco realista. Es un mito tanto revolucionario como contrarrevolucionario".[40] En el caso de México es bien claro que los campesinos tienen una sensación de impotencia e inferioridad, no solamente en términos sociales y económicos sino, sobre todo, en el ámbito político. Y puesto que "la masa de los migrantes a las ciudades... consiste en hombres y mujeres de antecedentes campesinos tradicionales, que traen a su nuevo mundo los modos de acción y de pensamiento de su viejo mundo, la historia sigue siendo una fuerza política actual".[41] Estos migrantes mantienen, como objetivo, sus esperanzas en aquellas fuerzas que los beneficiarían de un modo casi mágico y sólo unos cuantos conciben la posibilidad de cambiar este arreglo pacífico por una confrontación destructiva tendiente a abolir los mecanismos de control dentro del sistema global.

En el caso de México, el análisis de la acción de aliados externos es esencial para la comprensión de las actitudes de los "pobres de la ciudad". Aun a nivel de demandas domésticas ("parroquiales", como las ha llamado Cornelius), incluyendo la petición de servicios básicos, hay arreglos secretos que reflejan un trasfondo que a menudo es ignorado en los análisis serios. Esta actitud pasiva de los campesinos hacia la autoridad, los propietarios y otras instituciones, misma que trasciende a los marginados urbanos, implica la existencia de jerarquías que se extienden desde las diversas localidades hasta el centro del poder estatal.[42]

III. DESARROLLISMO POLÍTICO

La reciente literatura de esta corriente que trata sobre los pobres en las ciudades del Tercer Mundo tiende a explicar el problema, casi totalmente, en términos de socialización política, integración, politización y otros conceptos. Estas nociones implican que los

[39] Wolf, *op. cit.*, p. 268.
[40] Hobsbawm, *Peasants and politics, op. cit.*, p. 11.
[41] *Ibid.*, p. 20.
[42] John D. Powell, "Peasant society and scientist politics", *American Political Science Review*, LXIV, p. 417.

"pobres de la ciudad" son necesariamente más desarrollados, racionales o estables en la medida que sean politizados o integrados a la estructura política existente, de acuerdo a formas estrechamente definidas por los analistas políticos norteamericanos tradicionales. El hecho de que existan mecanismos de articulación política distintos a los concebidos por los autores mencionados, que pueden ser tan efectivos como las formas citadas por los teóricos del desarrollo político —si no es que más, en ciertas condiciones estructurales—, no parece ser relevante a los autores en cuestión. Sistemáticamente la heterodoxia de los asentamientos espontáneos en cuanto a vinculación con el sistema revela, según esta corriente, un bajo grado de politización.

Este grupo de científicos sociales tiene como principal estímulo una gran preocupación por los "pobres de las ciudades" que les viene, sobre todo, de su miedo ante estos descastados que merodean el centro y la periferia de las ciudadelas del poder.[43] Uno de estos científicos sociales, J. Nelson, los llamó "migrantes desintegrantes".[44] Suponen que son desarraigados, aislados y anómicos, es decir, que no se rigen por las normas aceptadas de conducta. Philip Hauser explica claramente este razonamiento:

Los aspectos agudos, así como los crónicos de los problemas sociales que resultan de una urbanización violenta son quizás más claros en el ajuste de los migrantes a la vida urbana. En la ciudad se enfrentan a una confusión, así como a la vastedad y heterogeneidad del ritmo metropolitano. Normalmente viven durante algún tiempo con sus amigos originarios del mismo pueblo, o bien con familiares y solamente de manera gradual se van acomodando al nuevo ambiente. Se ven obligados a adaptarse a nuevos modos de hacer su vida, una economía de dinero, horas fijas de trabajo, ausencia de vida familiar acogedora, un gran número de contactos impersonales con otros seres humanos; nuevas formas de distracción y un barrio físicamente distinto a lo conocido, lo que a menudo implica nuevos tipos de vivienda, salubridad, congestiones de tráfico, etc. En estas condiciones, el migrante tiende a la desorganización personal, elemento fundamental de la desorganización social.[45]

Se trata del equivalente al "vacío anómico" de Soares y Hamlin que corresponde al tiempo que trascurre entre el abandono del

[43] Robert Cohen y Michael David, "The revolutionary potential of the American lumpenproletariat: A sceptical view", *Institute of Development Studies Bulletin*, University of Sussex, octubre de 1973, p. 33.

[44] J. Nelson, *op. cit.*, p. 7.

[45] Philip Hauser, "The social, economic and technological problem of rapid urbanization", en Bert Hoselitz y Wilbert Moore (comps.), *Industrialization and society*, La Haya, 1963, pp. 210-211 (citado en Nelson, *op. cit.*).

sistema tradicional de valores y la aceptación de un sistema de remplazo.[46] Más allá del desarraigo y la anomía, a menudo se supone que el inmigrante está decepcionado y frustrado, ya que se trasladó buscando una mejor vida y lo que encontró fue salario bajo, inseguridad de empleo y condiciones deplorables de vivienda y por ello, durante este período se considera que es particularmente susceptible de vinculación con movimientos políticos extremistas en los que busca satisfacer su necesidad psicológica de reintegración.[47]

Incluso los elementos externos, tales como la exposición de artículos de lujo de algunas calles en contraste con su propio medio, contribuyen a amargarlo y a prepararlo para la violencia política.[48] Según estos autores, toda posible presión dentro del contexto urbano hace que la adaptación para el migrante sea muy difícil y por lo tanto que él se vuelva fácilmente manipulable y participe en todo tipo de actividades disolventes, siguiendo a algún demagogo o simplemente atendiendo el llamado de cualquier organización contraria al sistema establecido.

Los datos recopilados no coinciden con estas afirmaciones, sino que, por el contrario, parece que en realidad estos autores sólo han especulado con ciertas categorías sin dar importancia a los hechos reales. La teoría de que los "pobres de la ciudad" tienen poco contacto previo con las costumbres urbanas es totalmente equivocada, por lo menos en el caso de México. Leeds y Leeds han demostrado que casi todos los migrantes han tenido experiencias previas en la compra y venta en los mercados donde se utiliza la moneda, así que están:

familiarizados con las modalidades en las transacciones urbanas, con la policía, la burocracia, las licencias de comercio, transportes, función del dinero en efectivo, etc. Es claro que no llegan impreparados para la vida de la gran ciudad.[49]

Esto se aplica plenamente a nuestro estudio y pone fin a la falsa idea de la "ruralidad urbana".[50] En México todo migrante a las

[46] Glaucio Soares, R. Hamlin, "Socio-economic variables and voting for the radical left in Chile, in 1952", *American Political Science Review*, vol. XLI, 1967, p. 1055.

[47] Wayne Cornelius, "Urbanization as an agent in Latin American political institutions: The case of Mexico", *American Political Science Review*, vol. LXIII, núm. 3, septiembre de 1969, p. 835.

[48] Nelson, *op. cit.*, p. 18.

[49] A. Leeds y E. Leeds, "Brazil and the myth of urban rurality", en A. J. Field, *City and country in the Third World*, Cambridge, Mass., 1969, p. 235.

[50] Este concepto equivocado está contenido en el trabajo de Philip Hauser,

zonas metropolitanas ha estado previamente en contacto no sólo
con las costumbres urbanas sino también, abiertamente, con el
vasto aparato del gobierno y con la maquinaria política del PRI.
Aún más, hay evidencia suficiente para apoyar la hipótesis de una
migración en varias etapas que concluye en las áreas metropolitanas, dando lugar a que entren paulatinamente en contacto con
las prácticas urbanas. Está claro que la estructura social tradicional del campo ha sido deteriorada, salvo en las áreas más remotas;
así, muchos de estos migrantes, aun cuando son de origen rural
y que llegaron directamente a las grandes ciudades, no provi-
nieron en su paso inmediato de ambientes sociales fuertemente
estructurados.[51] De esta manera, resulta claro que el grado de
aislamiento social que sufren los migrantes es exagerado. Los
trabajos más recientes han demostrado que existe una interminable cadena de contactos que los recién llegados tienen antes de
llegar al medio urbano, incluyendo el contacto con amigos y parientes y con gente de la misma ciudad o pueblo.[52] La mayoría
de los migrantes son jóvenes adultos y parece ser que muchos de
ellos están mejor educados y adiestrados que la mayoría en sus
lugares de origen, lo cual indudablemente les ayuda a ajustarse a
la vida urbana. La aseveración de que están decepcionados y frus-
trados por la falta de apoyo de la gente que conocen ha sido
suficientemente refutada en los trabajos de Balan y Germani, que
muestran que de un 70 a un 90 por ciento de los migrantes inves-
tigados reciben ayuda, en sus colonias, de familiares, amigos o empleados.[53]

En lo que respecta a las condiciones económicas, de los estudios recientes y los datos que recopilamos para nuestro trabajo
podemos desprender que los migrantes consideran que tienen una

---

La urbanización en América Latina, UNESCO, París, 1961, y criticado por Leeds
y Leeds, *op. cit.*, p. 237.

[51] Marshall Wolfe, "Some implications of recent changes in urban and rural
settlement patterns in Latin America", *Conferencia sobre población mundial*
en la ONU, Belgrado, 1965 (citado por Nelson, "The urban poor", *op. cit.*).

[52] Véase también la obra citada de Larissa Lomnitz. Hace un recuento muy
preciso de la movilización de ejidatarios de Villela en el estado de San Luis
Potosí a la ciudad de México. Habiendo empezado en 1940, todavía no ha
terminado. La mayoría de los ejidatarios están viviendo en dos colonias en
condiciones muy precarias, pero siguen esperanzados y alentando a otras gentes del poblado para abandonar el ejido.

[53] Véase J. Balan, "Are farmers sons handicapped in the city?", *Rural Sociology*, vol. 33, núm. 2, junio de 1968 (esto es acerca de Monterrey, México);
y G. Germani, "Inquiry into the social effects of urbanization in a working
class sector of Greater Buenos Aires", Consejo Económico y Social de las
Naciones Unidas, diciembre de 1958.

mejor situación de la que tenían antes de abandonar sus lugares de origen. Aunque la posibilidad inmediata de encontrar un trabajo permanente es una suposición discutible, como Balan lo ha sugerido en el caso de Monterrey, tienden a encontrar empleo con cierta facilidad en el sector terciario, y las condiciones adversas que prevalecen en las colonias son superadas por el "factor esperanza", que ha operado por más de treinta años y "no hay nada que indique que pueda desaparecer en un futuro cercano".[54]

Una segunda corriente de opinión prefiere examinar los acontecimientos una vez que los migrantes han estado por algún tiempo en las áreas urbanas, después que el recuerdo de sus miserables condiciones de vida en el campo haya desaparecido. Para ello, argumentan que después de un contacto prolongado con la ciudad, es obvio que la urbanización sin industrialización crea una creciente brecha entre las aspiraciones y los logros, con la consiguiente frustración que puede expresarse fácilmente en forma de agresión política. Soares y Hamlin indican que:

los sentimientos de recompensa relativa son remplazados por sentimientos de privación, dado que la vida en la ciudad hace la desigualdad socioeconómica aún más visible. La falacia de los beneficios que se habían obtenido, en comparación con la vida rural, se desvanece en el pasado. En la medida que estas aspiraciones se frustran, los marginados se convierten en seguidores potenciales de líneas izquierdizantes.[55]

A pesar de la abrumadora evidencia en contra de sus suposiciones en un ensayo reciente contestaron a sus críticos con datos sobre la incidencia en el voto en favor del Partido Trabalhiero Brasileiro (1954-1955), aduciendo que su posición se refiere a un proceso y que el análisis de éste a través de métodos posiblemente sea incorrecto y conduzca a malinterpretar sus afirmaciones.[56] Según Soares y Hamlin, dado que los migrantes dejaron el ámbito del cacique rural están expuestos a que se les incorpore a las diversas organizaciones de izquierda, en las cuales pueden actuar espontáneamente y sin las presiones de sus lugares de origen.

Otro autor que comparte el mismo punto de vista explica la teoría de la segunda generación en forma diferente. Talton Ray, escribiendo sobre los adolescentes y jóvenes de los barrios venezolanos, hace notar que:

[54] *Ibid.*, y también Cornelius, *op. cit.*, Kahl, *op. cit.*, Lomnitz, *op. cit.*
[55] Soares y Hamlin, *op. cit.*, p. 1049.
[56] Soares, *op. cit.*, pp. 1-5.

Varios factores influyen contra la posibilidad de que se adapten plenamente al estatus del barrio. Han crecido en las ciudades y, en consecuencia, no están conscientes de la calidad de la vida en las zonas rurales. Su educación es más avanzada que la de sus padres. Como residentes de estos barrios, están más cerca de la influencia de las organizaciones
partidarias que lo que estuvieron sus padres a la misma edad. Un número significativo de ellos ha tenido alguna experiencia o vivencia en
la acción política; normalmente ésta se da fuera del ámbito de las organizaciones tradicionales. Su situación les parecerá peor a ellos que lo
que les parecía a sus padres. Como generación, están más conscientes de
lo que aspiran y de lo que no tienen. Aun cuando tienen mejores cualidades para el empleo, siguen teniendo dificultades para encontrar una
ocupación estable y segura. En consecuencia, estarán más alertas y dispuestos a utilizar su fuerza política y a encontrar los medios para darle
expresión a ésta.[57]

Probablemente esta teoría de la radicalización ha sido más so-
brestimada que errónea, ya que en la medida en que los "pobres
de la ciudad" están expuestos a las promesas de los grupos políticos a través de nuevos métodos (comunicación masiva y campañas urbanas), o en contacto con vecinos más politizados, sus
actitudes políticas deben tender a variar, pero este cambio está
íntimamente ligado al sistema político en el que actúan los migrantes, de modo que en algunos casos podrían seguir lo mismo
abiertamente a una figura populista, a un demagogo, que a una
organización de izquierda. Actualmente, el enfoque predominante
de este grupo es el que describió Mangin:

Trabaja fuerte, ahorra tu dinero, confía únicamente en los miembros de
tu familia (aun en ellos no demasiado) ; vota conservadoramente si es
posible, pero siempre en tu interés económico; educa a tus hijos para
el futuro, así como para que te ayuden en la vejez... [58]

En el caso mexicano se insertan en el juego de manipulación
recíproca, en el que obviamente tienen la posición más débil,
pero que de todas formas les permite acercarse a un nuevo tipo
de vida. La opinión que tiene Lewis a este respecto parece ser
más bien contradictoria: Lewis anota lo que dice Jesús Sánchez:

---

[57] Talton Ray, *The politics of the barrios in Venezuela*, California University Press, 1969, pp. 281-282.
[58] William Mangin, "Latin American squatter settlement: a problem and
a solution", *Latin American Research Review*, vol. II, núm. 3, verano de 1967,
pp. 65-66.

Yo me ocupo nada más de mi trabajo. De política no conozco ni papa, leo uno que otro párrafo del periódico, pero no lo tomo muy en serio; para mí, no tiene mucha importancia lo que veo en los periódicos. Hace unos días leí algo sobre los izquierdistas, pero yo no sé cuál es derecha; ni cuál es izquierda, ni qué es comunismo. A mí me preocupa una cosa; conseguir dinero para cubrir mis gastos y que mi familia esté más o menos bien.[59]

Sin embargo, más adelante sugiere que la cultura de la pobreza se mantiene amenazadoramente en el trasfondo de la vida política mexicana contemporánea:

La actitud crítica hacia algunos de los valores y de las instituciones de las clases dominantes, el odio a la policía, la desconfianza en el gobierno y en los que ocupan un puesto alto, así como un cinismo que se extiende hasta la Iglesia, dan a la cultura de la pobreza una cualidad contraria y un potencial que puede utilizarse en movimientos políticos dirigidos contra el orden social existente.[60]

Aunque los datos disponibles vienen a apoyar los supuestos contenidos en la primera aseveración, discutiremos la conclusión a que llega Lewis a la luz de los factores revelados en nuestra investigación y demostraremos que hay pocas indicaciones de que exista un radicalismo político generalizado y una inestabilidad entre los pobres de las ciudades mexicanas.[61] Por el contrario, la gente como Jesús Sánchez ha existido durante décadas y su número sigue creciendo considerablemente. Los asentamientos que se han establecido desde finales de los sesentas y que tienen una orientación radical, están condicionados por elementos que desbordan los límites de una afirmación generalizadora. Está claro que es importante encuadrar este fenómeno dentro del contexto de un proceso político global y no como casos independientes.

Lo más objetable en la literatura antes mencionada es el supuesto normativo de que la población debe alcanzar un nivel particular de politización o socialización, a fin de que pueda ser considerada como desarrollada. Semejante supuesto impone una serie de valores políticos a una población cuyo contexto histórico y estructura sociopolítica pueden sugerir formas de organización

[59] Oscar Lewis, *Los hijos de Sánchez*, México, Fondo de Cultura Económica, 1965, p. 509.
[60] Oscar Lewis, *op. cit.*, p. xv.
[61] Véase Cornelius, "Urbanization...", *op. cit.*, p. 850; González Casanova, *op. cit.*, p. 153; Oscar Lewis, "Urbanization without breakdown", en Health y Adams, *op. cit.*, p. 426.

bastante diferentes. La imposición de este supuesto normativo caracteriza a ciertas actitudes como "subdesarrolladas" sólo porque no logran cumplir con su modelo, y, en realidad, estas actitudes son no sólo más efectivas sino aún más desarrolladas, si se toman en cuenta las limitaciones estructurales.

IV. NUESTRO MARCO DE REFERENCIA

Aparentemente el uso de categorías apropiadas sigue siendo un tema de discusión entre los autores marxistas y los desarrollistas. Usaremos el concepto de "pobres de la ciudad" con las características señaladas en la primera parte de este trabajo, aunque aceptamos el término "lumpenproletariado" para describir las actividades y actitudes de estos grupos tal como fueron concebidas por Marx y Engels; es en este sentido que aparece el término en este trabajo. Es obvio que estos autores se referían al producto de un proceso de movilidad urbana hacia abajo, descendente en virtud de una inhabilidad para obtener un empleo regular. Para lograr un ingreso se ven obligados, en los términos de Engels, a "mendigar, robar, barrer calles, recoger estiércol, empujar carritos de mano, vender en las calles o realizar pequeños trabajos ocasionales". Se trata en realidad de un grupo de proletariados desclasados y, aunque algunos provengan de la pequeña burguesía o de la burguesía misma, y puesto que aún no están incorporados al sistema productivo, tienen que buscar un acomodo alternativo e ir a vivir con los realmente marginados, convirtiéndose en dominadores y utilizando su experiencia y destreza en la sociedad urbana como un medio para controlar la vida de las colonias.

Según lo que encontramos en nuestra investigación de campo, la incidencia de la violencia es mayor en los asentamientos en que los "desclasados" desempeñan un papel importante en la vida interna de la comunidad y la mayoría de los crímenes son cometidos o instigados por individuos considerados como tales. En la mayoría de los casos se convierten en especuladores de terrenos, liderando a las masas empobrecidas y desesperadas a invasiones de terrenos públicos y privados, quedándose ellos con los mejores y más lucrativos. Por lo menos en México, entre ellos, no hay la menor posibilidad de encontrar un potencial revolucionario: de hecho, su papel es de vehículos conservadores y la violencia que promueven es sólo un medio para mantener o mejorar su *modus vivendi*.

El grueso de los "pobres de la ciudad", que consideramos en nuestro trabajo, son migrantes que han vivido en el área metropolitana durante un tiempo que varía entre uno y cincuenta años, incluyendo a los de una segunda o tercera generación que aún no tienen un trabajo definitivo pero que disfrutan de un ingreso y están incorporados en el proceso económico sin que sea posible considerarlos proletarios. Algunas veces obtienen un ingreso por los mismos medios que los desclasados, pero tienen orígenes sociales diferentes. Esta categorización colabora a enfatizar el origen heterogéneo de los "pobres de la ciudad" lo mismo que la variedad y la atomización de los medios por los cuales obtienen un ingreso.

Por lo tanto, uno de los supuestos de nuestro trabajo es que los "pobres de la ciudad" son menos ajenos a la economía de lo que Fanon y sus seguidores piensan, y ésta es otra razón por la cual no empleamos el término "marginal", ya que ha sido mal aplicado por algunos autores con el fin de distorsionar la realidad. Nelson comenta que:

en América Latina, el creciente número de citadinos desempleados, subempleados, abismalmente pobres, son a menudo considerados marginales. El término es correcto. La gente a quien se le aplica es económicamente marginal en el sentido de que contribuyen poco y se benefician poco de la producción y el desarrollo económico. Su estatus social es bajo y están excluidos de las organizaciones formales, asociaciones y de la red informal y privada de contactos que constituyen la estructura social urbana. A tal grado que si en origen son rurales, también son culturalmente marginados, aferrados a sus costumbres, formas, vestido, manera de hablar y valores que contrastan con los patrones urbanos aceptados. Carecen de contactos o influencias para tratar con las instituciones políticas establecidas. Son literalmente marginados en el sentido geográfico, viviendo en colonias de paracaidistas al filo de las ciudades.[62]

Se trata de una simplificación exagerada de la verdadera realidad, dado que no toman en cuenta que los llamados "marginales" participan en la vida urbana en todo el sentido de la palabra y por lo tanto están incorporados a la vida de la ciudad. Es importante señalar que su "participación e incorporación" se produce en el contexto de una sociedad desigual en la que han sido explotados a fondo, aunque sienten que su papel puede ser importante, han comenzado a mostrar un proceso de concientización a través de la manipulación recíproca.

[62] Nelson, *op. cit.*, p. 5.

La definición anterior es tan simplista que no toma en cuenta el hecho técnico de que la construcción de viviendas se ha retrasado tanto en relación con el crecimiento de la población urbana que muchos se ven forzados a buscar alojamiento en las orillas de las ciudades, sin que por ello queden fuera del proceso económico. Este concepto parece apoyar nuevamente la vieja teoría de la ruralidad urbana, ya discutida y desarrollada en varios países (entre otros México) y que ha dado lugar al reforzamiento de diferentes formas, públicas y privadas, de asistencialismo.[63] Nosotros utilizamos el término en un contexto estructural-histórico, como lo ha sugerido Quijano, para evitar la dicotomía participante —no participante que criticamos de los desarrollistas y que obviamente deja a un lado la consideración global de la sociedad y en cambio habla de una sociedad dual que no existe.[64] Los "pobres de la ciudad" participan diariamente, pero hay que tener en cuenta las características peculiares y especiales de su participación. Si llevamos este razonamiento a sus extremos, es posible decir que, al menos en México, ni siquiera la clase media puede considerarse participante. Debe quedar claro, como nuestra evidencia lo señala, que las formas no ortodoxas de participación no deben ser consideradas necesariamente como una demostración de falta de interés.

Como se sugirió al principio, a pesar de las claras diferencias de su origen social, los pobres de la ciudad se integran en la enorme variedad de actividades del sector terciario así como en el aparato represivo como soldados, policía, informadores, fuerzas irregulares de seguridad, o en grupos políticos fuertes. También encuentran una ocupación similar en las llamadas organizaciones extremistas de izquierda, o en los grupos de provocadores que se han apoderado temporalmente de algunos campos universitarios. En las áreas metropolitanas estudiadas, así como en otros grandes centros urbanos, sus instituciones de enseñanza superior

[63] El más exitoso fue en Chile, llevado a cabo por el jesuita Roger Vehemans en apoyo a los esfuerzos de los demócrata cristianos para ganar votos entre los pobres de la ciudad. Los concebía como "aquellos viviendo en las márgenes de la ciudad, no participantes, merodeadores, etc. y que necesitan una política de tipo paternalista para estimular el interés y la colaboración".

[64] González Casanova, *op. cit.* Menciona la existencia de dos Méxicos en términos económicos y políticos: "uno participante y otro no participante, uno incorporado y otro no incorporado". Cree que el marginalismo en México está basado, en primer lugar, en diferencias étnicas y en una economía de subsistencia predominante; esto da lugar a la llamada sociedad dual que, de hecho, no existe. (Véase R. Stavenhagen, "Seven wrong thesis about Latin America", en Horowitz, *Latin American radicalism*, 1970. También Víctor Flores Olea, "Reflexiones nacionales a propósito de la democracia en México", agosto de 1967, *Revista Mexicana de Ciencia Política*, México.

están continuamente bajo el asedio de grupos que no siguen los lineamientos de la izquierda y la derecha tradicionales. La mayoría de estos "extremistas" que consideran a las universidades como fábricas de la burguesía, reclutan sus miembros entre "pobres de la ciudad", que asisten a las escuelas preparatorias o sus equivalentes. Al percatarse de la fuerza e importancia que pueden tener al lado de grupos extremos convierten su actividad en una forma de lucro y sobrevivencia. Esto de ninguna manera es prueba de una "lumpenproletarización" de los "pobres de la ciudad" sino que, en el caso mexicano, es un simple reflejo de deterioro de los mecanismos de control del aparato político y de la maquinaria gubernamental. Ocurre con frecuencia que una vez que el migrante no logra un trabajo permanente, se mueve a través de una serie de contactos, inicialmente con familiares y después con conocidos con los cuales vivirá hasta ser rechazado por el último de la serie. Entonces empezará a vivir de ocupaciones parasitarias como las que caracterizan a los "desclasados". Aunque esta dificultad para encontrar un empleo se produce diariamente, hay evidencia de que el proceso para adquirir un comportamiento de desclasado toma varios años y aun generaciones y esto se debe no sólo al hecho de que el aparato político ha logrado incorporarlos con éxito, sino también a que su sentido de debilidad e inferioridad aún está presente.

Para el propósito de este estudio, nos parece importante distinguir el tipo de ciudad que cubre nuestra investigación. De ellas hay, por lo menos, tres clases: a] la ciudad preindustrial cuya economía se basa en el comercio de la producción artesanal y en la riqueza heredada de su clase dominante; esta riqueza se deriva originalmente de una relación de explotación con los campesinos; b] la ciudad industrial cuya riqueza se deriva de la producción industrial, del comercio internacional, los servicios comerciales y los impuestos; esta riqueza proviene en su mayor parte de la explotación de los trabajadores; y c] la ciudad dependiente en proceso de industrialización, cuya riqueza se busca en los impuestos y en su posición subordinada dentro del comercio imperialista, cuyo origen es la explotación desigual de las zonas rurales y del nuevo proletariado. Este proceso de fragmentación de intereses nos lleva a una diferenciación interna que se puede enunciar así:

Parte de la burguesía nacional (la principal, en términos de poder agrícola, comercial, industrial o financiero) es la beneficiaria directa como socio minoritario de los intereses extranjeros. Me refiero no sólo a los socio directos, sino también a los grupos que se benefician de la atmósfera temporal de prosperidad derivada del desarrollo dependiente. El proceso va más allá y no solamente las clases medias están envueltas en el nuevo sistema (intelectuales, burocracias estatales, ejércitos, etc.), sino también parte de la clase obrera.[65]

En la ciudad preindustrial los "pobres de la ciudad" fueron llamados "mob" (Inglaterra), "sans culotes" (Francia), "lazzaroni" (Italia) y en el México colonial se les llamaba, en términos generales, "pelados". La actividad política de la "chusma que estaba integrada por todos los pobres de la ciudad y no solamente por la escoria"[66] era el motín, del cual había tres tipos principales: el motín político, el motín por la alimentación y aquel provocado por la tensión entre la Iglesia y la Corona. Los tumultos por la comida a los cuales se les puede añadir tempranas huelgas y actividades ludistas (destrucción de maquinaria), era un claro intento para regresar a lo que el populacho "mob" consideraba precios justos, salarios adecuados o número de empleados; era un mecanismo para recobrar la justicia, mediante la acción directa, sobre la propiedad privada de las personas responsables de la injusticia. No hay duda que aquéllos fueron diseñados por la masa, aunque en algunos casos "gangsterismos, ratería y ataques indiscriminados ocurrieron al margen del movimiento".[67] Este tipo de motín era el más frecuente y parece ser que los más involucrados en ellos, aún más que cualquier otro grupo, fueron las mujeres y los más pobres.

El "motín político" se distingue del "motín por comida" no tanto por sus motivos como por las frases (eslogan) usadas por los amotinadores. Rudé señala acertadamente que "pocos motines políticos se llevaron a cabo fuera de los períodos de alza de precios o de escasez de alimentos, lo que implica que el principal motivo fue el problema de comida".[68] El tipo de tumulto Iglesia y Rey, como los motines Gordon de 1780 en Londres, tendieron a elevar al monarca o su equivalente a imagen paternal. Había también la creencia de un pasado glorioso, milenario y otras ideas religiosas. Rudé sugiere que en realidad era el instinto en contra de los ricos y "aquellos con autoridad, así como antipatía a la innovación capitalista".[69] En 1692 la ciudad de México tuvo su

---

[65] F. H. Cardoso, "Latin American capitalism", *New Left Review*, núm. 74, julio de 1972, p. 93.
[66] E. J. Hobsbawm, *Primitive rebels*, Manchester, 1959, p. 113.
[67] G. Rudé, *La multitud en la historia*, Buenos Aires, Siglo XXI, 1971.
[68] *Ibid.,* p. 207.
[69] *Ibid.,* cap. 15.

primer motín político del período colonial, mismo que se dio
a la par de una crisis de alimentos. La escasez del maíz originó
un levantamiento de indios, mestizos y algunos criollos pobres.
Los "pelados" salieron a las calles, poniendo fuego a las tiendas
principales: ocurrieron robos y otros ataques indiscriminados al
margen del movimiento. El motín por alimentos se trasformó rá-
pidamente en político, con la masa pidiendo la "muerte del virrey
y todos los españoles que lo defienden y protegen".[70] La represión
fue muy violenta y durante el resto del período colonial no se
dio otro fenómeno igual a pesar de que las condiciones empeo-
raron, al mismo tiempo que mejoraban los mecanismos de control urbano y rural. Desde entonces no se ha dado otro motín que
haya puesto en peligro las áreas estratégicas de la ciudad, que
parecen seguir siendo desconocidas a pesar de su gran vulnerabilidad.[71]
   Cuando México se independizó en 1821, el país se vio envuelto
en un período de guerras sucesivas (internas e internacionales)
hasta la dictadura de Díaz (1876-1911), en la que la frase "pan y
palo" estaba estrechamente conectada al *motto* positivista de esta
administración: Orden y Progreso. Wolf y Hansen señalan que
"mientras los puertos eran dragados, se construía la industria y
el capital extranjero peneteraba al país, las cárceles de México
se llenaban a su capacidad".[72] Los "pobres de la ciudad", aun en
números pequeños debido a que casi toda la población estaba sufriendo una dura e injusta explotación en el campo, se percataron
de la peligrosa aventura que implicaba retar a las autoridades.
Es hasta este período que cronológicamente consideramos que las
condiciones prevalecientes en los centros urbanos mexicanos co-
rresponden a aquellas de una ciudad preindustrial, aunque, como
sabemos, fue durante la dictadura de Díaz que se consolidaron
las bases para un desarrollo dependiente.
   En las ciudades industriales la proporción de los "pobres de
la ciudad" declina y son segregados del resto de la población.
De todas las formas el número de los individuos desclasados aumenta considerablemente, pero políticamente muestran poco interés

---

[70] Sigüenza y Góngora, *Relaciones históricas*, selecc., pról. y notas de Manuel Romero de Terreros, carta de don Carlos Sigüenza y Góngora al almi-
rante don Andrés de Paz, México, UNAM (Biblioteca del Estudiante Universitario), 1954.
[71] E. J. Hobsbawm, "Peasants and rural migrants" en C. Véliz (comp.),
Politics of conformity in Latin America, Oxford University Press, Londres,
1967, p. 49.
[72] E. Wolf y R. Hansen, "Caudillo politics: A structural analisis", *Comparative studies in society and history*, 1967, p. 178.

en la actividad comunal y en las organizaciones locales de partidos. Los relatos de Víctor Serge y otros, no dejan duda sobre la apatía de estos grupos, no solamente hacia el sistema político sino que también en la resolución de sus propios problemas esenciales.[73]

Finalmente, en la ciudad industrial dependiente los "pobres de la ciudad", como se explicó más arriba, fueron obligados por las condiciones a abandonar el campo. Predominantemente son varones y en el pasado fueron aquellos con mejor nivel de preparación y consumo de sus pueblos quienes estaban más motivados para obtener un trabajo mejor remunerado. Actualmente este proceso selectivo ha terminado y el movimiento hacia las áreas urbanas se da sin tener en cuenta dichos antecedentes. Aquellos que llegaron en un principio, están ya establecidos con sus familias y son un punto de apoyo muy valioso para sus amigos y familiares. Una vez que el pobre de la ciudad encuentra una ocupación remunerativa, ya sea en un trabajo o cualquier forma de autoempleo, se une a un grupo relativamente conservador, vinculado a los políticos de la comunidad en relaciones patrón-clientelismo, con la finalidad de mantener el trabajo o comercio que le da una posición privilegiada (por lo menos en comparación al gran número de desempleados). Los "pobres de la ciudad" se ven forzados a unirse a grupos de paracaidistas por la falta de viviendas que se ajusten proporcionalmente a sus bajos ingresos. Estos asentamientos se construyen por medios altamente organizados y son poblados por gente que económicamente está por encima (bastante más arriba) de los sectores más pobres y son una fuente de oportunidades de trabajo y comerciales convirtiéndose en áreas de movilidad ascendente, propiciando las posibilidades de ahorro. Con frecuencia el migrante se une a un pequeño sistema de comercio del tipo descrito por McGee, que puede absorber trabajo manteniéndose mientras a un bajo nivel, proporcionando a aquellos que se incorporan a él, la sensación de empleo, lo que da lugar a un panorama comparativamente conservador.

Esto es lo que llamamos mecanismos económicos que son por supuesto reforzados por muchos otros de naturaleza más sofisticada que serán vistos más adelante. William Mangin comenta que:

a menudo adoptan medidas extremas del capitalismo del siglo XIX, empiezan por vender las cosas unos a otros, y hacen todo tipo de reglas

---

[73] Véase Josephine Klein, *Samples for English cultures*, Londres, vol. 1, 1964; Víctor Serge, *Memoirs of a revolutionary*, OUP, 1972.

restrictivas sobre cómo los nuevos miembros pueden ser admitidos en la comunidad. Una vez que han violado la ley y se han apoderado de un pedazo de tierra, se vuelven convencionales, no revolucionarios, miembros normales de la sociedad.[74]

V. RELACIONES POLÍTICAS DE LOS "POBRES DE LA CIUDAD"

Una de las hipótesis de nuestro trabajo es que, en México, los "pobres de la ciudad" están insuficientemente integrados al sistema político. Esto no implica que estén marginados del sistema, sino que, únicamente, algunos de ellos tienen interés en la política o perciben en ella algo relevante para sus intereses. Consideran al gobierno como legítimo, o por lo menos no ilegítimo, o sencillamente no hacen ningún juicio. Sin embargo, consideran cínicamente a los políticos y a la actividad política desechando casi mecánicamente la posibilidad de poder influir en el diseño de la política gubernamental que les afecta directamente. En México, los "pobres de la ciudad" no tienen organizaciones propias, en consecuencia, son controlados en forma bastante peculiar por diversas entidades públicas y privadas. Los partidos políticos, con excepción del PRI, incluyendo a aquellos considerados de izquierda, no han mostrado interés en este sector de la población, ni siquiera en los períodos electorales. Lo anterior implica que un análisis de las actitudes políticas de los "pobres de la ciudad" no puede realizarse a través de su comportamiento en las urnas. Este hecho lo ha demostrado claramente González Casanova.[75] Parece bien claro que su voto ha sido amplia y masivamente asegurado por el partido dominante, pero muy poca investigación se ha hecho hasta ahora para explicar con evidencia las razones de esta preferencia. En este contexto tiene gran importancia analizar los prolegómenos al día de la elección, como una forma de aclarar las variaciones y características de este acuerdo tácito.

Dado que los "canales tradicionales" no son usados por los "pobres de la ciudad" para articular sus demandas, es difícil explicar su actitud políticamente pasiva sin adoptar un enfoque simplista que la reduzca a la dicotomía: radicalismo o potencia-

---

[74] W. Mangin, "Poverty and politics in cities of Latin America", en W. Bloomberg y H. J. Schmandte, *Power, poverty and urban policy*, California University Press, 1968, p. 167.

[75] González Casanova, *op. cit.*, p. 148.

lidad revolucionaria. En un estudio reciente Cornelius argumenta que en México los "pobres de la ciudad" están controlados por una serie de caciques.[76]

El autor adopta la siguiente definición de caciques:

> Son líderes fuertes y autocráticos en su esfera local y/o regional; su control es característicamente informal, personalista y a menudo arbitrario. Su apoyo descansa en sus relaciones familiares, guardaespaldas y otros vínculos dependientes. El sello distintivo de su política es el uso de la amenaza y la práctica violenta.[77]

Su objetivo es obtener el reconocimiento de la comunidad y de las autoridades locales como los individuos más influyentes y poderosos en el medio político local. Una vez logrado esto, los funcionarios públicos menores ejercen la autoridad a través de ellos, excluyendo a otros líderes potenciales de cualquier ingerencia en los asuntos de la comunidad.[78]

Cornelius continúa diciendo que:

> (el cacique) también tiene autoridad de facto para tomar decisiones de carácter político, policiaco y aún de orden fiscal; consecuentemente el cacicazgo representa un tipo de gobierno informal que no es responsable ni ante la comunidad ni ante las autoridades legalmente constituidas.[79]

Sin lugar a dudas lo anterior constituye la sobresimplificación de un problema muy complejo. De seguir ese razonamiento llegaríamos a la conclusión de que el sistema político mexicano funciona a través de concesiones a una serie de caciques locales que mantienen su autonomía dentro de su ámbito de influencia y que actúan como una especie de poder paralelo seminstitucionalizado. Para nosotros la era del caudillo está vinculada a la inestabilidad de la clase dominante y política para centralizar razonablemente

[76] De acuerdo con Ricardo Alegría, en "Origin and difusion of the term cacique", en *Selected papers of the XI international Congress of Americanists*, Chicago University Press. La palabra cacique viene de la lengua indígena "arawak".

[77] Paul Friederich, "The legitimacy of a cacique", en M. Swartz (comp.), *Local level politics: social and cultural perspectives*, Chicago, 1968, p. 138.

[78] W. Cornelius, "Contemporary Mexico: a structural analisis of urban caciquismo", en R. Kern (comp.), *The caciques: oligarquical politics and the sistem of caciquismo in the Luso Hispanic world*, University of New Mexico Press, 1873, p. 138.

[79] *Ibid.*, p. 138.

tanto la riqueza como el poder a fin de tener un aparato político organizado.

Desde 1929 se inició un rápido proceso de deterioro de la fuerza de los caciques. Así, es ingenuo pensar que después de esa experiencia histórica la clase política podría permitir la existencia de autoridades paralelas.[80]

Pablo González Casanova ha señalado que la subsistencia del caciquismo se encuentra reducida a las pequeñas comunidades de las zonas más atrasadas de México y hace notar que aún en éstas es claro el proceso de desgaste.[81] En el mismo sentido, Padget ha observado que entre más remota es la zona y más alejada esté de una gran ciudad, más fácil será para el cacique mantenerse en el poder y señala que "la reducción considerable de caciques en México se puede atribuir al creciente desarrollo en las zonas rurales y urbanas".[82] Parece ser que Cornelius ha confundido lo anterior, con la necesaria "devolución" de facultades que la maquinaria política y gubernamental concede a algunos "jefes locales", con el fin de mantener el control interno.

Debemos agregar que además de la evidencia histórica acerca de la liquidación de esta "institución", Cornelius confunde las relaciones del cacique (que para él tienen un carácter esencialmente utilitario) con otro tipo de líderes locales, quienes fundamentan su poder en un carisma personal o en lazos afectivos. Cornelius considera que el fundamento del poder del cacique reside en su capacidad para obtener importantes beneficios para el asentamiento y esto le asegura el dominio interno de la comunidad.

De acuerdo con la evidencia recogida en las zonas metropolitanas que estudiamos, no es posible aceptar la afirmación de Cornelius, dado que no existe una figura de tales características. Es factible, sin embargo, que la presencia de explotadores normalmente con características distintas a las que señalamos para los "pobres de la ciudad", en contubernio con figuras políticas locales hayan sido causantes del fenómeno que dicho autor considera como caciquismo. En el interés del sistema político es poco probable que sus cuadros directivos tanto bajos como intermedios

---

[80] El proceso de control de caudillos y caciques locales que eventualmente acaba por desintegrarlos empieza con el presidente Obregón, continúa con Calles y alcanza su máxima expresión con Cárdenas. La fundación del partido oficial, profesionalización del ejército y grandes concesiones económicas son, entre otros, factores que contribuyen a simplificar este proceso que en un tiempo fuera tan complejo.

[81] González Casanova, *op. cit.*, p. 47.

[82] L. V. Padget, *The Mexican political system*, Boston, Houghton, 1966, p 83.

permitan la presencia de un hombre fuerte que se convierta en el único centro de poder dentro de la comunidad. Con frecuencia, este tipo de personajes son incorporados a la máquina política local o simplemente se les nulifica en caso de no tener la disposición necesaria para la negociación.

Esto último es poco probable, ya que los "caciques" en potencia intentan intercambiar posiciones en su propio beneficio.[83] En nuestro trabajo de campo encontramos casos que sirven de ejemplo para ambas situaciones con el propósito fundamental de evitar la excesiva concentración de poder en manos de un solo individuo.[84] Los jefes locales de las zonas estudiadas han sido sancionados por el aparato político como una fórmula legítima de mantener el control. En esa medida se permite el uso de la fuerza física, incluyendo el homicidio que algunos autores pretenden darle connotación política, que no es tal, sino el resultado de las aspiraciones de una persona en particular.

Cornelius parece ignorar los diversos niveles de apoyo formal e informal de que se sirve el sistema político para mantener sus mecanismos de control en los asentamientos de "pobres de la ciudad". Un jefe local del área metropolitana de la ciudad de México nos señaló: "Una regla importante de funcionamiento es la de mantener tantos intermediarios como sea necesario a fin de evitar la exagerada concentración de poder que se daba en otros tiempos, pero también es fundamental evitar confrontaciones entre los diversos grupos; hay que tener mediadores, pero sin que haya conflicto..."[85]

De esta manera parece claro que la red de relaciones patrón clientelismo resulta la más apropiada para explicar las modalidades que condicionan las actitudes políticas, mismas que han sido sistemáticamente ignoradas por los autores en virtud de una aparente falta de importancia. Wolf ha señalado:

El patrón provee de la necesaria ayuda económica y protección contra las actividades legales e ilegales de las autoridades, mientras el cliente responde con manifestaciones de afecto, información sobre las actividades de otros individuos y finalmente con la promesa de apoyo político invariable.[86]

[83] L. Lomnitz no encontró en su trabajo ningún rasgo del poder del cacique; no obstante, habla de los jefes de barriada. Son éstos una especie de intermediarios que consiguen trabajos a los recién llegados, *op. cit.*, p. 75.

[84] S. Eckstein, *The State and urban poor* (mimeo.), 1975, p. 18-22.

[85] Entrevista con un prominente ex diputado local del área de Netzahualcóyotl.

[86] E. Wolf, "Friendship and patron-client relations in a complex society",

Es bien claro que dentro de los asentamientos se lleva a cabo una lucha entre los distintos patrones y aquellos que aspiran a serlo, con el propósito de obtener el mayor apoyo posible de los clientes.[87] Frecuentemente este enfrentamiento es estimulado por agentes externos, con el propósito de obtener concesiones a través de líderes débiles. Es esta continua negociación entre los patrones lo que permite a los clientes una mayor posibilidad de que sus demandas sean satisfechas. Foster explica esta relación en términos de simples contratos:

Se basan en el principio de obligaciones recíprocas que materializa en el intercambio de bienes y servicios. Cada una de las partes espera recibir aquello que más le interesa de la manera y en la forma que rige el contrato, esto liga muy estrechamente a personas de distinto estatus económico.[88]

Ésta es una de las definiciones generales de la relación patrón-clientelismo aunque algunos otros autores le han agregado características más específicas. Para Kenny, las bases fundamentales de la relación son:

sin duda... una especie de sentimiento de parentesco, sea real o ficticio.[89]

Silverman añade la noción de "favor":

Como mínimo, lo que se debe en favores y protección de una de las partes se debe pagar con lealtad.[90]

De acuerdo con Wolf, "el patrón actúa como intermediario con los centros de poder externos, con la única condición de ser reconocido como el único canal de acceso con las autoridades".[91] Algunas de estas características son totalmente inadecuadas para describir la relación que se da entre el sistema político me-

en M. Banton, *The social antropology of complex societies*, Tavistock Publications, Londres, 1966, p. 17.

[87] *Ibid.*, p. 19.

[88] G. Foster, "The dyadic contract in Tzintzuntzan: patron client relationship", *American Anthropologist*, núm. 65, 1963, p. 1281.

[89] M. Kenny, "Patterns of patronage in Spain", *Anthropological Quarterly*, núm. 33, 1960, p. 15.

[90] S. Silverman, "Patronage and community nation relationship in central Italy", *Ethonology*, núm. 4, 1965, pp. 178-179.

[91] Wolf, *Kinship...*, *op. cit.*, p. 21.

xicano (representado por una gran variedad de intermediarios dentro de los asentamientos) y los "pobres de la ciudad". Es bien claro que no son "socios", no se da una relación de parentesco, real ni ficticia; tampoco tienen posibilidad de escoger entre una variedad de patrones a aquel que mejor convenga a sus intereses. Sin embargo, este marco de análisis está más cerca de la realidad que nos interesa que el esquema del cacique, aun cuando claramente no logra describir la relación desequilibrada que se da en estos asentamientos, ya que el cliente no tiene otra alternativa que participar en una alianza desigual siendo él mismo la parte dominada y más vulnerable de la relación. El argumento de que se da un proceso de trasposición de actitudes autoritarias que llevan al antiguo campesino a las manos de los explotadores es igualmente falsa. Esta simplificación pretende racionalizar el proceso de dominación evitando una discusión sobre los diferentes mecanismos de este vínculo.

En nuestra investigación de campo encontramos una especie de burguesía dentro de los asentamientos, la que está compuesta por los no marginados que, en ciertos casos, tienen un monopolio sobre la distribución de algunos recursos internos (mismos que dependen de factores externos tales como provisión de agua, energía eléctrica o drenaje). Entre aquéllos es común encontrar militares de baja graduación, trabajadores calificados, burócratas que han encontrado una fuente importante de ingresos en la explotación de sus estatus dentro de la comunidad, mismo que es utilizado como fórmula de presión interna. Creemos que el análisis de las actitudes políticas de los "pobres de la ciudad", debe incluir una discusión profunda de los canales a través de los cuales dicha población actúa, asimismo de las presiones y limitaciones que condicionan su funcionamiento social, y finalmente un análisis de la política que las fuerzas externas sea el aparato gubernamental o las organizaciones partidarias adoptan con respecto a ellos, abriendo o cerrando las oportunidades de actuación. En este sentido, el análisis de intercambio interno así como las características de la negociación de su tranquilidad y estabilidad son elementos más importantes que los resultados electorales. Son los estudios de la estructura de poder los que pueden erradicar los mitos acerca de los caciques y estar en posibilidad de evaluar la fuerza real de los auténticos factores de influencia y la forma como éstos se desempeñan dentro de los asentamientos, así como en relación con los agentes externos. Es en este contexto que resulta fundamental puntualizar el papel de las organizaciones partidarias como canales alternativos de contacto de los "pobres de la ciudad" con el mundo exterior. Sorauf comenta que:

El sistema de captación y patrocinio de los partidos constituye un incentivo de gran importancia, es una especie de moneda para lograr la participación política y modificar las respuestas al aparato de los partidos. De hecho las funciones más importantes de dicho sistema son: el mantenimiento de una organización partidaria activa, la promoción de una cohesión interna, la atracción de votantes y simpatizantes y la agitación de las bases de un partido mediante campañas que estimulen la liquidación de las actitudes pasivas.[92]

Éste es un elemento central para comprender las actitudes políticas de los "pobres de la ciudad", de ahí que sea indispensable tomar en cuenta no tanto el número de votos como las características del período preelectoral, como elemento esencial de agitación de conciencias y de planteamiento de los términos de negociación del apoyo, o bien de las condiciones en que éste se presta.

[92] F. Sorauf, "The silent revolution in patronage", en E. Banfield, Urban Government, Nueva York, Free Press, 1961, pp. 309-310.

CAPÍTULO 3

EL APARATO GUBERNAMENTAL Y POLÍTICO

I. LAS BASES DEL PARTIDO REVOLUCIONARIO

Estrechamente vinculado al desarrollo económico de México de las últimas cinco décadas, surge un sistema político que ha sido el factor central en la articulación y cohesión de fuerzas, cuyo estudio ofrece la clave para explicar la estabilidad que ha prevalecido en el país, a pesar de las enormes diferencias sociales y económicas que se dan entre grandes sectores de la población. Es en este contexto que consideramos importante revisar brevemente los antecedentes institucionales y las reglas prácticas de resolución de conflictos de que se ha servido el sistema político mexicano, especialmente en lo que se refiere a la relación y vínculos de éste con los pobres de la ciudad.

No obstante que durante el porfiriato, la concentración de poder significó el debilitamiento de los cacicazgos encabezados por hombres poderosos con características de caudillos, durante la revolución de 1910 recuperaron su poder y prestigio a través de su desempeño en el campo de batalla. Una vez más, el viejo esquema que Molina Enríquez pensó que había terminado, llegó a ser patrón dominante. "El gobernador del estado comparte el poder con dos o tres personalidades locales, más los héroes de nuestras innumerables revoluciones dando lugar a una paralización del país y a una situación anárquica que nadie puede controlar."[1]

Sin embargo, después de la revolución, estos hombres poderosos trataron de institucionalizar su poder a través de la formación de organizaciones partidarias con el propósito de desafiar a las autoridades con base en principios legales. Después de que Carranza tomó la decisión de designar a un civil como su sucesor, dejando a un lado a las figuras militares como Álvaro Obregón y Pablo González, el grupo asociado con Obregón se opuso a esta decisión con una rebelión violenta que terminó con la muerte del

---

[1] Andrés Molina Enríquez, *Los grandes problemas nacionales*, México, INJM, 1965, p. 95.

Presidente. En 1924, se siguió el mismo camino cuando fue nominado el sucesor de Obregón, y cuatro años más tarde, tres revolucionarios que habían sido precandidatos murieron durante este proceso de nominación ("Serrano y Obregón fueron asesinados y Arnulfo Gómez fue fusilado").[2] Era bien claro para el presidente Plutarco Elías Calles, que la conciliación de grupos polarizados constituía una tarea tan difícil como la descrita por Molina Enríquez, dado que cada facción se apoyaba en una fuerza militar autónoma.

El 1 de septiembre de 1928 en ocasión de su último informe al Congreso, Calles anunció su retiro de la vida pública y señaló: "...se enfrenta México con una situación en la que la nota dominante es la falta de caudillos, debe permitirnos, va a permitirnos orientar definitivamente la política del país por rumbos de una verdadera vida institucional procurando pasar de una vez por todas, de la condición histórica de país de un hombre a la de nación de instituciones y de leyes". Concluía ..."el establecimiento para regular nuestra vida política, de reales partidos nacionales orgánicos, con olvido e ignorancia, de hoy en adelante, de los hombres necesarios como condición fatal y única para la vida y para la tranquilidad del país".[3] Siete meses después de este mensaje, el Partido Nacional Revolucionario (PNR) quedó constituido como "agencia de expresión de la revolución".[4] En su primera etapa, la aglutinación de fuerzas disímbolas y antagónicas generó resistencias de aquellas que se obstinaban en mantener su poder original. El proceso de incorporación fue lento, con Calles usando el camino de las concesiones políticas o bien beneficios económicos considerables como instrumentos para lograr la aglutinación de intereses, procedimiento que había sido ensayado con gran éxito por el "antiguo régimen" y sobre el cual descansó la "pax porfiriana". Muy pronto algunos líderes políticos que rechazaron la invitación a participar en la coalición de Calles, advirtieron el deterioro y aun la desaparición de su poder político, debido a que las organizaciones locales no tenían elementos para oponerse al aparato que el PNR estaba integrando con la ayuda permanente de la maquinaria gubernamental.[5] La nueva coalición de caudillos civiles, militares, campesinos y tra-

---

[2] Daniel Cosío Villegas, *El sistema político mexicano*, México, J. Mortiz, Editores, 1972, p. 37.
[3] Plutarco Elías Calles, "El inicio de una nueva etapa institucional", *Materiales de Cultura y Divulgación*, núm. 4, PRI, CEN, 1974.
[4] F. Fuentes Díaz, *Los partidos políticos en México*, México, 1956, p. 67.
[5] Jorge Montaño, *op. cit.*, p. 148.

bajadores, con la exclusión clara de la pequeña burguesía, aceptó al general Calles como "jefe máximo" del Partido y del proceso revolucionario. Esto sentó las bases para la eliminación de la Confederación de Partidos Regionales y Sociales estableciéndose una jerarquía de convenciones municipales, estatales y nacionales que habrían de tomar las decisiones políticas y designarían candidatos.[6]

Con esta decisión, el partido consolidó la centralización de la autoridad en la jerarquía y en la burocracia del partido, con el presidente de la República como su más importante y prominente líder.[7]

Cárdenas pronto entró en conflicto con el jefe de la coalición y aprovechando el control de que disponía, envió a Calles y algunos de sus más cercanos colaboradores a vivir en los Estados Unidos. A partir de este momento el liderazgo del partido quedaba finalmente institucionalizado con el jefe del Ejecutivo como cabeza de la coalición, pero única y exclusivamente durante su período constitucional como presidente.

El Plan Sexenal concebido por Cárdenas vio en el partido un instrumento necesario para lograr la movilización popular en apoyo de reformas radicales. Y en esta medida, la organización partidaria se trasformó de acuerdo con este nuevo objetivo, adoptando una forma corporativa de sectores, incluyendo separadamente campesinos, trabajadores, militares, clases medias bajo un membrete distinto representativo de la nueva época. Así entra el partido en su segunda etapa con el nombre del PRM (Partido de la Revolución Mexicana). Las bases personalistas sobre las cuales había surgido el PNR, fueron modificadas y las fuerzas económicas, sociales y políticas debidamente reconocidas y jerarquizadas. La naturaleza corporativa del PRM, tuvo el efecto de lograr la destrucción casi total de las maquinarias políticas de los alguna vez poderosos caciques locales.[8]

En la tercera etapa, las relaciones entre los principales intereses, tanto dentro como fuera del partido oficial han sido mucho más institucionalizadas. El PRI fue constituido en enero de 1946 con el propósito de canalizar la nueva política económica desarrollista del gobierno. A pesar de la retórica acerca de los pro-

[6] En un esfuerzo para centralizar el poder en manos de Calles, se propuso y aprobó durante una convención del partido celebrada en Aguascalientes en 1932.
[7] R. Scott, *Mexican government in transition*, University of Illinois Press, 1964, p. 116.
[8] *Ibid.*, p. 135.

pósitos revolucionarios del régimen de Alemán, el nuevo modelo capitalista significó de hecho el sacrificio de tales objetivos en beneficio de una economía de expansión. El PRI conservó los tres sectores como base de su organización, pero las nuevas reglas buscaron quitarle algo de sus funciones corporativas, con cada sector permaneciendo autónomo en su acción económica y social, pero con la organización central del partido, manteniendo el control de todas las actividades políticas y electorales.[9]

De los sectores, la Confederación Nacional Campesina agrupa el segmento más homogéneo y hasta hace algunos años el más efectivo en cuanto a mecanismos de control se refiere. El sector obrero está encabezado por la Confederación de Trabajadores Mexicanos (CTM) y el Congreso del Trabajo, donde se observa un liderazgo más rutinizado, de cuya habilidad ha dependido la estabilidad de las relaciones laborales. Finalmente el sector popular a través de la Confederación Nacional de Organizaciones Populares es el más heterogéneo y diversificado de los tres sectores. Sin embargo, ha logrado permanecer como una sola unidad, debido a una serie de beneficios materiales que ha obtenido del Estado. Burócratas, maestros, cooperativistas, pequeños propietarios, pequeños comerciantes, pequeños industriales, profesionales, grupos juveniles, artesanos, organizaciones de mujeres, y los pobres de la ciudad, forman la base fundamental de los 2 millones de miembros de la CNOP. No solamente en términos económicos sino en términos políticos, la maquinaria gubernamental y política ha sido mucho más favorable a este sector que a los otros dos, garantizando la lealtad de un segmento social cuyo control representa una tarea necesaria y difícil en cualquier régimen. El desequilibrio en favor de la CNOP a pesar de ser manifiesto se considera como inevitable.[10]

II. EL PRI Y EL PROCESO DE DECISIÓN

El papel del partido en el proceso de decisión gubernamental ha sido tema de un debate muy importante. Entre los autores extranjeros, Scott considera que: "En tanto el partido oficial continúe trabajando sobre la fórmula de satisfacer a las organizaciones más influyentes, causándole insatisfacción a los menos posibles, parti-

[9] Scott, *op. cit.*, p. 140.
[10] Lo anterior se hace manifiesto al analizar el origen de los secretarios de Estado, legisladores federales y locales.

cipando no en la tarea de agregar intereses, sino proporcionando pautas; es evidente que el proceso de decisión residirá en el partido y no en el gobierno... ésta es la razón por la cual... los múltiples intereses que deben de ser incorporados dentro del proceso de decisión, son representados y controlados a través de la acción del Partido Revolucionario Institucional."

Scott sugiere que el "equilibrio se ha logrado entre los sectores más representativos de la vida política y económica, a través de las actividades del PRI" y de acuerdo con él el sistema sectorial dentro del partido proporciona un instrumento, no sólo para conservar diferentes intereses incorporados a la maquinaria, sino también para equilibrar la representación de sus intereses en términos de formulación de políticas y de resultados.[11] Esta observación fue convincentemente criticada por Brandenburg cuando indicó: "El partido oficial no desempeña el papel de satisfacción de intereses, dado que esta función dentro del sistema político mexicano ha sido siempre realizado en otra parte. En cuanto al proceso de decisión se refiere, si éste hubiese residido en el partido oficial, y no en el círculo íntimo de la familia revolucionaria y en el gobierno formal, México se hubiese convertido en un estado socialista hace mucho tiempo."[12]

Brandenburg considera que el PRI es un instrumento para consolidar el apoyo político de la élite revolucionaria y usa la metáfora "familia revolucionaria" para incluir todos los niveles posibles de participación en el proceso de decisión. El partido oficial aparece en la opinión de este autor, en la escala menos importante de la estructura de la familia revolucionaria junto con la burocracia nacional, las fuerzas armadas y la administración estatal y local. De acuerdo con Brandenburg: "Todos estos segmentos le deben lealtad última al jefe del Estado y la orientación y el diseño de políticas y de programas bajo su cargo, depende de las instrucciones que reciban del presidente."[13]

Padgett considera que: "México está gobernado por una coalición revolucionaria que incorpora a los grupos y líderes, cuya prominencia política está directamente vinculada con la lucha revolucionaria. Éstos son los hombres y los grupos que debido a su conexión con la revolución tienen alguna influencia o por lo menos aspiran a ganar influencia en el proceso de decisión dentro

[11] R. Scott, op. cit., pp. 29, 32, 108, 145-46.
[12] F. Brandenburg, The making of modern Mexico, Englewood Cliffs, N. J., Prentice Hall, 1964, p. 144.
[13] Ibid., pp. 3-6.

del sistema político mexicano."[14] Este autor afirma que el partido facilita la implementación de las decisiones presidenciales. En este sentido, el PRI llega a ser un aparato a través del cual la coalición revolucionaria controla la política mexicana más que un mecanismo para representar e implementar las demandas de sus grupos componentes.[15]

Esta última tesis parece estar más cerca de nuestra propia concepción del PRI, como un instrumento para legitimar las políticas gubernamentales, y por esta razón los sectores individuales no pueden plantear demandas que obstaculicen o desborden las instrucciones provenientes del Poder Ejecutivo. Los líderes de los sectores funcionales juegan un papel importante en esta tarea, convirtiéndose en intermediarios entre sus simpatizadores y los funcionarios gubernamentales, haciendo sumamente difícil la posibilidad de trazar una línea a fin de precisar qué intereses están representando. El PRI tiende a convertirse de esta manera en un auxiliar eficiente en la implementación de las políticas presidenciales, utilizando la distribución de posiciones como una forma eficaz para coordinar las actividades de los miembros y de los no miembros, ya que el partido mantiene los derechos de nominación con la previa autorización presidencial. Disciplina y ortodoxia son los elementos claves para obtener una posición política.[16] Es en esta continua movilidad política, donde reside uno de los mecanismos de control más efectivos de que dispone la clase gubernamental. Cada tres años hay un cambio obligatorio de miembros electos a nivel local y de diputados al Congreso y cada seis años hay un cambio en el nivel nacional y estatal, estas personas que son desplazadas, quedan disponibles para el siguiente régimen administrativo o para otra tarea dentro de la administración, evitando de esta manera cuellos de botella que podrían de otra forma dar lugar a conflictos.[17] Este sistema de cooptación que ha sido muy efectivo para controlar a los líderes de las organizaciones, se ha convertido en un problema para las autoridades. Se ha dejado bien claro, que quienes quieren llevar a cabo una carrera política o pretenden obtener beneficios para aquellos que representan, tienen la oportunidad dentro de la estructura del PRI y ninguna fuera de ésta. De esta manera, el partido se ha

[14] L. V. Padgett, *The Mexican political system,* Houghton Mifflin Co., Boston, 1966, p. 34.
[15] R. Hansen, *op. cit.,* pp. 129-135 y 106.
[16] V. Flores Olea, "Poder, legitimidad y política en México, en *El perfil de México en 1980,* México, Siglo XXI, 1972, t. III, p. 489.
[17] *Ibid.,* p. 490.

convertido en una agencia eficiente para conciliar todo tipo de intereses a través de la negociación de posiciones, dejando a un lado la práctica tradicional de no respeto hacia los resultados electorales.[18]

En la articulación de demandas, en la intervención para obtener beneficios y prestaciones del gobierno, el PRI está frecuentemente orientado hacia las clases bajas de las zonas urbanas. La amplia gama de necesidades de este grupo, la sensación continua de inseguridad que tienen, hace del partido un vehículo a través del cual tales demandas pueden ser articuladas y en ocasiones resueltas. Fagen y Tuohy han comentado que: "El partido media principalmente entre estos grupos y el gobierno haciendo la relación más flexible la representatividad más personal, que de otra forma podría convertirse en un intercambio difícil para estas personas desprotegidas."[19] En principio es definitivo si va a haber una participación popular dentro del proceso político, especialmente en lo que se refiere a las demandas que pueden ser consideradas como causa de conflicto, es mejor que esta actividad se canalice a través de las organizaciones del PRI y no fuera de éstas.[20]

III. EL PRI Y LOS POBRES DE LA CIUDAD

Está claro que la organización, canalización e implementación de las demandas populares tiene aspectos de manipulación y explotación. Pero para los pobres de la ciudad existen aspectos positivos tales como la posibilidad de ser escuchados y algunas veces de que sus demandas sean atendidas, lo que estimula el uso de estos canales aunque es cierto que muestran poco respeto y tienen en bajo aprecio los resultados que obtienen a través del partido en comparación de aquellos que obtienen dirigiéndose a las oficinas gubernamentales. Cuando el PRI entra en actividad electoral asume temporalmente el papel dirigente en la negociación de conflictos y asimismo la posición de defensor indiscutible de las causas populares. Los políticos del partido hacen causa de los pobres de la

---

[18] En términos generales esto es cierto aunque en algunos casos recientes los resultados son inválidos. Ésta puede ser causa de confrontaciones locales como la que ocurrió en las elecciones de 1968 en Baja California.

[19] R. Fagen y W. Tuohy, *Politics and privilege in a Mexican city*, Standford University Press, 1972, p. 30.

[20] *Ibid.*, pp. 31-32.

ciudad y las toman como de ellos, interviniendo con la burocracia para asegurarles trabajos o licencias de funcionamiento para comercios, arreglando fianzas o bien interviniendo para ayudarles en la titulación de sus terrenos.

Las actitudes políticas de los pobres de la ciudad están más cercanas a gratificaciones materiales, que a cuestiones de ideología y de programas. El PRI hace una diferenciación importante, proporcionándole un interés especial a los problemas de individuos, así como también a las demandas de la comunidad relacionando lo expedito de las soluciones con la importancia política de los solicitantes. La captación de las demandas de los marginados se convierte en un mecanismo para vincularlos al partido gubernamental más que a la oposición.[21]

Aun cuando es cierto que después del período electoral, el PRI pierde algunas de sus funciones más importantes, mientras el gobierno mantiene toda una red de contactos continuos con los pobres de la ciudad, el partido facilita la comunicación política y el intercambio de información a través de sus militantes, dentro de las colonias y de los asentamientos. Para estos miembros militantes la lealtad y una actitud de constancia demostrando que se mantienen las cosas bajo control, son básicas para obtener la promoción. En este aspecto, los pobres de la ciudad han llegado a estar conscientes de la distinción que deben hacer cuando hablan acerca de la eficiencia del partido y su relación con los períodos electorales. Así, a pesar de que no consideran al PRI como una agencia efectiva para obtener beneficios materiales para la comunidad, como sí consideran al gobierno, sin embargo apoyan a la maquinaria política, cuando se les requiere, práctica que es comúnmente aceptada como un prerrequisito para mantener buenas relaciones con las autoridades.

En la ciudad de México y Monterrey donde los grupos de clase media que no están afiliados al partido han tendido a ser apáticos durante las elecciones o a convertirse en apoyo constante del PAN, la votación en distritos habitados por pobres de la ciudad es especialmente valiosa a fin de compensar las abstenciones y los sufragios en contra del PRI. Debido a esto, el partido ha fortalecido los mecanismos de control dentro de estas comunidades, cambiando su estrategia de acuerdo a los diferentes asentamientos.[22]

La Confederación de Organizaciones Populares y la Confedera-

[21] M. Needler, *Politics and society in Mexico*, New Mexico, University Press, 1971, p. 86.
[22] R. Segovia, "La política nacional", *Plural*, México, julio de 1973, p. 17.

ción Nacional Campesina, proporcionan los instrumentos necesarios de control sobre los pobres de la ciudad de México y Monterrey. La CNC cuenta entre sus miembros a aquellos que en estricto sentido ya no son campesinos pero que viven en las antiguas áreas rurales que rodean a las áreas metropolitanas. A pesar de esto, esta práctica tiende a desaparecer dado que los intereses de los pobres de la ciudad están mejor representados, dentro del sector popular. Un aspecto relevante de la organización del PRI en las áreas metropolitanas, lo constituye el hecho de que los comités distritales o municipales, que se encuentran en áreas habitadas por los pobres de la ciudad permanecen trabajando a través de todo el año (véase cuadro III-I). La función de estos comités, aun cuando limitada en términos materiales, es la de mantener un vínculo permanente en la relación entre los pobres de la ciudad y el partido. En cada uno de estos comités, la CNOP cuenta con una oficina que en algunas ocasiones permanece independiente del partido cuando las funciones son de gran importancia dentro de la vida de la comunidad. Los representantes son normalmente voluntarios que están buscando la manera de iniciar una carrera política o burocrática. Un líder local apuntó lo siguiente: "...estamos convencidos que nuestra obligación y responsabilidad es mantener a todo mundo tranquilo y quieto, de otra manera nosotros no tendremos ninguna oportunidad de trabajar a buen nivel dentro de la CNOP".[23]

Una de las tareas principales de estos comités, es la de aumentar el número de jefes de manzana, que representan, una fuente importante de información y de control para los funcionarios de bajo nivel de la CNOP y quienes también mantienen buenas relaciones con los diversos hombres poderosos dentro de cada asentamiento. En recompensa por estos servicios los "jefes de manzana", adquieren cierto prestigio dentro del asentamiento y reciben credenciales especiales del PRI o de la CNOP, las cuales les ayudan de otra manera para llevar a cabo mejor sus tareas de negociación entre las organizaciones de fuera y los líderes locales. Una tarea central en este aspecto es la de evitar la aparición de fuentes de conflicto que, de acuerdo a la práctica prevaleciente, deben ser controladas desde el principio a través de los mecanismos de cooptación. Anteriormente esta tarea era menos complicada, ya que en la actualidad los funcionarios de la maquinaria gubernamental o política se ven precisados según la evidencia de que disponemos, a intervenir con mayor frecuencia. La rebelión con-

---

[23] Entrevista grabada con un ex diputado local por Ciudad Nezahualcóyotl.

tinua de un líder poco amigable, puede llevar bien a su incorporación dentro del sistema o bien a medidas más violentas. Durante nuestro trabajo de campo, el regente de la ciudad de México realizó visitas personales a líderes que se encontraban en una actitud rebelde dentro de algunos asentamientos y con quienes diversos intentos de cooptación habían fallado. El gesto de amistad del regente "y la realización de obras públicas en el asentamiento después de su visita, convirtieron a los líderes en personas con un buen nivel de aceptación de la línea política del PRI".[24] A pesar de todo, los representantes de la CNOP en el área fueron desde luego destituidos sobre la base de su absoluta ineficiencia para manejar los asuntos internos.

"El PRI siempre buscando la afiliación de grupos que potencialmente puedan pertenecer a su organización, ha reconocido la importancia de los pobres de la ciudad estableciendo organizaciones *ad hoc* afiliadas a uno de sus sectores."[25] De esta manera se creó la Federación de Colonias Proletarias en la ciudad de México y la Unión de Colonos y Posesionarios en Monterrey con el propósito de articular demandas a través de asociaciones funcionales. Las facultades de estas dos organizaciones son extremadamente limitadas y su presupuesto muy bajo, debido a lo cual tienen escasas posibilidades de adquirir prestigio a través de la distribución de beneficios materiales y en consecuencia su nivel de popularidad es ínfimo. A pesar de lo anterior, es factible considerar que estas dos organizaciones son sumamente poderosas, debido a que constituyen un vehículo de movilización durante el período electoral, dando la impresión de una gran cohesión interna y de verdadera representatividad. De hecho, éstos son sólo canales para organizar a los pobres de la ciudad dentro de la estructura del partido bajo un membrete oficial y es en esta condición que son aceptados por sus miembros.

El titular del comité distrital o del comité municipal es el funcionario más importante fuera del período electoral. Es un intermediario indispensable para obtener la satisfacción de pequeñas demandas y de proporcionar los contactos necesarios para un primer acercamiento a las autoridades gubernamentales. En este aspecto, las organizaciones funcionales de los pobres de la ciudad, no realizan ninguna tarea relevante.

[24] Ahora es diferente porque si nosotros hacemos algo mal es con un amigo y no contra una bola de rateros como los del comité distrital. Así que nosotros debemos conservar nuestra palabra en tanto él continúe siendo nuestro amigo. (Entrevista con uno de los líderes.)
[25] Fagen y Tuohy, *op. cit.*, p. 45.

Parece claro que hay puntos de interés común entre el PRI y los pobres de la ciudad. Desde el punto de vista de aquéllos, la necesidad principal es la de mantener las comunidades en expansión bajo control con el mínimo uso de violencia y el máximo resultado en términos de movilización.[26] Por otra parte, los pobres de la ciudad consideran a estas organizaciones del PRI como pasos inevitables para lograr los beneficios gubernamentales y usan los contactos que los militantes del partido pueden proporcionarles, con el propósito de obtener acceso a quienes toman las decisiones. De esta manera, sea la inhabilidad o la ineficiencia de las organizaciones políticas para servir de puente, lleva a los pobres de la ciudad a ignorarlas sin oponerse necesariamente a ellas, de ahí que mantienen la convicción amplia de que aun cuando el PRI y el gobierno no son la misma entidad, sin embargo trabajan juntos, y que sus relaciones con el partido son esenciales para obtener resultados satisfactorios a nivel gubernamental. Las autoridades de la ciudad colaboran a mantener esta imagen escuchando el consejo de los líderes de la CNOP, quienes: "Actúan como termómetros orientando nuestras acciones. De esta manera, los recursos son canalizados prioritariamente hacia aquellas áreas que o bien pueden ser hostiles o que han sido excepcionales en términos de apoyo al partido."[27]

Cuando los beneficios materiales no pueden ser distribuidos de inmediato, y donde la situación tiende a deteriorarse, las autoridades tienen otras formas de mantener buenas relaciones, tales como la organización de giras de altos funcionarios hacia las zonas afectadas, quienes toman medidas de impacto o bien ordenan la realización de estudios técnicos que frecuentemente requieren del consenso de otras dependencias, dando la impresión de que los problemas del área tienen solución. Esto es considerado por los líderes y los habitantes de los asentamientos espontáneos, como un importante avance y les da la esperanza de que deben continuar esperando pacientemente la decisión favorable a sus problemas.

Hasta ahora, la práctica en las áreas estudiadas es que la CNOP y el PRI proporcionan atención continua a problemas individuales. Los habitantes de los asentamientos analizados que han requerido su ayuda, nos señalaron que fueron atendidos cortés y eficientemente por los funcionarios de nivel intermedio. Es a través

[26] R. Stavenhagen, "Un modelo para el estudio de las organizaciones políticas en México", *Revista Mexicana de Sociología*, abril-junio de 1967, pp. 329-336.

[27] Un director del Departamento del Distrito Federal.

de éstos, que los marginados obtienen el acceso a la bolsa de trabajo lo cual les proporciona la oportunidad de ocuparse temporalmente dentro y fuera del sector público. Así, desde el punto de vista individual, aquellos que han usado los altos canales de las organizaciones políticas, han obtenido resultados medianamente satisfactorios sin embargo, no recomiendan esta vía, debido a las horas interminables de espera que debieron soportar antes de ser escuchados. Pero consideran que como última instancia es la mejor opción para resolver una larga etapa de desempleo, o bien para buscar solución a problemas extremos tales como subsidio para regresar al lugar de origen, colaboración para medicinas urgentes, etcétera.

Con el propósito de obtener mayor claridad hemos incluido una gráfica que muestra los niveles jerárquicos que forman la organización del PRI.

IV. EL PRESIDENTE DE LA REPÚBLICA

En el contexto de este trabajo es indispensable discutir las características formales del presidente de la República y sus vínculos con los pobres de la ciudad. Andrés Molina Enríquez apuntó que el poder de Porfirio Díaz se resumía en una sola frase "amistad personal".

"Las fibras que desde las unidades más humildes se enredan y tuercen en este sistema hasta la personalidad del señor general Díaz, que es el nudo a que convergen todas, es la amistad personal: amistad que, como todos los afectos que llevan en conjunto ese nombre, da derecho a exigir del amigo todo lo que el amigo puede conceder, según el grado de amistad que se tiene, y la categoría, personalidad y condiciones del amigo que usa ese derecho; pero que, en cambio, impone a este último amigo, para con el otro, obligaciones correlativas, según también el grado de amistad que une a los dos, y la categoría, personalidad y condiciones del obligado. . . .En ese orden ha repartido entre todos las larguezas de sus beneficios, y ha obtenido el sacrificio de todas las personas, logrando orientar hacia la suya todas las voluntades. Esto, por supuesto, sistematizado en todos los grados de la escala social. En efecto, todos los ministros y todos los gobernadores han estado siempre ligados directamente al señor general Díaz por la amistad; los jefes o prefectos políticos a los gobernadores, por la amistad; los presidentes municipales a los jefes o prefectos políticos por la amistad; los vecinos a los presidentes municipales, por la amistad; y en torno de esos funcionarios, las demás personalidades políticas han estado siempre unidas a ellos por la amistad."[28]

El esfuerzo fundamental para terminar con los caciques locales al cual nos referimos anteriormente, llevó a la consolidación del presidente como el centro indisputable de la pirámide política. En este aspecto dos factores han contribuido decisivamente a reforzar su posición: a] la Constitución de 1917 que ha sido reformada continuamente a fin de proporcionar nuevas facultades y poderes para el jefe del Poder Ejecutivo, y b] las diversas etapas de desarrollo dentro del partido oficial, llevaron a la consolidación de una maquinaria política, capaz de captar tendencias encontradas entre los diversos titulares del Ejecutivo. Algunos autores se han inclinado a encontrar vínculos cercanos entre esta institución y las tradiciones aztecas. En nuestra opinión sus orígenes tienen una explicación histórica más inmediata, la cual va hasta la dictadura de Porfirio Díaz. Éste representa lo opuesto al espíritu del constituyente de 1857, el cual concebía que el período de inestabilidad posindependentista podía ser evitado concediendo mayores facultades al Legislativo y al Judicial en detrimento del Ejecutivo. Los legisladores del 17 se inclinaron por un equilibrio de los tres poderes, pero fueron pronto sobrepasados por el Poder Ejecutivo. Esto legitima al presidente como una figura intocable dentro de la tradición política mexicana. En consecuencia, no es solamente el jefe del Poder Ejecutivo sino de todo el sistema y queda suficientemente aceptado que siendo el centro de la autoridad es también el punto necesario de equilibrio del cual el país careció durante la primera mitad del siglo XIX. "Por nuestra parte coincidimos en que ésta es la única solución para evitar la anarquía."[29]

A pesar de la conclusión anterior debemos estar conscientes de que el poder inmenso depositado en una persona, no lo habilita para su ejercicio libre viéndose obligado a operar dentro de ciertos límites muy bien definidos. De acuerdo con Flores Olea: "La suprema regla del juego" de la política mexicana consiste en que ese poder no puede ser utilizado indiscriminada y parcialmente para favorecer a una sola de las partes en perjuicio abierto de las demás. El poder del presidente está llamado a ser factor de equilibrio y armonía, no de ruptura del "compromiso nacional". "En ese sentido, el presidente de la República está obligado objetivamente a tomar en cuenta los factores reales de poder..."[30]

[28] Andrés Molina Enríquez, op. cit., p. 232.
[29] Flores Olea, op. cit., pp. 491-93.
[30] Ibid., p. 497

El poder del presidente debe ayudar a mantener y fortalecer la "unidad nacional" entre los sectores más contradictorios. Un antiguo político ha dicho: "el poder del presidente no tiene más límite, que el tiempo: seis años".[31] Afirmación que deslinda llanamente los parámetros de acción de los titulares del Ejecutivo, los que en rigor sufren un deterioro de sus facultades cuando se hace el anuncio de la nominación del candidato a la presidencia postulado por el PRI. La campaña cumple con la función central de reforzar el cuadro de lealtades mediante un contacto personal con los principales grupos sociales creando y reanimando muchas expectativas acerca de su habilidad para alcanzar la solución de los problemas y para apoyar las causas de los grupos más necesitados. Durante su campaña, el presidente Echeverría recogió las demandas de los campesinos y de los pobres de la ciudad haciendo énfasis en que serían el objeto de la preocupación principal de su próximo gobierno y en consecuencia fue ampliamente aceptado dentro de estas comunidades pobres. Su interés personal en ellos sigue siendo un punto de orgullo entre los pobres de la ciudad.[32] El candidato López Portillo ha trazado una campaña semejante a la de su antecesor, en busca de la legitimación entre los grupos más desigualmente tratados por el sistema económico. La respuesta no ha sido entusiasta por las razones que apuntamos al analizar los asentamientos escogidos, en donde se advierte un mayor grado de dificultad para poner en marcha el factor esperanza. El Congreso que es la rama legislativa, nominalmente equivalente y con poderes de coordinación idénticos al del Poder Ejecutivo en la realidad desempeña un papel distinto debido a las modificaciones constitucionales que han dado lugar a la estructura presidencialista, mismas que se refuerzan con el hecho de que los miembros del Congreso reconocen en el titular del Ejecutivo al jefe del partido y del Estado.[33]

El presidente como el factor central de conciliación dentro de la política mexicana constituye el centro de una red de asociaciones de interés y de otros tipos de organización política. Su capacidad para dirigir el sistema y agregar demandas depende de dos consideraciones principales. La primera es la aceptación por la mayoría del México articulado políticamente de la legitimidad

[31] *New York Times,* 23 de julio de 1953.
[32] Cada primero de septiembre después de informar al Congreso, almuerza con los representantes de los pobres de la ciudad, tomando medidas radicales inmediatas.
[33] H. Cline, *Mexico: revolution to evolution,* Londres, Oxford U. P., 1971, p. 143.

de la revolución y de su maquinaria gubernamental y política. En segundo lugar el presidente tiene una amplia variedad de recursos los cuales puede utilizar cuando surge la oposición. Tales recursos son de tipo legal, político, popular, tradicional y económico, son éstos y constituyen la regla de ajuste recíproco que ha caracterizado las relaciones entre los diversos sectores que potencialmente pueden entrar en conflicto con la presidencia. Ocasionalmente ésta se refuerza con el uso de la violencia institucional tanto dentro de las áreas rurales como de las áreas urbanas.

Esta práctica fue muy popular y difundida en el pasado especialmente en el sector campesino, en consecuencia esta lección y la consiguiente imagen severa del gobierno sigue aún vívidamente presente entre los migrantes y los pobres de la ciudad. En este aspecto, la respuesta gubernamental a los disturbios de 1968 y la represión de la manifestación estudiantil en junio de 1971 fueron indiscutiblemente consideradas por los pobres de la ciudad como una prueba de la fuerza del gobierno. Entre éstos, existe consenso de que por debajo del nivel presidencial y ministerial la relación entre funcionarios y los pobres de la ciudad se caracteriza por dos aspectos: personalismo y corrupción. "Estos dos factores son la clave para obtener acceso a los niveles intermedios del gobierno. Si no se cuenta con los contactos, para satisfacer el primer requisito, (personalismo) y dinero para lograr el segundo (corrupción), tienen que apoyarse sobre una vasta variedad de intermediarios que son popularmente conocidos como los "coyotes". Ellos desconfían y desprecian a éstos, pero tienen la convicción de que no hay otro camino y desde este punto de vista es factible explicar su impresión acerca de la administración de justicia y la distribución de beneficios del gobierno."[34]

El presidente y los altos funcionarios están por encima de esta consideración y los pobres de la ciudad tienden a pensar que se les mantiene al margen de las actividades ilegales, lo que se confirma por la amplia gama de actividades ceremoniales conectadas con su puesto que los separan de la realidad. Los pobres de la ciudad son continuamente movilizados para la inauguración de edificios públicos o de unidades habitacionales, donde se aprovecha la oportunidad para hablarles de los logros de la revolución y los éxitos de la misma. Con frecuencia se resuelven demandas que le hacen espontáneamente los pobres de la ciudad, las cuales en ocasiones pueden modificar o nulificar las recomendaciones y estudios técnicos, de las autoridades. Tales decisiones son revo-

---

[34] Véase Pablo González Casanova, *op cit.*, p. 156, cuadro IV-VII.

cadas, causando un impacto favorable entre la comunidad, que considera este camino como la "última esperanza".

V. LAS DEPENDENCIAS GUBERNAMENTALES Y LOS POBRES DE LA CIUDAD

El sistema político mexicano ha llegado a ser demasiado complejo para que el presidente, pueda tener contacto personal con todos aquellos que le brindan su apoyo, cuyas vidas y carreras políticas se ven afectadas por sus decisiones.[35] Su equipo administrativo, se ha convertido en un factor importante para llevar a cabo la agregación de intereses y facilitar las funciones de decisión, dado que no hay una responsabilidad colectiva de los ministros quienes solamente son responsables ante el presidente. Para los objetivos de este trabajo solamente mencionaremos las dependencias que tienen vínculos estrechos con los pobres de la ciudad, con el propósito de mostrar las características de esta relación y los efectos en sus actitudes políticas. A nivel ministerial, la Secretaría de Salubridad y Asistencia Pública que tiene las mismas funciones que el IMSS y el ISSSTE, pero concediendo protección a aquella parte de la población que no está comprendida dentro del régimen de esas instituciones. Su clientela está fundamentalmente compuesta por los pobres de la ciudad y los campesinos que tienen libre acceso a los hospitales, en los cuales la demanda es normalmente tan grande que un buen número debe acudir a la medicina privada. Entre otras tareas de la SSA de beneficio directo a los marginados está la campaña nacional de vacunación que ayuda a la prevención de la mortalidad infantil así como el servicio de guarderías.

La Secretaría de la Reforma Agraria (antes Departamento de Asuntos Agrarios y Colonización), constituye la primera instancia en el proceso de legalización de las tierras ejidales y comunales, que han sido arborbidas por las áreas urbanas. Esta dependencia recibe un número importante de demandas de campesinos de todo el país, por lo que proporciona poca atención a las peticiones de los pobres de la ciudad. La líder indígena de Chimalhuacán, con quien sostuvimos una entrevista durante el trabajo de campo, pasó nueve días durmiendo afuera de las oficinas de esta Secretaría con el propósito de lograr atención a su caso y sólo cuando los periódicos se enteraron, logró conseguir una cita. Sin embargo,

---

[35] Padgett, *op. cit.*, p. 157.

considera que la resolución fue justa para su comunidad. El INDECO (Instituto para el Desarrollo de la Comunidad Rural y de la Vivienda Popular), tiene como objetivo esencial promover la regularización de la tierra y la construcción de viviendas baratas. La institución "está participando en un ataque masivo contra los asentamientos espontáneos, zonas marginales y asentamientos de paracaidistas, y toda forma de miseria con el objeto de mejorar sus condiciones de vivienda".[36] Durante 1973 estuvieron trabajando en 7 áreas distintas de la ciudad de México al mismo tiempo que preparaban otras secciones con el fin de erradicar las condiciones miserables. Los pobres de la ciudad tienen pésima impresión de esta institución, la cual es considerada como evidentemente demagógica. Uno de los procedimientos normales de esta agencia gubernamental es la distribución continua de cuestionarios, los cuales los pobres de la ciudad conocen perfectamente y contestan de una manera crítica conociendo el escaso efecto que esta información tiene. La Compañía Nacional de Subsistencias Populares (CONASUPO), pretende mantener los precios de artículos básicos (alimentos, vestido, medicinas) a un nivel razonable. Desde 1971, emprendieron con éxito una campaña de abatimiento de precios, mediante la eliminación de intermediarios, proporcionando servicios directos de ventas de pan, leche, huevos, frijol y desde luego de maíz a los grupos de ingresos reducidos. Tres años después, empezaron a vender material de construcción en los asentamientos espontáneos, con el propósito de detener el continuo incremento de materiales básicos.[37] Lo anterior se realiza a través de "mercados sobre ruedas", que se instalan en las colonias proletarias y en las áreas de clase media una o dos veces a la semana con el propósito adicional de eliminar el costo de trasporte para aquellos con ingresos bajos y además mantener los precios a un nivel decoroso. Ésta ha sido una de las políticas más populares y acertadas del gobierno durante los últimos años y es considerada entre los pobres de la ciudad como un gesto de ayuda hacia ellos. El Instituto Nacional de Protección a la Infancia (INPI) es el servicio asistencialista más efectivo que proporciona la administración, especialmente porque la esposa del presidente trabaja con esta organización, participa en sus actividades ceremoniales y frecuentemente visita los asentamientos espontáneos. El INPI distribuye alrededor de un millón de desayunos por día, en las escuelas o en las zonas designadas con antelación, especialmente en

[36] Reporte anual INDECO, 1975.
[37] *Excélsior*, 29 de diciembre de 1975.

aquellas áreas de pobres de la ciudad, además de este servicio, las trabajadoras sociales dan citas para que los niños reciban atención médica. Su radio de acción aún no cubre completamente los asentamientos espontáneos, pero empieza a llegar con bastante éxito a los más poblados.

La Comisión Federal de Electricidad es otra agencia con la cual los pobres de la ciudad están en continuo contacto. La política de esta dependencia ha sido sumamente tolerante hacia los asentamientos que toman la electricidad ilegalmente y esto es considerado por los funcionarios como parte de un arreglo inevitable. En muchos casos no intervienen o bien, como descubrimos en el trabajo de campo, no les hacen llegar a los pobres de la ciudad las cuentas mensuales al menos durante cierto período. Otras agencias gubernamentales muy estrechamente vinculadas a la vida diaria de los pobres de la ciudad son el CAPFCE, el cual proporciona escuelas prefabricadas que se erigen con la ayuda de la mano de obra local y el INFONAVIT el cual construye casas para trabajadores a bajo costo. Y finalmente, ante la evidencia creciente de familias que ocupan ilegalmente terrenos ejidales y comunales dentro de las zonas urbanas y suburbanas se procedió a crear el Comité para la Regularización de la Tenencia de la Tierra (CORETT) integrado por el Departamento de Asuntos Agrarios y Colonización, INDECO y el Fondo Nacional de Fomento Ejidal. La fórmula jurídica no fue la idónea para aproximarse a un problema cuyas cifras oficiales estiman en más de un millón de familias asentadas en forma irregular, por lo que se procedió a convertirla en Comisión, como un organismo público, descentralizado, de carácter técnico y social, con personalidad jurídica y patrimonio propios.[38] Sus objetivos según el decreto, que modificó su estructura son: Regularizar la tenencia de la tierra, programar la disponibilidad de espacios libres para el debido crecimiento urbanístico de las poblaciones, incorporar las áreas regularizadas a los fundos legales de las ciudades; promover la creación de fraccionamientos urbanos y suburbanos; suscribir las escrituras públicas y títulos de propiedad a los particulares; y promover ante la banca oficial y privada, créditos blandos para los avecindados sujetos de regularización.[39] Esta respuesta *ad hoc* a un problema en el que se inscribe claramente la acción de los pobres de la ciudad ha resultado inadecuada, debido a que no se toman en

[38] Félix Barra G. et al., *La regularización de la tenencia de la tierra*, IEPES, 1975, p. 14.
[39] *Ibid.*, p. 15.

cuenta los condicionantes del fenómeno y se procede casuísticamente a la resolución de demandas concretas. Recientemente un funcionario declaró: "Los asentamientos humanos de la zona urbana capitalina, se extendieron ya a los 87 ejidos que hay en el D. F. y los conflictos por la tenencia de la tierra entre ejidatarios, colonos y avecindados, presentan síntomas de gravedad en 21 de ellos... cerca del 40 por ciento de la población de la capital de la República, ocupan tierras ejidales no legalizadas como zona urbana."[40] El retraso de las autoridades en este aspecto, no es imputable a la ineficiencia sino al desconocimiento o inadecuado enfoque del problema.

Desde la segunda guerra mundial el Departamento del Distrito Federal ha estado involucrado en la solución de una gran cantidad de conflictos sociales y legales que incluyen a fraccionadores, invasores de terrenos, personas que pretenden hacer subdivisiones, intermediarios, políticos y dirigentes de paracaidistas. La política del D.D.F., hacia este tipo de asentamientos ha variado desde la indulgencia pasando por la indiferencia, hasta llegar a la hostilidad, pero sobre todo ha sido utilizada como arma política para controlar a los asentamientos. En 1973, se creó una nueva oficina llamada la Procuraduría de las Colonias Populares, con el propósito de vigilar la regularización de la tenencia de la tierra. Esto fue necesario debido a un decreto de diciembre 30 de 1949 que autorizó al Departamento del Distrito Federal para reconocer legalmente a los asentamientos y asumir la responsabilidad de urbanizarlos cuando la persona que hubiese hecho la subdivisión no pudiese ser encontrada o no contara con los recursos para proporcionar los servicios de urbanización que señala el código de subdivisiones. Así la procuraduría pretende revisar una política de las autoridades de la ciudad que había sido perjudicialmente flexible.

A pesar de que la mayor preocupación de los invasores de terrenos es la seguridad de la tierra así como obtener las facilidades para la comunidad tales como: escuela, agua, electricidad en ese orden más que una casa completa y lujosa, las autoridades han insistido en revertir estas prioridades que están muy claramente señaladas, por los mismos pobres de la ciudad. El Estado ofrece en primer lugar una pequeña pero moderna vivienda misma que debe ser liquidada mediante el pago de una hipoteca.[41] Para el

[40] Entrevista con Helios Padilla, delegado en el D. F. del CORETT, *Excélsior*, 20 de febrero de 1976.
[41] Véase J. Turner, "Carriels and channels for housing development in

marginado la inversión inicial en habitación debe de incluir única y exclusivamente lo básico, esto es un techo y una estructura más permanente, lo que sigue será de acuerdo con las necesidades y los recursos de cada individuo. Éste es un punto fundamental de controversia entre los pobres de la ciudad y los planeadores gubernamentales, además de que la multiplicación de proyectos por las diversas dependencias y la escasez de recursos disponibles hace que los resultados sean poco satisfactorios. En este aspecto parece claro que las tendencias centralizadoras del Poder Ejecutivo tienen importantes excepciones en la práctica. Varias agencias gubernamentales han sido creadas para implementar políticas *ad hoc* bajo distintas administraciones, mismas que desconocen parcialmente a depencencias ya existentes, las que no desaparecen sino pasan a un segundo plano con el consiguiente gasto y dispersión de recursos. En otras palabras, se considera factible que un gobierno cree una agencia, que se sobreponga a la institución de un régimen anterior y en lugar de evitar la duplicación se continúe con una estructura paralela.

Es bien claro que ha faltado una delimitación de funciones de las dependencias abocadas al tratamiento de problemas urbanos. La clara irracionalidad administrativa que hemos planteado tiene una explicación menos técnica, ya que las diversas instituciones mantienen una clientela que es manipulada a través del ofrecimiento de concesiones materiales. Para los pobres de la ciudad, la existencia de agencias con políticas contradictorias representa una ventaja, ya que les proporciona la oportunidad de negociar bajo mejores términos, dado que su cooperación es considerada vital por las diversas dependencias a fin de seguir subsistiendo.[42] En consecuencia, podríamos agregar que los papeles contradictorios, tienen la función de actuar, como mecanismos de control del sistema político, así como también son formas de incorporación orientadas hacia los pobres de la ciudad.

modernizing countries", *Journal of the American Institute of Planners,* vol. 33 (1967), p. 159.
[42] En uno de los asentamientos incluidos en este trabajo, se habían realizado seis estudios socioeconómicos; cuatro investigaciones de carácter técnico y siete proyectos de rehabilitación. Cada uno de éstos había sido realizado por una agencia gubernamental distinta sin que ninguna supiera acerca del estudio de la otra. El efecto interno fue de cinismo hacia las promesas y proyectos mientras el líder disfrutaba del apoyo de las dependencias "interesadas" en el asentamiento.

VI. SEGURIDAD DE LA TENENCIA DE LA TIERRA

El proceso de negociación que conduce a la regularización de la tierra implica un período sumamente largo y un costo muy alto para los peticionarios. Hay diversos factores que intervienen para determinar lo anterior, tales como: a] si el dueño de la tierra en disputa es un individuo o la municipalidad. Cuando el individuo tiene títulos legales, se convierte en un obstáculo insalvable para el pobre de la ciudad, sobre todo si el propietario cuenta con influencias en términos económicos o políticos. Diversas maniobras se realizan con el propósito de obtener la erradicación de los invasores de terrenos, o bien el propietario nunca acepta los términos de negociación a menos que sea presionado por las autoridades. Cuando la tierra es de propiedad pública el pobre de la ciudad la considera como un caso fácil, ya que espera que las autoridades asuman una actitud conciliadora. Éste no es siempre el caso y depende de los planes de interés común que tengan las autoridades respecto al predio. b] Las condiciones técnicas del asentamiento tomando en consideración el costo de expropiación de la tierra cuando está en manos privadas; el costo de urbanización y la vecindad que será afectada con la legalización de la tierra ocupada por los pobres de la ciudad. En esta etapa, los ingenieros y técnicos proponen una serie de arreglos (tanto al titular de la tierra como a los pobres de la ciudad) con el propósito de someter a las autoridades un buen informe, lo que incluye corrupción por parte de los interesados. Algunas veces sin embargo, el informe es invalidado debido a presiones de los propietarios y lleva a los pobres de la ciudad a perder sus inversiones. c] La posibilidad de hacer del asentamiento un foco de atención para la opinión pública mediante visitas a los periódicos, o bien incendiando el asentamiento o finalmente enviando comisiones en tono agresivo a visitar a las autoridades. Esto último es considerado como una medida desesperada que puede tener resultados poco afortunados y solamente se utiliza cuando la posibilidad de ser expulsados por los propietarios o por las autoridades menores es inminente.[43] De acuerdo con una autoridad que entrevistamos: "El proceso de regularización de la tenencia de la tierra no puede ser sujeto a ningún plan, puesto que

[43] Un grupo de Iztacalco visitó en mayo de 1973 al procurador de Colonias Populares demandando atención inmediata para su asunto el cual había sido ignorado por 26 años. El funcionario dijo "no hay razón para hacer una causa política de todo esto. Éste es un asunto de carácter puramente administrativo que será resuelto inmediatamente por esta oficina. En la política solamente se esconde la buena causa de la administración".

estamos cuando menos de 10 a 15 años atrasado en nuestro trabajo. En consecuencia única y exclusivamente esperamos instrucciones de arriba y entre tanto oímos las peticiones, recibimos a la gente y los alentamos para que sigan esperando y no pierdan la paciencia. En realidad, esto es todo lo que podemos hacer por el momento. Hay cuando menos 40 pasos que cubrir antes de obtener los títulos legales."[44]

Para los pobres de la ciudad, el nombre de la oficina encargada de su problema principal que es la tenencia de la tierra no tiene mayor importancia, puesto que un buen número de ellos se han acercado a las autoridades cada mes durante 15 años. En consecuencia, desarrollan una relación sumamente dependiente con los funcionarios menores que les prometen ayuda, recibiendo a cambio ciertas concesiones, mediante la amenaza de que la resolución favorable al caso depende de su decisión. En las diversas etapas de este proceso tan largo y complicado el líder del asentamiento puede adquirir mayor prestigio o bien puede perder apoyo si la resolución a las demandas proviene de un canal distinto como ocurrió en varios de los asentamientos que estudiamos durante nuestro trabajo de campo. La competencia por la atención gubernamental entre varias comunidades cuyas necesidades son igualmente agudas es enconada y con toda clase de variantes. Sin embargo, la persistencia y la habilidad en la negociación con los funcionarios es lo que constituye la clave de una resolución especialmente satisfactoria, debido a que no hay un procedimiento institucional que haya sido respetado por las autoridades. Todo depende de una serie de factores imponderables que requieren de una vigilancia continua del caso.[45] El uso de los contactos políticos adecuados es sumamente importante y puede ser la única forma para obtener una solución favorable. Es claro que a pesar de los argumentos técnicos y los proyectos de planeación de los diversos funcionarios, éstos son secundarios a las consideraciones políticas realizadas por los que toman las decisiones. En vista de esto, es posible entender que de improviso se dé un cambio de opinión acerca de un asunto que había sido legal y técnicamente resuelto, modificándose la decisión con base en criterios distintos a los que se argumentaron a lo largo del proceso.

El Departamento del Distrito Federal, tiene entre sus diversas funciones algunas que son utilizadas para ejercer un control estrecho sobre las actitudes políticas en los asentamientos espontá-

[44] Entrevista con el subprocurador de Colonias Populares, marzo de 1973.
[45] W. Cornelius, "Urbanization and political demand making", *American Political Science Review*, vol. 68, diciembre de 1974.

neos. Hay una Dirección de Asuntos Jurídicos y de Gobierno encargada de la autorización de manifestaciones y de licencias. La Dirección de Acción Social que da protección a los infantes y organiza festivales populares, películas, obras de teatro y actos folklóricos así como otras, tales como: Dirección de Actividades Deportivas, Servicios Médicos y Policía que evidentemente están en contacto continuo con los pobres de la ciudad. En 1972, las 16 delegaciones de policía del Distrito Federal, adquirieron funciones políticas y en áreas ocupadas por los pobres de la ciudad se les encargó detener la invasión de terrenos y proporcionar servicios asistenciales a nivel local. Estas oficinas son consideradas por aquéllos como ineficientes y escasamente tratan directamente con ellas a menos de que sean instruidos en ese sentido por las oficinas centrales. Además de la odisea que implica obtener derechos para la legalización de la tenencia de la tierra, los asentamientos tienen que luchar con la Dirección de Obras Públicas así como con la de Aguas y Saneamiento con el objeto de obtener los servicios básicos. Con frecuencia, la introducción de agua y electricidad precede a la regularización de la tierra, lo que evidentemente representa una situación totalmente ilógica. La explicación oficial descansa en que las condiciones higiénicas de los asentamientos espontáneos hacen indispensable proporcionar servicios esenciales a pesar de que la decisión acerca de la tierra sigue en duda. Con este procedimiento se mantiene la situación de inestabilidad que engendra frustración, ya que como hemos señalado el objetivo prioritario de los pobres de la ciudad es la seguridad de la tenencia del suelo aun cuando los servicios básicos se proporcionen a largo plazo.

VII. CAMPAÑA DE ERRADICACIÓN DE CIUDADES PERDIDAS EN
LA CIUDAD DE MÉXICO

Como estudio de caso, esta campaña es especialmente interesante ya que representa un esfuerzo lleno de buenas intenciones pero poco viable. En el siguiente capítulo, trataremos de ver los efectos reales de la misma y las opiniones que los pobres de la ciudad tenían acerca de esta nueva fase de mejoramiento de sus condiciones sociales. El 28 de marzo de 1973 el presidente Echeverría señaló: "Mi gobierno luchará a fin de proporcionar habitación decente para cada mexicano, de la misma manera que aceptamos que la tierra pertenece a quien la trabaja, debemos aceptar que el espacio debe ser propiedad de aquel que lo ocupa, por lo que considero indispensable iniciar una campaña contra aquellos asentamientos donde la gente vive en condiciones infrahumanas."[46] Esta afirmación fue interpretada por muchos especuladores como una legitimación de la ocupación ilegal de la tierra y el número de invasiones aumentó considerablemente durante las siguientes semanas. Eventualmente la campaña fue lanzada oficialmente por el regente de la ciudad y llegó a ser indispensable señalar que la declaración presidencial significaba la desaparición de las ciudades perdidas y no la protección de nuevas invasiones.[47] Para tal objeto, fue creado un fondo especial proporcionado por diversas agencias de crédito del gobierno con el objeto de facilitar el traslado de los pobres de la ciudad viviendo en "condiciones infrahumanas" a unidades habitacionales construidas por el gobierno.

Las ciudades perdidas fueron identificadas y clasificadas de acuerdo con criterios tales como "la preocupación social por la situación infrahumana en ciertos asentamientos, o bien una ciudad perdida creciente o aquellas higiénicamente inaceptables para las autoridades sanitarias".[48] La campaña fue recibida con una combinación de actitudes entre los invasores de terrenos. Esto se debió a que si bien algunos estaban bien establecidos como sugerimos líneas arriba, sus prioridades entraban en conflicto con las políticas gubernamentales, mientras que otros se encontraban a punto de ser expulsados por los propietarios del terreno, por lo cual estaban perfectamente de acuerdo con la campaña, que implicaba la adquisición de un departamento o de una casa pagando mensualmente el costo total. Ninguna consideración de tipo económico o sociológico fue hecha con respecto a los bajos ingresos de estos grupos, y menos con respecto a su orden de prioridades. Al conocer las condiciones de la movilización los más entusiastas perdieron interés. Sin embargo, algunas ciudades perdidas en situación desesperada fueron incendiadas en un intento por atraer la atención gubernamental hacia ellos, asegurando una solución inmediata a su problema. Las comisiones representando a diversos grupos de marginados, fueron llevadas a las nuevas unidades habitacionales con el propósito de que conocieran y explicaran dentro de sus comunidades cuál era el sentido de la campaña.

Durante seis meses, de acuerdo con las estadísticas oficiales, los resultados fueron satisfactorios, aun cuando es bien claro que muchos de los trasferidos a las nuevas casas al término de ocho meses

[46] *Excélsior*, 29 de marzo de 1974.
[47] *El Heraldo*, 25 de mayo de 1975.
[48] *El Heraldo*, 21 de abril de 1973.

habían regresado a sus asentamientos de origen o por lo menos estaban buscando un lugar más barato para vivir.[49] Estos programas que implican una inversión masiva y una propaganda adecuada tienden a ser extremadamente útiles para controlar el nivel de demandas populares al aumentar sus expectativas y en la misma proporción se incrementa la capacidad de negociación del Estado. Los líderes de los asentamientos espontáneos, los funcionarios gubernamentales y los políticos aprovechan este tipo de oportunidades para consolidar su posición frente a la comunidad, ofreciendo resultados concretos que sustancian la retórica. Esta situación de tregua significa el aletargamiento de las actitudes hostiles, y el consiguiente desarrollo de un contacto mucho más conservador con el propósito de obtener concesiones gubernamentales.

VIII. LAS MUNICIPALIDADES Y LOS POBRES DE LA CIUDAD

Como hemos señalado, de acuerdo con la Constitución General, los estados son los titulares de todos los poderes que no están asignados expresamente al gobierno federal. En la práctica, cada nivel de gobierno es más débil, más dependiente y más empobrecido que el nivel de arriba, desplomándose de esta manera la estructura ideal del sistema federal. En esa medida, dado que la municipalidad es el peldaño más bajo de la cadena federación, estados, municipios, la disposición legal que le asigna la categoría de libre es poco relevante, ya que en realidad se trata de la autonomía de las unidades del gobierno. Un ayuntamiento normalmente se constituye por la presión de las autoridades estatales, tiene control sobre fondos escasos y está limitado jurídica y políticamente al desempeño de actividades administrativas secundarias. La supervisión financiera es particularmente estrecha y algunas veces el presupuesto municipal sólo permite pagar a la policía local, y los salarios de unos cuantos burócratas.

Los asentamientos que incluye este estudio están enclavados dentro de los límites de las municipalidades más importantes del país. A pesar de lo cual un buen número de decisiones impor-

---

[49] Las autoridades de la ciudad reportaron "la movilización de 12 mil familias a las nuevas viviendas, introducción de servicios en colonias y la regularización de terrenos beneficiando a 550 mil personas. Éstos son los resultados inmediatos de las nuevas medidas tomadas por el presidente y el regente". *Excélsior*, 16 de noviembre de 1973.

tantes relativas a la tenencia de la tierra, introducción de agua, electricidad, drenaje y educación están fuera del alcance de las autoridades locales y se les ubica, sea por razones políticas o económicas, dentro del área de competencia de alguna oficina estatal o federal que es obviamente menos sensible a las necesidades de la comunidad, y por consiguiente más alejada de las presiones locales. Es tan desigual la posición del municipio frente a los otros poderes, que es factible afirmar que opera un proceso de descapitalización de los municipios, a través de impuestos y de otras cargas que son sustancialmente superiores a aquellas que los estados proporcionan en bienes y servicios. El raquítico excedente del presupuesto básico se invierte en programas públicos y de cooptación que frecuentemente tienen poca relación con las necesidades locales. Otro efecto nocivo de la debilidad relativa de los municipios es que individuos y agrupaciones con contactos y recursos extremos, ignoran frecuentemente a las autoridades locales a fin de obtener concesiones especiales con la intervención de instancias superiores. Esta práctica se ha hecho común, dado que las decisiones de los municipios siempre son susceptibles de ser revisadas por las autoridades estatales y aun federales. De ahí, que los pobres de la ciudad intenten obtener apoyo para que las decisiones provengan de los niveles altos de la jerarquía gubernamental, evitando pérdida de tiempo y gastos innecesarios ante las instancias que son estructuralmente vulnerables.[50]

Los presidentes municipales de las áreas metropolitanas que comprende este estudio, pueden llegar a ser personalidades importantes, dentro de la política estatal y nacional, en tanto mantengan contactos estrechos con los líderes locales y que éstos actúen como apoyo concediéndoles una fuerza popular altamente significativa. Sin embargo, en Nezahualcóyotl con una población en constante aumento parece haber consenso respecto al nivel de corrupción de los diversos ayuntamientos que se han sucedido desde su fundación. En razón de esto, los colonos evitan cualquier trato con las autoridades locales y prefieren en muchos casos dirigirse a los representantes de la CNOP ya que por lo menos éstos "no tienen poder para poner a nadie en la cárcel". En Monterrey, el mayor prestigio lo conserva el gobierno estatal por su capacidad de realización de obras materiales, misma que el ayuntamiento difícilmente puede imitar. Ambas municipalidades han hecho esfuerzos a partir de 1970, tratando de lograr el respeto y el apoyo de los pobres de la ciudad, para lo cual utilizan diferentes méto-

[50] Fagen y Tuohy, *op. cit.*, pp. 49-52.

dos asistencialistas de alcance modesto, tales como: funerarias subsidiadas, actividades deportivas y en ocasiones apoyo a escuelas primarias. El presidente municipal de Nezahualcóyotl declaró: "Tengo un presupuesto de 11 millones de pesos al año y después de pagar salarios y otros gastos, conservo única y exclusivamente el equivalente a un millón de pesos para la comunidad, esto es, un peso por habitante."[51]

Hay realmente pocas dudas de que la tarea principal de las autoridades locales en cuanto a los pobres de la ciudad se refiere es fundamentalmente de control. Éste es un mecanismo distinto al que utiliza la CNOP y la CNC. Una queja constante que encontramos es que las municipalidades "están continuamente buscando algunas formas de exacción de dinero o bien aparecer ante los de arriba como muy efectivos; por ello no piensan en políticas de bienestar sino tratan de localizar personas que potencialmente pueden causar algún problema, sin tomar en cuenta la gran cantidad de vandalismo y otro tipo de gente mala".[52] Esta afirmación encuentra sustancia en las áreas estudiadas, donde las autoridades están más involucradas en tareas inmediatas. Durante nuestro trabajo de campo encontramos una estrecha vinculación entre la mayor parte de los líderes de asentamientos y las autoridades municipales con las muy escasas excepciones que analizamos más adelante. Aun cuando teóricamente la fuerza interna de un líder depende de su nivel de independencia de las autoridades a fin de ser considerado como un representante auténtico, es claro que además de sus cualidades personales, (buena reputación, antigüedad) su influencia dentro de la comunidad, aumenta en la medida que tenga los vínculos gubernamentales necesarios para hacer efectiva su representatividad. Como hemos apuntado, lo ideológico deviene secundario ante el embate de las carencias materiales. En una confrontación de poder entre un líder y el presidente municipal aquél estará siempre en desventaja dado que las instancias superiores siempre apoyarán al ayuntamiento salvo violaciones de alto alcance político en las que el líder cuenta con el apoyo de la comunidad. Un ejemplo muy reciente de esto sería lo que ocurrió en la zona de Iztacalco, dentro del área metropolitana de la ciudad de México, o bien el caso del Pedregal de Santo Domingo en 1966 que culminó con la renuncia del regente de la ciudad.

Es frecuente que haya apoyo mutuo entre líderes y autoridades

---

[51] O. Loya, presidente municipal de Nezahualcóyotl, *El Sol de México*, 2 de mayo de 1973.

[52] Entrevista con un colono de Nezahualcóyotl.

y en ocasiones una cierta sociedad que los beneficia a ambos, lo que redunda en detrimento de los pobres de la ciudad. En este aspecto, es importante señalar que en las comunidades investigadas, recogimos evidencia para sustanciar la afirmación de que las municipalidades disponen de poderes y facultades irrelevantes, obligando a sus habitantes a dirigirse a las altas autoridades a fin de obtener solución a problemas graves. En Monterrey, Chihuahua y Cuernavaca que son ciudades capitales, al mismo tiempo que municipalidades, es el gobierno estatal el encargado de atender los asuntos importantes que se refieren a los pobres de la ciudad. Nezahualcóyotl está bajo el estricto control de las autoridades estatales y recibe una visita semanalmente del secretario general del gobierno del estado, tratando de proporcionarle a los habitantes la sensación de estar más cerca de quienes toman las decisiones sin necesidad de entrar en conflicto con las autoridades municipales, recibiendo igualmente la estrecha supervisión del regente de la ciudad de México y de otras autoridades federales. Es bien claro y se acepta que a pesar de todas las limitaciones y enormes desventajas, la municipalidad sigue siendo el primer paso y el más importante en la jearquía política-administrativa. Frecuentemente se requiere de su apoyo formal a fin de obtener que una petición sea resuelta.

IX. LAS ORGANIZACIONES DE OPOSICIÓN Y LOS
    POBRES DE LA CIUDAD

A través de diversos mecanismos, el sistema político mexicano ha logrado captar e incorporar a los diversos sectores sociales a que hacíamos mención anteriormente, pero igualmente ha sentado las bases de funcionamiento de la "oposición leal". Los grupos de interés más prominentes que legalmente deben operar dentro de los parámetros de las cámaras de comercio y de industria han aceptado este arreglo que se remonta al régimen cardenista. Su actividad política queda formalmente canalizada dentro de estos cauces, y aun cuando se carece de evidencia suficiente para sustanciar la afirmación de que estos grupos tienen nexos con otras organizaciones, sí es factible señalar que para el caso que nos ocupa ha habido un incremento de actividad de los grupos de interés en los asentamientos espontáneos a través de sectores estudiantiles.[53]

[53] Eventos recientes en varias universidades del país (Puebla, Nuevo León

En Monterrey algunos de los grupos que han participado en movimientos radicales dentro de la Universidad y que están estrechamente vinculados con los pobres de la ciudad han sido acusados de estar financiados por los industriales.[54] Además de esto, las organizaciones de mujeres de la clase media-alta desempeñan una serie de actividades de carácter eminentemente asistencialista en los diversos asentamientos, algunas de las cuales consisten en proporcionar facilidades médicas, vestido, alimentación, especialmente en tiempo de Navidad y de otras celebraciones, dándole igualmente apoyo a orfanatorios e internados. El efecto político de este gesto de buena voluntad es mínimo, a pesar de que en muchos casos estas funciones asistencialistas están dirigidas por monjas. Su objetivo parece estar constreñido a sus obligaciones y por otra parte están bajo la continua supervisión de los líderes locales que evidentemente no desean tener conflictos con los jefes políticos.

La Iglesia católica ejerce una influencia conservadora dentro de los diversos asentamientos que estudiamos y su actitud refuerza a las autoridades, evitándose de esta forma un conflicto institucional. En los últimos 5 años los miembros progresistas de la Compañía de Jesús (jesuitas) y algunos del clero secular han estado activos, organizando cooperativas de consumo y de producción que han trabajado con gran éxito. Detrás de esta fachada han logrado formar cuadros políticos que empezaron a actuar abiertamente durante las elecciones de 1973, invitando a sus simpatizadores a abstenerse de votar como forma de repudio al gobierno. "Estos jesuitas que imprimen un pequeño periódico no son realmente sacerdotes, están buscando y causando problemas, usando su influencia con la gente para tratar de voltearlas contra el gobierno. Como usted se puede imaginar, esto es contra la ley y no estamos dispuestos a aceptarlo, si ellos quieren causar problemas les vamos a dar una lección muy pronto. Yo sé que la gente está sumamente enojada con el comportamiento de estos llamados sacerdotes, especialmente ahora que el señor Presidente nos ha dado agua, electricidad, pavimentación, qué más podemos pedir."[55]

y la ciudad de México), han sido atribuidos a la acción de grupos de derecha, como protesta a las reformas del régimen de Echeverría. Grupos de pobres de la ciudad han participado en manifestaciones, ocupación de edificios universitarios y en conflictos con la policía, a cambio de lo cual han recibido beneficios materiales y asistencia técnica (brigadas de estudiantes de medicina, ingeniería, etc.).

[54] Véase capítulo 4.
[55] Entrevista con un ex diputado de Nezahualcóyotl.

Es poco probable que la actividad de estos grupos que trabajan en diversos asentamientos sea permitida por las autoridades, dado que su actitud no es conciliadora y trasgrede los marcos de funcionamiento de la oposición organizada. La opinión en los asentamientos que estudiamos es que los sacerdotes tienen buenas intenciones pero abrigan serias dudas de vincularse estrechamente con ellos dado que "es claro que el gobierno nos lo quiere, en consecuencia nosotros perderíamos nuevamente".

Las organizaciones partidarias en México, han tenido hasta ahora una función secundaria, con planteamientos poco originales, generalmente enfocados a enderezar argumentos superficiales en contra del partido dominante.[56] En esta medida, carentes de un plan de acción, han ignorado las posibilidades de los pobres de la ciudad como seguidores potenciales de sus organizaciones. Por otra parte, los límites estrechos y su alcance tienen efectos importantes en la vida política del país dando lugar a una creciente apatía debido a la falta de alternativas políticas.

El Partido Acción Nacional que representa la única fuerza relevante dentro del espectro de la oposición partidaria, considera con un criterio elitista que los pobres de la ciudad son "borregos" o seguidores cautivos del PRI, por lo que no hacen campaña dentro de los asentamientos marginados. Desde el punto de vista de éstos, los candidatos del PAN son irrelevantes o bien enemigos del gobierno. Durante las elecciones de 1973 el PAN ganó dos distritos obreros, debido a que el PRI nominó a candidatos impopulares en esas áreas. El resultado representa más un voto en contra de esos candidatos que un apoyo al programa del PAN.

El Partido Popular Socialista utiliza durante las campañas electorales una propaganda poco atractiva para los marginados. La agresividad de sus eslóganes los aleja de quienes consideran que la actitud antigubernamental puede ser perjudicial para sus relaciones con las autoridades. El PARM era totalmente desconocido dentro de las comunidades que investigamos. Otras organizaciones tales como el Partido Comunista, la Unión General de Obreros y Campesinos Mexicanos y la Confederación de Campesinos Independientes, han iniciado contactos dentro de las zonas marginadas y tienen seguidores entre el liderazgo de algunos asentamientos. Sin embargo, se puede afirmar que la maquinaria política ha aceptado este mecanismo como una forma de canalizar potenciales focos de conflicto.

Podemos concluir que las organizaciones formales que han tra-

---

[56] Montaño, *op. cit.*, p. 162.

tado de atraer a los pobres de la ciudad, fuera de la esfera del partido oficial, son prácticamente ineficientes. Cuando una organización independiente ha hecho un acercamiento serio en busca del apoyo, éste se reduce a un grupo de activistas dentro de los asentamientos, dado que se considera innecesario entrar en conflicto con el Estado y sus agencias políticas. Es esta actitud tan difundida, la que hace aún más importante considerar aquellas comunidades analizadas en la última parte de este trabajo, ya que esta nueva característica sea de oposición y/o confrontación como en Monterrey, Chihuahua y Cuernavaca tiende a ser más atractiva en otras comunidades, aunque en estos casos la participación de las organizaciones mencionadas ha sido poco significativa y más bien es el resultado de un liderazgo autónomo e independiente de carácter eminentemente local.

CAPÍTULO 4

ACTITUDES POLÍTICAS DE LOS POBRES DE LA CIUDAD, DURANTE LAS ELECCIONES PARA DIPUTADOS EN 1973

I. INTRODUCCIÓN

La rápida expansión de la ciudad de México y Monterrey debido a los factores analizados en el capítulo introductorio tuvo lugar sin una maquinaria adecuada de planeación, suficientemente poderosa para estimular la distribución regional más equitativa de hombres y servicios.[1] A pesar de que en la tercera década de este siglo se expidió una legislación que incluyó la consiguiente maquinaria destinada a implementarla, sin embargo, la idea de una planeación física global como un objetivo eventual, fue abandonada poco después de la segunda guerra mundial.[2] Desde esa época, la planeación en el Distrito Federal ha sido sectorial y *ad hoc* dando lugar a una cadena interminable de contrastes. En las primeras etapas del crecimiento urbano de la capital, los aristócratas del porfiriato y las clases medias altas, abandonaron el centro de la ciudad para habitar los suburbios, dejando sus grandes mansiones las cuales fueron ocupadas por los pobres de la ciudad, adecuándolas a sus necesidades. En su decisión de dejar esta área, que para muchos fue dramática, intervinieron dos factores esenciales: *a*] La vieja parte de la ciudad empezó a ser rodeada lentamente por grupos lumpen que hacían insegura la vida de esas familias. En unos pocos años estas áreas se convirtieron en guaridas de ladrones, prostitutas y vagos, y *b*] La moda urbana entre los estratos altos de los países industrializados, que en la década de los cuarentas se empezó a movilizar a la periferia de las grandes ciudades como un símbolo de prestigio y bonanza.

Las condiciones de vida en los antiguos palacios y las grandes mansiones fueron inicialmente satisfactorias para los nuevos ocupantes; sin embargo, el arribo de amigos, parientes y otro tipo

---

[1] Allan Lavell, *Industrial development, and the regional problem*, tesis no publicada, Universidad de Londres, 1971, p. 28.
[2] Robert Fried, "Mexico city", en W. Robson y D. Regan, *Great cities of the World*, Sage Publications, 1972, p. 680.

de "recién llegados" obligaron a dividir los grandes cuartos en pequeñas habitaciones y eventualmente a buscar otro lugar para vivir.[3] La miseria prevaleciente estaba bien escondida por las fachadas estilo colonial y el buen aspecto de la "belle époque", pero el hacinamiento y la sobrepoblación, los presionó a tomar la decisión inmediata e inevitable. La urgencia de encontrar vivienda barata y de ser posible sin costo alguno, obligó a los pobres de la ciudad a ocupar una serie de terrenos distribuidos dentro de las áreas altamente urbanizadas. Los propietarios eran antiguos terratenientes rurales que había invertido una gran cantidad de dinero en bienes raíces urbanos dado que constituía una forma segura de obtener beneficios rápidos con la simple plusvalía.

Estos asentamientos fueron llamados "ciudades perdidas", término impreciso ya que lo mismo se utiliza para referirse a terrenos ocupados por 20 o 150 familias. Este tipo de "invasión" se popularizó, dado que las primeras ciudades perdidas estaban localizadas dentro de un área con buenos trasportes públicos, próximo a las fuentes de trabajo y con un acceso fácil a servicios tales como electricidad y agua. Los asentamientos espontáneos de la primera época de invasiones han permanecido intocados en términos generales por los diferentes programas gubernamentales, no sólo por la oposición de sus habitantes, sino también por su gran "capacidad de reproducción", que se explica por la existencia de una desconocida lista de espera de otros pobres de la ciudad, que encuentran estos viejos asentamientos sumamente atractivos ocupando de inmediato las viviendas vacantes.

Monterrey y la ciudad de México experimentaron después de un breve período de reacomodo de marginados en las áreas centrales, una tendencia a movilizarse hacia los suburbios dando lugar a un nuevo tipo de ciudad perdida. En los alrededores de ambas ciudades, la clase media inició el éxodo ocupando las mejores áreas, dejando a los pobres de la ciudad tierras que estuvieron dedicadas a la agricultura de subsistencia y que habían sido abandonadas por falta de agua y de recursos, obligando a sus propietarios a incorporarse a ocupaciones urbanas.[4] Las municipalidades circundantes sufrieron una considerable trasformación ya que algunos de sus habitantes que se emplearon en el sector industrial y terciario permanecieron viviendo en el pueblo, pero la mayoría

---

[3] Oscar Lewis, *Los hijos de Sánchez, op. cit.* (Las vecindades donde la familia Sánchez vive están dentro de estos límites.)

[4] Claude Bataillon, *Las zonas suburbanas de la ciudad de México*, México, UNAM, 1968, pp. 21-23.

de éstos abandonaron las municipalidades rurales en busca de movilidad social en una zona más urbanizada. Esto ha conducido equivocadamente a muchos autores a creer que estas localidades siguen viviendo de la agricultura, a pesar de que esta actividad es secundaria y solamente es un auxiliar en términos de ingreso.[5]

Las únicas características que identifican a ambos tipos de ciudades perdidas son: *a*] Su estatus jurídico ambiguo o abiertamente violatorio del derecho debido a su origen, producto de una invasión organizada o bien de ocupación, *b*] El tipo de materiales que utilizan para construir sus viviendas. Ambos elementos están estrechamente vinculados, dado que la ocupación de terrenos que no cuenta con facilidades para la urbanización, implica un continuo peligro de ser obligados a abandonar la tierra, en consecuencia, la opción de vivienda se reduce a la utilización de materiales vulnerables, como cartón, maderas y otro tipo de desperdicios, *c*] Ambos tipos de ciudades perdidas carecen de los servicios básicos, aunque como mencionamos anteriormente aquellas ubicadas en las áreas más urbanizadas, tienen fácil acceso clandestino al agua, a la electricidad y a otros servicios, mientras que esta ventaja difícilmente se logra en la periferia.

La incertidumbre es un factor que genera en este tipo de asentamientos un alto grado de cohesión interna, la cual está sujeta a una serie de reglas que varían en cada asentamiento. Para sus habitantes resulta evidente que la observancia de estas normas implica una buena parte de su seguridad, ya que los propietarios de terrenos, sean particulares o el municipio, tendrán escasas posibilidades de erradicarlos, en tanto mantengan un frente común, asimismo éste será clave para obtener la legalización de la tenencia de la tierra.

Las ciudades perdidas de la periferia han surgido en tierras comunales, que normalmente son de baja calidad y las comunidades aceptan o al menos no objetan la invasión, dado que no utilizan la tierra que los invasores encuentran adecuada. Estos asentamientos también han surgido en tierras ejidales aun con posibilidades de ser explotadas, pero que los titulares legales han abandonado para dedicarse a otras ocupaciones. En la mayoría de los casos están de acuerdo en ceder su tierra, esperando una compensación monetaria importante por parte del gobierno o bien una parcela en su lugar de origen.

Las características topográficas de estas tierras ejidales hacen

[5] Fried, *op. cit.*, p. 685

sumamente difícil para los fraccionadores y aun para el Estado la introducción de servicios a un costo aceptable, lo que concede a estos asentamientos un menor margen de riesgo de ser desalojados.

Otro tipo de ciudades perdidas son las que han surgido en los lotes de roca volcánica de los alrededores de la ciudad de México, donde es incosteable la urbanización con fines especulativos o de servicio público. Las minas de arena abandonadas constituyen otro sitio adecuado para la invasión de terrenos, donde la seguridad de la tenencia esta garantizada por el alto grado de peligrosidad que representan estos terrenos movedizos, en donde con frecuencia mueren familias enteras a causa de deslaves.[6] Ejemplos de este tipo se encuentran al oeste de Azcapotzalco, al noroeste de Tlalpan, así como aquellos ubicados en las zonas más agrestes de Naucalpan, Atizapan y Tlanepantla.[7] Y un caso extremo es el asentamiento localizado entre Coyoacán y Tlalpan, donde el terreno volcánico impidió no solo urbanizar sino aun ocupar las tierras para pastoreo. Sin embargo, en los últimos 5 años, una serie de invasiones dirigidas por profesionales ha dado lugar a una aglomeración que se estima en 250 mil personas convirtiéndose en la ciudad perdida más numerosa del país.[8]

En los asentamientos espontáneos se dan algunas actividades que revelan un carácter semirrural. Esto es especialmente claro en aquellos localizados en los suburbios, donde algunas veces no hay una distinción entre la antigua comunidad y la nueva ciudad perdida. En la primera etapa, los nuevos moradores son tratados con hostilidad y deben pasar un período largo de tiempo antes de que se logre la integración de los diferentes grupos, misma que tiende a facilitarse en la medida que los "invasores" tienen origen rural y que pronto inician la explotación mínima de la tierra, sembrando maíz y verduras para consumo doméstico, así como cría de animales tales como puercos y pollos. Ésta es la razón por la cual, algunos pobres de la ciudad prefieren este tipo de hábitat en lugar de un asentamiento mejor localizado, ya que sus condiciones de vida tienden a mejorar notablemente en comparación con aquellas que prevalecen en sus comunidades de origen.

En estas regiones suburbanas, hay posibilidades de empleo, sea

---

[6] *Excélsior*, 4 de enero de 1976.

[7] Bataillon, *op. cit.*, p. 25.

[8] Departamento del Distrito Federal, Procuraduría de Colonias Populares, censo de 1972. El gobierno no quiere legitimizar la invasión dado que posteriormente tendría que introducir servicios a un costo muy alto.

en las minas de arena, fábricas de ladrillos, en la industrialización de la basura así como en un amplia variedad de industrias que producen materiales de construcción tales como ladrillo no quemado, cartón corrugado hecho a base de desperdicios y cubierto con una pasta especial que se deja secar y posteriormente se le impermeabiliza. El éxito de este tipo de negocios depende enteramente de un tipo de clientela de bajos ingresos y por esta razón se localizan en esas áreas.[9] Ésta es de hecho una economía que se basa en el reciclaje de materiales usados, y que está estrechamente vinculada al tipo de construcción sui géneris que se encuentra en las ciudades perdidas. Las grandes industrias también son un incentivo para el surgimiento de asentamientos espontáneos en sus zonas aledañas, fenómeno frecuente en la zona fabril del estado de México.

Aun cuando se afirma que la proliferación de asentamientos espontáneos está estrictamente relacionada con la urgencia de encontrar una habitación a precio razonable, hay evidencia para afirmar que muchas invasiones son estimuladas por personas que reciben instrucciones de propietarios de terrenos que no han obtenido el permiso para urbanizar o que simplemente están dedicados a la especulación y la explotación de pobres de la ciudad, sobre los cuales ejercen un control efectivo mediante la distribución de las tierras que han ocupado. Como hemos señalado, las tierras invadidas son las más difíciles de proporcionar agua y drenaje y en las que prevalecen condiciones topográficas que requieren de altos costos de construcción. De hecho, muchos marginados evitan la forma capitalista del arrendamiento, a cambio de un tipo de propiedad pequeño-capitalista, aun cuando las características de este sistema último sólo llegan a ser tangibles cuando evoluciona el asentamiento espontáneo.[10] La construcción de casas de propiedad privada genera la posibilidad de una nueva forma de acumulación al permitir que algunas personas construyan una segunda casa, una de cuyas funciones en etapas avanzadas de los asentamientos y parcialmente en los menos avanzados, es la de proporcionar medios a individuos y familias para combatir la inflación que prevalece en la economía local.[11] Para la mayoría, cuyo ingreso está restringido por el mercado de trabajo, esta forma de ahorro es imposible, por lo que el asentamiento

---

[9] Bataillon, *op. cit.*, pp. 27-29.
[10] A. Leeds, "The significant variables determining the character of squatter settlements", *América Latina*, Río de Janeiro, 12-3, p. 44.
[11] *Ibid.*, pp. 59-61.

espontáneo se convierte en un refugio para escapar de las rentas y tener posibilidad de satisfacer las necesidades esenciales.

De esta manera, la invasión tiene características que rebasan el marco tradicional de adquirir la tierra, por ello se convierte en el instrumento de especuladores que usan a los pobres de la ciudad como medio para obtener compensaciones. Podemos afirmar que en algunas ciudades esta práctica se ha difundido y está alcanzando la etapa en que es imposible controlar la invasión de lucro, a diferencia de la "de necesidad" en que se utiliza la organización creada por los especuladores para continuar ocupando terrenos.

El segundo tipo de asentamiento que hemos incluido en este trabajo son las "colonias proletarias", que son de alguna manera típicas de las ciudades mexicanas y tienen características distintas a los asentamientos descritos anteriormente: a] la mayoría de los habitantes viven de un salario fijo, b] en su mayor parte provienen de las áreas metropolitanas o han vivido en ellas por un período mayor que los habitantes de las ciudades perdidas de la periferia, c] su tenencia de la tierra está debidamente legalizada dado que han pagado a los fraccionadores a través de contratos leoninos y desiguales, que les permite adquirir seguridad a un precio muy alto. Las colonias proletarias son de diferentes clases y están ampliamente distribuidas alrededor de la ciudad de México y Monterrey. Una de las principales características de estas colonias, además de las que hemos mencionado anteriormente, es que las disposiciones legales obligan a los fraccionadores a vender los terrenos totalmente urbanizados, pero dado el bajo costo, los adquirientes aceptan excepciones a estas normas mediante promesas de introducir servicios que nunca llegan y por los cuales deben pagar posteriormente.

Sin embargo, tienen problemas en común con las ciudades perdidas aun cuando se acepta que a aquéllas corresponde un estatus social más alto que en ocasiones es sólo aparente. Por ejemplo, si bien los propietarios de un terreno en una colonia de Nezahualcóyotl tienen derecho de construir de acuerdo a sus posibilidades, debido a la baja densidad de hábitat, la ubicación y las características del terreno hacen que el costo de construcción sea muy alto. A fin de ocupar el terreno que están pagando, construyen provisionalmente con los mismos materiales que en cualquier ciudad perdida, pero con desventajas obvias como acumulación de basura y de lodo durante la temporada de lluvias, tormentas de polvo y sobre todo el pago de mensualidades y demás gastos que implica la legalidad de la tenencia. Lo anterior, hace más difíciles las condiciones de vida que las prevalecientes en asentamientos espontáneos, a pesar de que subsiste la gran ventaja de la seguridad en la tenencia de la tierra. Estas colonias han creado, como resultado de la rápida concentración de habitantes, tensiones dentro de la comunidad a los cuales el sistema político ha respondido eficientemente mediante el ajuste recíproco del que ya hemos hablados, logrando mantener el crecimiento de la municipalidad con una baja incidencia de conflictos internos.

II. LOS ASENTAMIENTOS

A fin de encuadrar los resultados de esta investigación, hemos dividido los asentamientos tomando en cuenta la relación que éstos tenían con el sistema político en el lapso en que aquélla se llevó a cabo.[12] Debido a los contactos y a la información especial que recogimos, hemos tratado de evitar dificultades a los habitantes de los asentamientos estudiados utilizando nombres ficticios. En primer término fueron analizadas dos ciudades perdidas localizadas dentro de la zona más urbanizada de la ciudad de México y a las cuales hemos denominado Esperanza y El Ranchito. Éstas se caracterizan por una relación *asistencialista* con el sistema político, que consiste en un respeto permanente de ambos por las reglas del juego. Hay plena conciencia en ambos asentamientos de que si bien carecen de los servicios básicos no desean dejar su inmejorable ubicación. Los contactos son estrictamente institucionales y los problemas son resueltos sobre la base de una relación eminentemente paternalista. El PRI es bien aceptado entre los habitantes de estas áreas, que asisten a cualquier reunión política y ceremonias conmemorativas, recepción de dignatarios extranjeros o del presidente, orientando las presiones para obtener concesiones hacia los altos funcionarios, mostrando gran desprecio por las autoridades de menor nivel.

Independencia y Revolución son ciudades perdidas ubicadas en los suburbios de la ciudad de México y tienen características que las distinguen de las anteriores. Su relación con la maquinaria gubernamental y política es de tipo especialmente *clientelista,* mostrando una gran cohesión interna que es el resultado de un mayor descuido de las autoridades, que los obliga a mantener

---

[12] Véase L. Alvarado *et al., Movilización social en torno al problema de la vivienda,* EURE, 1972, p. 49.

mecanismos de movilización política como forma de presión y no de agresión, convirtiéndose en objetos importantes de control para las campañas electorales. No hay duda de su lealtad al PRI, pero mediante una negociación con candidatos y autoridades que llega a ser sumamente abierta. Están convencidos de que sólo a través del Estado pueden lograr ayuda y protección, pero al mismo tiempo reconocen su obligación de obtener la protección gubernamental, a cambio de un apoyo periódicamente confirmado. El problema de la tenencia de la tierra, es el argumento más fuerte de que disponen las autoridades para crear constante sensación de temor que es ampliamente explotada por los líderes locales. A pesar de su escepticismo acerca de una resolución inmediata reconocen que de surgir ésta, sólo será a cambio de un comportamiento alejado del conflicto.

Luna es considerada como una colonia proletaria y es una de las 58 subdivisiones que comprende la municipalidad de Nezahualcóyotl. Los habitantes manifiestan una actitud cínica de poca confianza respecto al proceso de gobierno pero aceptan sin cuestionar a las autoridades o al partido, y son abiertamente críticos de sus líderes y de los burócratas con los cuales tienen que entrar en contacto. Su actitud es de *cooperación* con los programas gubernamentales canalizando sus demandas a través de los representantes del PRI municipal, de los altos funcionarios del gobierno del estado, pero nunca del ayuntamiento.

Topo y Paloma están localizadas en el área metropolitana de Monterrey siendo ambas de reciente creación (enero-agosto de 1973) con un nivel de movilización que trasciende los canales institucionales. La escasa atención a las demandas de estos posesionarios por parte del Estado, ha generado una actitud de *oposición* al sistema. El gobierno, el PRI y los individuos que intentan ayudarles son considerados como enemigos, aun cuando la mayoría sigue este camino ante la ausencia de alternativas viables, pero mantiene su intención de negociar con el sistema político aun por encima de sus dirigentes. El liderazgo de estos asentamientos está en manos de personas de la localidad en lo que se refiere a problemas internos, mientras que para el diseño de táctica y estrategia hacia el exterior, cuentan con líderes estudiantiles que se han acercado para colaborar voluntariamente. Esta dirigencia híbrida ha decidido no aceptar ninguna ayuda externa, excepto en aquellos casos en que sea indispensable, como por ejemplo la construcción de una clínica o la provisión de servicio de hospital. La relación del gobierno estatal con estos asentamientos ha sido represiva y hostil.

Finalmente, dos asentamientos fuera de las áreas metropolitanas que hemos mencionado: la colonia Pancho Villa en Chihuahua y la Rubén Jaramillo en Cuernavaca, Morelos. Ambas tenían una actitud de *lucha* y de *enfrentamiento* con la estructura gubernamental generados por un alto nivel de politización interna y un liderazgo relativamente independiente. En nuestra opinión constituyen el fenómeno de rebelión legal más importante dentro del sistema político mexicano moderno, y de alguna manera han sido agentes de expresión de inconformidad, cuyo efecto demostración ha sido estímulo para el surgimiento o reorientación de otros asentamientos. Entre éstos, los más notables son el Campamento 2 de Octubre en Iztacalco, Distrito Federal, que durante más de una década observó una actitud variante entre el clientelismo y el asistencialismo hasta devenir en abierta confrontación por la ineficacia de las autoridades para responder a sus demandas. La táctica oficial fue la de un continuo soslayamiento del fenómeno que agudizó las características del conflicto, obligando a un liderazgo convencional a convertirse a la militancia por la falta de atención a demandas originalmente reinvindicativas que adquirieron matices de lucha abierta.[13] La cronología de este asentamiento es la constatación de la hipótesis de este trabajo, ya que se demuestra cómo la ineficiencia o incapacidad reciente (en muchos casos) de la maquinaria gubernamental y política, que sería la única opción viable dentro de nuestro sistema, es el factor determinante para gestar actitudes de confrontación. La ausencia total de canales alternativos, rompe con la posibilidad de formas intermedias de negociación que faciliten la solución de conflictos. Otro ejemplo, es la radicalización de Topo en Monterrey, donde como se apunta más adelante, había una disposición de los habitantes para una eventual incorporación. La atención a sus peticiones se redujo a una política errática de tipo paternalista que devino en la agudización de los problemas internos, dando lugar al desarrollo de un clima de confrontación que tuvo como corolario reciente la muerte de seis posesionarios en un enfrentamiento con la policía.[14]

---

[13] Entrevista personal con Francisco de la Cruz, líder de la Unión de Colonos de Santa Cruz Iztacalco e Ixtapalapa A. C. (Campamento 2 de Octubre.)
[14] *Excélsior*, 19 de febrero de 1976.

III. LA CAMPAÑA POLÍTICA

Como señalábamos anteriormente, la revolución de 1910 tuvo como bandera el Sufragio Efectivo y la no Reelección. Sin duda se ha respetado estrictamente esta última parte desde el primer gobierno que surgió de la lucha, aun cuando el derecho de escoger representantes legítimos por medios electorales es un rasgo de una era institucionalizada más reciente. Ciertamente las elecciones son un evento importante en la vida del país, a pesar de que el PRI ha logrado mantener el control en la casi totalidad de las elecciones celebradas en el país desde 1929. Debemos señalar que el principio de no reelección ha sido un agente efectivo para conservar los canales de movilidad debidamente abiertos, dado que cada funcionario electo a nivel estatal, municipal o nacional debe dejar su puesto una vez que su período ha concluido, permitiendo asimismo cambios en los altos niveles de la burocracia que aun cuando no son de elección, proporcionan una válvula de seguridad muy importante para evitar cuellos de botella.

El 1 de julio de 1973, 225 diputados fueron electos para ocupar escaños en la Cámara baja y a pesar de la poca importancia en la política real, los ciudadanos fueron requeridos para participar y votar, de la misma manera que en otras contiendas electorales. Durante los meses anteriores al día de la elección el PRI reconquistó su papel central convirtiéndose en el instrumento indispensable para lograr la participación popular. De hecho, es esta maquinaria la que realiza la movilización de ciudadanos a través de un mecanismo efectivo, que asegura el despertar de las lealtades esencialmente adormecidas o aletargadas.[15] En este aspecto, el partido debe percibirse como un símbolo legitimizador para la selección de candidatos y un agente importante para sentar las bases del procedimiento, haciendo que disminuya la selección arbitraria de candidatos en los diferentes niveles. Debe ser visto igualmente como un centro de comunicación vital, a través del cual aquellos encargados de la decisión final pueden obtener la información necesaria acerca de futuros candidatos y su posición relativa dentro de la correlación de fuerzas.

El mecanismo para la nominación de candidatos es uno de los procedimientos menos abiertos del sistema político mexicano. Diversos autores se han aventurado a plantear diferentes hipótesis, la mayoría de ellas completamente desacertadas.[16] Un miembro

---

[15] Padgett, *op. cit.*, p. 62.
[16] Véanse Scott, *op. cit.*; Brandenburg, *op. cit.*; K. Johnson, *op. cit.*; Needler, *op. cit.*

prominente del partido, ahora "retirado" describe el proceso de acuerdo con su experiencia: "Diversas listas conteniendo los nombres de los aspirantes llegan a la oficina del partido, algunos son enviados por los sectores o por organizaciones afines, algunos por los gobernadores de los estados y finalmente aquellos que son apoyados en forma privada por una figura importante. El presidente del partido, elimina los nombres de aquellos que obviamente están fuera de competencia, y presenta un primer borrador al secretario de gobernación que hace una segunda selección y finalmente el presidente da la aprobación final. Una vez que se recibe la luz verde, los diversos sectores trabajan intensamente para hacerlos populares."[17] Esta amarga y franca reseña aun cuando puede estar viciada, confirma la hipótesis tradicional en cuanto a quien conserva el derecho de decidir, pero sin aportar ningún elemento respecto al criterio para hacerlo. Es claro, como lo señalamos anteriormente, que la movilidad política ha sido un instrumento esencial para evitar posibles focos de disensión, por lo que se pueden observar normas que garanticen el equilibrio. Entre otros, es aceptada como regla esencial que las curules deben quedar equitativamente distribuidas entre los tres sectores del PRI. Flores Olea ha señalado que: "los mecanismos de selección del partido toman en consideración la disciplina y la ortodoxia, algunas veces sus méritos como militantes o aun su prestigio intelectual. Pero en términos prácticos, las relaciones personales y los contactos con miembros preminentes del PRI y con los altos funcionarios del gobierno son los factores decisivos para ascender en la pirámide política".[18]

Para el caso específico de las diputaciones, se toman en cuenta las condiciones prevalecientes en el distrito electoral correspondiente, en virtud de que algunos son considerados como conflictivos, peligrosos, apáticos, lo que normalmente se reduce a una diferencia local y personal con autoridades menores o bien un desempeño ineficiente del representante popular anterior. Todo lo cual es subsanable mediante una nominación adecuada. Sin embargo, el distrito puede convertirse en poco seguro si el partido no toma en consideración las quejas de la comunidad, dando lugar a un clima anti-PRI. Para estos efectos, los distritos que comprenden a los marginados son reconocidos por los funcionarios partidarios, por su capacidad de movilización a través de

[17] M. Moreno Sánchez, *La crisis política de México*, Extemporáneos, 1972, pp. 46-47.
[18] Flores Olea, *op. cit.*, p. 488.

campañas tradicionales.[19] De las 5 áreas que comprende este trabajo, en tres se incluyeron mujeres con el propósito de atraer nuevos votantes. En estos distritos es importante que el candidato o su suplente tengan contactos previos, sea a través de trabajo comunitario, social o bien de actividades políticas. En esos casos, las campañas se realizan en términos cordiales, disminuyendo la tensión de la negociación que redunda en una alta votación.

Como mostramos más adelante, la campaña con las reuniones masivas y la atención especial hacia los pobres de la ciudad, ayuda a crear, o simplemente a mantener expectativas acerca del futuro, a pesar de lo cual, estas relaciones entre votantes y maquinaria política son recíprocamente cínicas. El objetivo de ésta, es mantener bajo control los asentamientos, para lo cual las actividades preelectorales juegan un papel importante mediante una combinación de métodos tradicionales tales como mítines, discursos (de escaso efecto) y una atmósfera de celebración permanente con música, eventos culturales y sociales que dan idea a los votantes de la importancia de su sufragio.

En este contexto los períodos preelectorales y los efectos que tienen una vez realizado este evento, son considerados como buenos indicadores del fortalecimiento de contactos con el exterior, así como de la reacción de la estructura interna de poder del asentamiento ante presiones de agentes ajenos. Es el momento en que los líderes locales pueden perder o consolidar sus posiciones políticas y económicas, así que hay un interés mutuo (líderes-agentes políticos), en cuyo espectro parecen no estar incluidos los pobres de la ciudad. Ésta es solamente una apariencia, ya que como mostramos adelante, se pone en marcha un vasto mecanismo asistencialista a fin de obtener el apoyo masivo que de otra manera no estaría garantizado.

IV. ESPERANZA Y EL RANCHITO

a] *Tenencia de la tierra*

Ambos asentamientos están localizados en áreas de clase media baja ascendente, con las cuales mantienen relaciones hostiles, dado que los marginados son considerados como ciudadanos de tercera clase dedicados a la vagancia y a la delincuencia, afirmación sin

---

[19] Incluye consignas en las paredes, festivales y rifas.

CUADRO IV-I

Esperanza y El Ranchito

a) *Lugar de origen o período de tiempo viviendo en el área metropolitana*

Período de tiempo viviendo en el área metropolitana (en años)

Lugar de origen (% del total)	Esperanza	El Ranchito	1-10 E* R**		11-20 E* R**		20+ E* R**	
Distrito Federal	30.0	28.0	16.7	9.6	21.3	23.4	62.0	67.0
Guanajuato	14.5	16.3						
Hidalgo	13.9	17.0						
Puebla	13.5	12.0						
Michoacán	9.3	11.2						
Otros	17.5	15.5						

b) *Agrupaciones a que pertenecen*

	Esperanza	El Ranchito
Sindicatos	15.7	18.2
Organizaciones religiosas	1.5	4.5
Organizaciones políticas	1.0	2.3
Cooperativas	0.2	2.0
Asociaciones locales	—	—
Ninguna	80.6	73.0

* Esperanza. ** El Ranchito.

fundamento real a pesar de la alta densidad de habitantes por metro cuadrado.[20] Esperanza se popularizó en 1946, aun cuando algunos de los pobladores afirman habitar en este sitio desde 1928, lo importante es que por cuestión de espacio alcanzó su nivel de saturación de inmediato, siendo éste de 400 familias (promedio de 6.5 personas por casa).[21] De éstos, el 70 por ciento son originarios de pueblos con más de 15 mil habitantes, que para efectos del censo no son considerados como áreas rurales (véase cuadro IV-I). Esta distinción es importante, ya que los asentamien-

[20] Esta demanda por los vecinos no pudo ser sustanciada por los récord de la policía en la delegación cercana. Por el contrario, 95 por ciento de infracciones menores fueron causadas por habitantes de colonias de clase media baja, y de 10 asesinatos y 25 casos de robo durante 1972-1973, en ninguno participó un habitante de la ciudad perdida.

[21] Dirección de Colonias Proletarias, Departamento del Distrito Federal, 1973.

tos de la periferia cuentan con una población mayoritaria de origen rural. El mismo porcentaje ha estado viviendo en el Distrito Federal por un período que fluctúa entre 25 y 30 años, y en su mayoría fueron a vivir a Esperanza inmediatamente. Sólo el 6.5 por ciento tienen entre 1 y 6 años en el asentamiento, lo que confirma las bases permanentes de sus habitantes (véase cuadro IV-I).

El Ranchito tuvo sus orígenes en 1938, cuando las condiciones de habitación en el centro de la ciudad empezaban a ser difíciles y el Estado inició los primeros programas de urbanización introduciendo servicios en las zonas aledañas, obligando a los pobladores a invadir terrenos baldíos destinados al pastoreo. Uno de los fundadores comentó: "En esos días el gobierno estaba muy ocupado echando fuera a los 'gringos', así que fue el mejor momento para invadir, invitando a amigos y parientes para que cuando las autoridades se dieran cuenta de que éramos bastantes, entonces ya no harían nada."[22] La exposición urbana de los habitantes de El Ranchito, el origen del asentamiento y la estructura ocupacional son muy similares a los de Esperanza. La tenencia de la tierra en ambos asentamientos ha sido muy inestable, con procesos legales en su contra desde el primer mes de ocupación de los predios. La diferencia es que Esperanza está localizada en terrenos que pertenecen al D.D.F. y El Ranchito en propiedad privada. Los expedientes han seguido suertes distintas pero ambos se encuentran en la Suprema Corte de Justicia. Es claro que si bien la evidencia favorece a los propietarios, la decisión continúa pendiente por razones políticas, con el factor tiempo haciendo imposible obtener el desalojo de los terrenos. Los habitantes de Esperanza no pagan renta y sólo colaboran para liquidar la cuenta colectiva de agua, mientras que en el otro asentamiento espontáneo, los pobladores aceptaron, desde que invadieron, pagar una renta de 5 pesos que sigue vigente. Sin embargo, aun cuando la mayor parte de ellos consideran que ésta es una renta justa, el cobrador nos demostró que sólo 15 familias pagan puntualmente. El resto adeuda un promedio de 2 a 3 años. El propietario del predio, presume que estas actitudes pacientes generarán una relación cordial que facilite el desalojo voluntario de los invasores; presunción totalmente incorrecta ya que en un período breve ninguno pagará ni siquiera la renta. Las viviendas están construidas con láminas y ladrillo, con una recámara y una cocina por familia. En general cuentan con una mesa, varias sillas, un

---

[22] "Diario de campo." Se refiere a la época de la expropiación petrolera.

mueble para guardar ropa, radio, televisor y por lo menos otro aparato eléctrico. A pesar del carácter rudimentario de sus casas, los pobladores consideran que sus condiciones habitacionales y de vida en general, representan una mejoría con respecto a lo que tenían en sus lugares de origen (véase cuadro IV-II), lo que está estrechamente vinculado con un factor esperanza plenamente vigente. Sus ingresos son estables y comparativamente más altos que sus contrapartes de los suburbios.

Entre estos pobres de la ciudad se da toda una gama de oficios como choferes, meseros, empleados menores, vendedores ambulantes, veladores, albañiles, con la mayoría empleada sobre la base de un contrato temporal, aun cuando esto parece no preocuparles porque conocen bien el área y tienen noción de donde hay una demanda de trabajo no calificado. Estas características no coinciden con su hábitat que refleja un estatus inferior, pero prefieren mantener esta apariencia hasta no obtener el documento que acredita la propiedad del terreno. El temor a una decisión gubernamental que los desaloje se mantiene latente, de ahí la temporalidad de sus construcciones y la orientación de sus ingresos a la compra de mejores vestidos, bicicletas, un viejo automóvil o bien para celebraciones familiares y otras festividades.

b] *Organización interna*

La organización interna de Esperanza y El Ranchito está basada en la familia compuesta, en la cual, varias unidades domésticas formadas por 5 a 7 miembros, comparten un área externa común, que puede ser el lavadero o donde juegan los niños o en algunos casos la cocina. La diferencia con la familia extensa, es que en aquélla, la familia nuclear continúa como una unidad económica separada y las relaciones se fundamentan en la necesidad mutua de ayuda y solidaridad, sin que haya niveles jerárquicos como en la familia extensa, donde el más viejo mantiene control sobre la vida de un buen número de parientes.[23] En estos asentamientos se da una tendencia a la desintegración de la familia extensa, debido principalmente a la falta de espacio y a su separación emotiva de los lugares de origen, los que visitan poco mostrando un desprecio por la falta de interés de sus amigos y parientes que aún permanecen en el pueblo o rancherías sin ninguna posibilidad de progresar. El factor esperanza está orientado esencialmente hacia el mejoramiento social y económico de sus hijos,

[23] Larissa Lomnitz, "Supervivencia", *op. cit.*, pp. 65-66.

CUADRO IV-II

Condiciones de vida

	Espe-ranza	El Ran-chito	Inde-pendencia	Revo-lución	Luna	Topo y Paloma
1. *Cómo considera su vivienda en relación con su lugar de origen (% del total de respuestas)*						
Igual	6.1	5.0	19.5	27.0	15.7	2.1
Peor	5.6	2.7	23.0	26.0	21.5	90.1
Mejor	89.3	92.3	57.7	47.0	64.7	7.8
2. *Cómo considera su nivel de vida (% del total de respuestas)*						
Igual	15.6	31.6	27.0	33.5	16.5	8.8
Peor	9.7	3.9	18.5	13.7	1.2	29.9
Mejor	75.7	65.5	54.5	53.8	82.3	62.3

para los que desean un tipo diferente de trabajo a través de una profesión (las más populares son las de médico, abogado o ingeniero) esperando que tengan un nivel de clase media, "a lo cual no es factible aspirar viviendo en las áreas rurales". (Véase cuadro IV-III.)

El equipo de fútbol es la única forma de organización que se encuentra en estos asentamientos y que contribuye a mantener una cierta cohesión. A pesar de los rumores de erradicación no se reúnen con frecuencia, dándole pleno apoyo a sus representantes que reciben una compensación económica de la comunidad para solventar gastos imprevistos. Estos pobladores tienen una idea clara del concepto de autoridad y de quien lo ejerce. Reconocen como cualidades esenciales: superioridad cultural, obtenida a través de una carrera universitaria y responsabilidad, que si bien es un término abstracto que abarca una amplia gama de virtudes, que van desde "buena educación" hasta no tener hábitos de beber frecuentemente. Mencionan a sus patrones como ejemplos de personas que reúnen ambos requisitos, aun cuando están de acuerdo que el poder es el elemento esencial, cuyo monopolio lo tiene la policía y el gobierno.[24] Dada esta concepción, no es del todo extraño encontrar que estos pobladores no reconocen a un líder en su comunidad, por lo que han delegado ciertas obligaciones a voluntarios, que se encargan de mantener limpia la entrada del asentamiento y una vigilancia permanente de la imagen religiosa que protege a la ciudad perdida. En ambos asentamientos las mujeres están encargadas de mantener los contactos externos visitando periódicamente a los funcionarios públicos, con los que son más persuasivas, asimismo son quienes movilizan a los pobladores cuando lo requiere el PRI o las autoridades de la ciudad.

La razón por la cual las mujeres son más activas en las ciudades perdidas y en las colonias proletarias analizadas se debe: a] son consideradas por la comunidad como incorruptibles; b] los varones están en constante contacto con las figuras del poder, como la policía y hay temor de ser encarcelados, mientras que las mujeres dedicadas a estas actividades son respetadas por la policía por su acceso a las autoridades, además de que generalmente tienen una edad que inhibe un trato violento; y c] las mujeres pasan la mayor parte del tiempo en el asentamiento y sufren directamente la carencia de servicios y las condiciones de higiene que generan enfermedades infantiles al tiempo que los

---

[24] "Diario de campo", (véase cuadro IV-V).

Los pobres de la ciudad y el "mundo exterior"

	Espe-ranza	El Ran-chito	Inde-pendencia	Revo-lución	Luna	Topo y Paloma
1. Considera usted que:						
a) ¿Cualquiera puede tener un buen nivel de vida?	29.4	31.5	26.2	25.7	34.3	21.0
b) ¿Sólo algunos pueden tener un buen nivel de vida?	70.6	68.5	73.8	74.3	65.7	79.0
2. a) ¿Considera usted que el gobierno protege más a los pobres de la ciudad?	39.4	41.5	31.0	23.3	38.0	17.0
b) ¿Considera que protege más a los ricos?	60.6	59.5	69.0	76.7	62.0	83.0

3. ¿Quién cree usted que puede resolver los problemas de los asentamientos?

Gobierno	70.0	72.3	62.7	59.0	71.4	56.0
Iglesia	0.6	–	–	–	1.6	–
Estudiantes	0.4	–	–	–	0.5	4.5
Nosotros mismos	2.8	4.0	22.5	26.3	3.2	18.3

4. ¿Cree usted que el gobierno resuelve los problemas nacionales?

Siempre	23.1	6.0	20.4	16.3	28.0	14.2
Algunas veces	51.3	53.8	49.0	48.7	48.5	36.4
Rara vez	8.5	12.1	11.0	13.0	18.3	8.1
Nunca	8.3	7.4	13.5	13.8	–	28.0
No sé	8.5	1.7	6.1	6.2	5.2	3.3

hombres invierten su tiempo fuera del hogar, debido a su ocupación o bien a diversiones, lo que genera un interés inevitable de las más directamente afectadas.[25]

Esta actividad femenina no ha generado recelo de sus cónyuges aunque en algunos asentamientos implica desbordar a los líderes en sus actividades corruptas. Pero aun en estos casos, reconocen que las mujeres son más tenaces y que les es más fácil obtener acceso a los funcionarios públicos, usando su condición de madres humildes. El resto de los hombres resienten la participación de sus mujeres cuando sus necesidades personales no son satisfechas (ropa limpia o los alimentos preparados a su llegada del trabajo). Pero como sugerimos antes, las mujeres que participan en actividades políticas, no son jóvenes y en consecuencia sus obligaciones domésticas están claramente definidas. Entre las activistas que entrevistamos había una doble opinión acerca de su papel. Por una parte pensaban que era indispensable desempeñar esa función a fin de que las cosas por lo menos no empeoraran, al mismo tiempo que justificaban la inactividad de sus maridos apuntando que el temor y la falta de tiempo eran una combinación importante para justificar esta actitud, insistiendo que eran ante todo esposas, amas de casa y que "hacían eso para servir a sus maridos e hijos".[26]

La clara concepción del poder y la autoridad que predomina en Esperanza y El Ranchito les impide concebir cualquier idea de presentar sus demandas fuera de los canales institucionales y de utilizar un lenguaje incorrecto (véase cuadro IV-IV). A pesar de no pertenecer a ningún sindicato por el carácter eventual de su trabajo, están conscientes de la necesidad de mantener los mejores términos con el gobierno (véase cuadro IV-I). La ubicación de los asentamientos les dio a sus habitantes la oportunidad en 1968 de tener una experiencia a la que no tuvieron acceso aquéllos viviendo en la periferia. Nos dieron detalles de los esfuerzos continuos de los estudiantes, para invitarlos a participar en las manifestaciones que tuvieron lugar muy cerca de los asentamientos. La opinión general era que sus métodos eran equivocados "des-

---

[25] Este análisis se puede hacer extensivo a todos los asentamientos espontáneos. Un ejemplo reciente lo constituyen las comisiones que han entrevistado al candidato del PRI, José López Portillo, durante su gira por estas áreas de la ciudad de México. Véase *El Día*, 19 de febrero de 1976.

[26] Durante una reunión en Chimalhuacán la líder doña Severina Buendía, acusó a los hombres de la comunidad de cobardes. La reacción fue de pasividad y más tarde nos explicaron éstos que tan pronto como empiezan a participar la policía los detiene y los golpea.

CUADRO IV-IV

Participación en las elecciones

	Espe-ranza	El Ran-chito	Inde-pendencia	Revo-lución	Luna	Topo y Paloma
1. ¿Votó en las elecciones de 1973?						
Sí	95.6	94.7	98.5	90.0	88.7	38.3
No	4.4	5.3	1.5	10.0	11.3	61.7
2. ¿Por cuál partido votó?		*Todas las Comunidades*				
PRI			89.1			
PAN			6.1			
PPS			.5			
Voto secreto			3.8			

pués de todo el gobierno es la única organización que protege a la gente pobre".[27] Además de sus diferencias en cuanto al método de acercarse al gobierno, insistieron en que el uso de la fuerza por el ejército y la policía constituía una demostración clara de que el poder fue bien utilizado por el gobierno. Aun los jóvenes en Esperanza y El Ranchito llamaban a los estudiantes "un grupo de gente rica y floja que causan disturbios por no tener otra cosa que hacer". Se podría sugerir que estas respuestas son el resultado del impacto publicitario de la versión oficial de los eventos, dada la absoluta marginación de estos grupos a lo largo de dichos acontecimientos. Sin embargo, la lección de violencia la recuerdan y no le conceden importancia a las razones esgrimidas por los estudiantes. El testimonio de la fuerza policiaca y del ejército, mismo que recogieron personalmente, los reafirma en su lealtad incondicional con las autoridades.

El Ranchito con su población de 525 familias, tiene mejor ubicación y mayor espacio que Esperanza, por lo que recibe más atención de las autoridades. Entre otras, la acción del INPI que distribuye desayunos diariamente, con un pago simbólico de 20 centavos por niño menor de diez años. Las trabajadoras sociales de esta institución organizan once festivales por año para festejos como el día del niño, de la madre, del padre, Navidad, reyes, etc. además del servicio médico ya mencionado, que es considerado como el mejor ejemplo de la orientación humanitaria del gobierno hacia los pobres de la ciudad.

Debido a la proximidad de El Ranchito con áreas densamente pobladas, sus condiciones sanitarias son causa de preocupación para las autoridades de la ciudad. Durante nuestro trabajo de campo, llevaron a cabo "la operación limpieza" y la "operación salud", que fueron precedidas por una amplia campaña pidiendo cooperación a los pobladores. La operación limpieza consistió en la distribución de 2 mil escobas, a fin de promover con la ayuda de 50 barrenderos la limpieza dentro del asentamiento, mientras que la operación salud contó con la participación de 60 médicos que vacunaron y recetaron a los habitantes, entregándoles medicinas y "pases" para hospitales. Uno de los jóvenes doctores señaló públicamente que "sólo un sistema de drenaje podría evitar resultados funestos para el área", afirmación que obligó a los funcionarios presentes a prometer su inmediata instalación. Para los habitantes, éste fue un gesto doblemente apreciado ya que

---

[27] Se nos indicó que una noche 4 estudiantes trataron de encontrar refugio de la policía en El Ranchito pero los pobladores los rechazaron, a pesar de lo cual sus casas fueron cateadas violentamente.

fue sin previa solicitud de su parte, aunque mantuvieron serias reservas sobre su cumplimiento. Unos días después llegaron los materiales básicos dejándose claro que la instalación era responsabilidad colectiva. Inexplicablemente para las autoridades no se hicieron esfuerzos por parte de la comunidad, hasta que una comisión de mujeres fue a ver a la esposa del funcionario responsable para darle a conocer su disgusto con los burócratas de bajo nivel, quienes "lo único que buscan es herir nuestra dignidad y orgullo de ser pobres". Después de las excusas pertinentes se hicieron los trabajos, confirmando la tesis de que los niveles bajos y en ocasiones intermedios de autoridad son considerados con justicia como enemigos acérrimos por los pobres de la ciudad.

La campaña para la erradicación de las ciudades perdidas a la cual nos referimos, también incluyó Esperanza y El Ranchito. Fueron realizadas encuestas entre los habitantes con el "propósito de conocer sus necesidades", a través de preguntas tales como: "¿en caso de que usted se cambie, cuántos cuartos le gustaría tener en su nueva casa?", "¿cuánta renta podría pagar mensualmente?", etc. Las respuestas que se dan son consideradas por los trabajadores sociales como falsas, pero continúan con la formalidad a pesar de la convicción de que tiene escasa utilidad lo que contestan. Sin embargo, los pobladores, empezaron a estar conscientes de que las autoridades de la ciudad tenían serias intenciones de desalojarlos ofreciéndoles alternativas de vivienda, por lo que convocaron a amigos y parientes para que ocuparan su terreno en el caso de ser movilizados por la fuerza.[28] Su impresión era que: "la campaña no tendrá éxito porque quieren que vivamos fuera de la ciudad, lejos de nuestros trabajos pagando hasta 20 o 25 pesos por familia en trasporte público. Lo que deben hacer es preguntar a cada persona el nombre de un conocido o pariente que viva en peores condiciones, y a éstos darles nuevas casas. Con esto se evitan problemas y se mejora al que de veras necesita". Hasta noviembre de 1975 (2 años después de iniciada la campaña) estos dos asentamientos seguían intocados, a pesar de que como hemos apuntado, cuentan con una organización interna deficiente. En todo caso han asumido la convicción de que su sugerencia de trasladar a las nuevas viviendas a personas más desamparadas es lo más correcto, por lo que han descartado la posibilidad de una reacción violenta del Estado.

Sin embargo han reafirmado sus contactos y relaciones cordiales

[28] En El Ranchito presenciamos el traslado de 50 familias a las nuevas casas. Al día siguiente sus habitaciones estaban "arrendadas" por amigos y parientes.

con los representantes del PRI, y las autoridades locales, lo que se expresa en un mayor índice de cooperación para recepciones y ceremonias masivas.[29]

c] El período electoral

El candidato por el distrito de Esperanza fue una mujer, cuyos antecedentes como trabajadora social del área le daba bases favorables de apoyo, lo que reafirmó consiguiendo brigadas dominicales y facilitando contactos para acceso a la bolsa de trabajo de la CNOP. En lugar de discursos, implementó la modalidad de visitas domiciliarias garantizándoles su colaboración y ayuda decisiva para "no ser desalojados que es nuestra única preocupación constante".[30] En El Ranchito, el candidato los había representado en una ocasión anterior y los habitantes no recordaban que hubiese realizado ninguna visita al asentamiento después de la elección. En consecuencia, recibieron sin entusiasmo la nominación del PRI, pero la imagen de la posible erradicación los obligó a aceptarlo con gran sentido de disciplina. Las representantes del asentamiento manifestaron las condiciones mínimas de apoyo: "Queremos su promesa de solidaridad incondicional al más alto nivel en caso de amenaza de desalojo." A dicho compromiso, el candidato agregó regalos como uniformes para el equipo de fútbol, materiales para la escuela y boletos para ciertos eventos. El futuro representante reparó sus ausencias del pasado, interviniendo positivamente ante el regente de la ciudad, con lo cual recuperó la confianza de El Ranchito.

En ambos asentamientos los pobladores estaban conscientes de su obligación de votar por lo que no fue necesario señalarles las implicaciones en caso de abstención. Su concepción de los deberes cívicos es bastante clara, lo que confirma nuestra hipótesis de que la exposición urbana no altera sustancialmente el conocimiento que los pobres de la ciudad tienen acerca del gobierno y de la política y tampoco su propensión a participar en los procesos electorales.[31] En el desarrollo de este proceso creemos importante dis-

[29] Un agente del candidato por El Ranchito, comentó: "Sí quieren nuestro apoyo lo tendrán, pero en esta vida nada es gratis, así que a cambio necesitamos su cooperación incondicional."

[30] Durante lo campaña un candidato del PAN por el distrito de Esperanza, pintó la entrada del asentamiento con propaganda de su partido. Algunos de los pobladores se dieron cuenta y repintaron las paredes temiendo ser recriminados por el candidato oficial.

[31] Germani, Gino ed., *Modernization, urbanization and the urban crisis*, Little Brown, 1973, pp. 43-44.

tinguir dos etapas que rebasa dicha teoría: a] las elecciones son
un ritual que realiza el sistema político mexicano para legitimizar
las bases de su régimen y esto incluye tanto a las áreas urbanas
como a las rurales. En las comunidades rurales el voto en favor
del PRI es más alto como fue demostrado por González Casanova,
lo que es producto de un control más efectivo, mientras que en los
asentamientos espontáneos el voto favorable resulta de la convicción de que ésta es la única forma de demostrar gratitud y apoyo
al gobierno, b] además del período preelectoral y de la votación,
no hay otra forma de participación política excepto ceremonias
o bien actos de ese tipo, y en la mayoría de los casos no recuerdan ni el nombre de su representante (véase cuadro IV-v). En
consecuencia no se puede afirmar que la exposición urbana sea
el único vehículo para promover la participación política, a menos de que concibamos ésta en términos de presencia física cuando es requerida. Se debe tomar en consideración la experiencia
previa que ha tenido dentro del sistema político, de la cual hi-
cimos mención en el capítulo 1.

A pesar de que El Ranchito y Esperanza han carecido de servicios básicos por varios años, no se ha permitido ningún monopolio en la distribución de estos recursos (misma que normalmente
se realiza por medios legales), lo que a diferencia de los asentamientos en la periferia, se ha evitado por la proximidad de las
autoridades. Es en este aspecto que se puede argumentar que se
da una mayor adaptación de las prácticas urbanas, adquiriendo
conciencia de sus derechos, hasta desarrollar una actitud legalista,
excepto en lo que se refiere a la tenencia de sus terrenos donde
interviene el argumento de su pobreza como la razón para violar
la ley. Los habitantes de estos asentamientos tienen opiniones
diversas acerca de quién proporciona justicia en el país, aun cuando parecen coincidir acerca de la excesiva protección que se
ofrece a los grupos dominantes, aceptando su desventaja, en términos de negociación cuando tienen algún incidente con la policía o con otras autoridades (véase cuadro IV-v). En estos asentamientos espontáneos tienden a tener una buena relación con la
maquinaria gubernamental y política, con una notable convicción
de apoyo al presidente de la República, como institución y como
individuo, quien es considerado con las mismas características que
le conceden los campesinos en las áreas rurales.

CUADRO-IV-V

Concepción de la justicia

	Esperanza	El Ranchito	Independencia	Revolución	Luna	Topo y Paloma
1. ¿Podría decirse que hay justicia en el país?						
Para todos (% respuestas positivas)	8.2	10.0	7.3	3.5	19.4	5.5
Para los ricos	81.3	75.0	76.7	82.3	77.3	84.4
Para los pobres de la ciudad	3.5	2.5	1.5	1.7	2.9	2.6
No sé	7.2	11.5	14.5	12.5	—	7.5
2. ¿Quién proporciona justicia en el país?						
Gobierno	56.5	62.7	73.6	75.8	47.0	76.9
Presidente	18.3	16.0	22.0	21.0	19.3	20.1
Policía	5.6	4.1	—	—	—	—
Jueces	3.4	3.5	—	—	28.7	—
No sé	16.2	13.7	4.4	3.2	5.0	3.0

V. INDEPENDENCIA Y REVOLUCIÓN

a] *Tenencia de la tierra*

Estos asentamientos se encuentran ubicados en los suburbios de la ciudad de México, en las inmediaciones de una zona residencial de clase media acomodada, lo que constituye una fuente importante de sobrevivencia. Independencia surgió en 1958 como resultado de una invasión concertada de terrenos ejidales. Los usufructuarios ya estaban involucrados en otras actividades y se percataron de que el valor urbano de sus parcelas era superior a lo que producía mediante explotación agrícola y con la colaboración de funcionarios del entonces Departamento Agrario y del gobierno de la ciudad, trataron de vender a los fraccionadores, quienes no aceptaron la oferta debido al impedimento legal que pendía sobre las tierras. Concertaron un arreglo con dirigentes de paracaidistas, pese a la oposición de un grupo de ejidatarios y del presidente del comisariado ejidal, quienes finalmente, dada la participación de funcionarios, accedieron mediante el compromiso de que su parcela no fuera ocupada. La invasión fue profesionalmente realizada y un año más tarde era un "fait accompli", obligando a las autoridades a pagar la compensación a las "víctimas", algunas de las cuales volvieron al área a realizar otros negocios. Los que quedaron fuera del arreglo, ahora lamentan su "falta de visión", dado que la tierra es cada día menos productiva y se han tenido que dedicar a otras actividades. Esta ciudad perdida mantiene un ambiente rural ya que los habitantes cultivan maíz y tienen algunos animales (cochinos, pollos y aun una vaca). Éste es un ejemplo de relaciones hostiles entre los habitantes del viejo pueblo y el nuevo asentamiento al que nos referíamos anteriormente.

En Independencia habitan 1 500 familias, con una población total de más de 10 mil personas, sin incluir a una gran cantidad de pobladores flotantes que se instalan provisionalmente con amigos o parientes hasta que obtienen trabajo y vivienda (con frecuencia solucionan ambos problemas dentro del mismo asentamiento). Debido al arreglo entre ejidatarios-paracaidistas y la complicidad de funcionarios de bajo nivel, el proceso de obtener la legalización de la tenencia de la tierra, fue menos complicado. Esto generó una organización interna sólida como medio para lograr la regularización de su ocupación. Los defraudadores oficiales instruyeron a los líderes de los pobladores acerca de cómo obtener dinero y facilitar los trámites ante las autoridades. Siete años después de la invasión, los dirigentes se dieron cuenta que sus amigables asesores los habían esquilmado. Sin embargo, su organización interna les permitió integrar comisiones que solicitaron la solución del problema. Consciente de las características y potencialidades del asentamiento, el regente de la ciudad resolvió favorablemente la regularización de las tierras, expidiendo título a cada poblador que presentó evidencia de haber estado en posesión de su tierra por más de cinco años.

Revolución está localizada en una mina de arena abandonada. Los fundadores de la colonia trabajaban en la mina y fueron ellos quienes invitaron a parientes y amigos. En 19 años, ha crecido a más de 2 mil 700 familias que lentamente se han ido extendiendo de los límites originales, ocupando terrenos de grandes posibilidades especulativas, lo que ha dado lugar a una larga historia de resistencia violenta. En este sentido las presiones de la clase media cuya zona rodea a la ciudad perdida, obligó a los propietarios de la mina a iniciar una lucha para desalojarlos del asentamiento espontáneo. Sus intentos han variado desde amagos de corrupción a los dirigentes hasta el envío de tractores para arrasar el asentamiento, lo que culminó con la muerte de dos niños y una mujer. Los líderes trataron sin éxito, de buscar apoyo del PRI o de los funcionarios gubernamentales, y como respuesta la policía hizo un último intento de desalojo que fue rechazado con piedras y palos. De esto, la prensa dio cuenta y las autoridades intervinieron, lo que si bien ha impedido el uso de la violencia, no ha conducido a la regularización de la tierra. En consecuencia, los habitantes siguen a la expectativa manteniendo una organización interna que ha servido en otros trabajos de beneficio comunitario.

b] *Características de los pobladores*

82 por ciento de los habitantes de Independencia no son originarios del Distrito Federal y el 18 por ciento restante proviene de comunidades dentro de los límites de éste, consideradas como rurales. En Revolución, encontramos condiciones similares (véase cuadro IV-VI) con migrantes de 18 estados de la República, repitiéndose la misma incidencia de oriundos de Guanajuato, México e Hidalgo, lo que implica que ambos asentamientos tienen un mosaico de costumbres y tradiciones que frecuentemente complican la vida intena por los conflictos culturales entre habitantes. Más de la mitad de los pobladores en ambas ciudades perdidas, son

CUADRO IV-VI

Independencia y Revolución

a) *Lugar de origen o período de tiempo viviendo en el área metropolitana*

Período de tiempo viviendo en el área metropolitana (en años)

Lugar de origen	Indepen- dencia	Revo- lución	1-10		11-20		20+	
			I*	R**	I*	R**	I*	R**
Distrito Federal	18.0	16.5	46.7	52.3	28.	18.2	25.3	29.5
Guanajuato	15.8	19.8						
México	13.9	12.6						
Hidalgo	8.8	14.5						
Puebla	5.7	5.0						
Otros	27.8	31.6						

b) *Agrupaciones a que pertenecen*

	Esperanza	El Ranchito
Sindicatos	1.0	5.0
Organizaciones religiosas	1.0	—
Organizaciones políticas	—	—
Cooperativas	—	—
Clubes deportivos	—	—
Asociaciones locales	—	—
Ninguna	98.0	95.0

* Independencia. ** Revolución.

iletrados y los alfabetizados tienen una escolaridad de 1 a 3 años, lo que contrasta con los habitantes de Esperanza y El Ranchito, donde el nivel era más alto, con una mejor calificación para el trabajo. Se da una obvia correlación entre esto y el éxito económico en la "gran ciudad" en términos de ocupación, aspiraciones y posesiones materiales, asimismo en visión del sistema político. En Revolución e Independencia éstos tienen menos confianza en sus potencialidades como individuos, por lo que tienden a mantener una mayor solidaridad como forma de defensa.

Las características económicas generales de Independencia y Revolución reflejan el bajo ingreso de los pobladores. Sus casas consisten de un cuarto de 3 por 4 metros con una o dos camas para todos los miembros de la familia; sólo la mitad de estas casas tienen un segundo cuarto con facilidades de cocina, pero la mayoría posee radio y televisor. La explicación para Revolución descansa en la inseguridad de la tenencia, y en ambos por los bajos ingresos que perciben hacen imposible construir una casa más permanente. Para el observador inexperto que juzga fríamente las condiciones habitacionales en ambos asentamientos, el resultado será pesimista, visión que no es compartida por los pobladores, quienes o bien comparan con lo que tenían en su lugar de origen o piensan en términos de lo que obtendrían en el futuro, dándole un valor temporal a sus condiciones actuales.

La estructura ocupacional es tan variada como el mismo sector terciario, incluyendo a trabajadores de la construcción, vendedores ambulantes, ayudantes de todo tipo, trabajadores calificados, veladores, jardineros, sirvientes, etc. Las mujeres trabajan en las zonas residenciales aledañas, obteniendo un complemento al ingreso familiar. La mayoría de los habitantes tienen que encontrar empleo en las inmediaciones del asentamiento debido al alto costo y escasas facilidades de trasporte con que cuenta el área. Algunos laboran en su casa como artesanos y venden sus productos una vez a la semana en el mercado, otros hacen pequeños trabajos dentro del asentamiento. El 60 por ciento de los que entrevistamos en Independencia y 58 por ciento en Revolución, señalaron que, la principal característica de sus ocupaciones es la naturaleza temporal, por lo que en muchos casos el ingreso de las mujeres es la única fuente para el sostenimiento del hogar.

c] *Organización interna*

La familia extensa es el patrón dominante de organización en ambos asentamientos, lo que se explica por la ausencia del problema de espacio, facilitando el acomodo de amigos y parientes. A pesar de lo cual, no encontramos evidencia de ninguna asociación regional ni aun con propósitos sociales, dando lugar al reforzamiento de vínculos familiares sin mayor énfasis en el lugar de origen.[32] Sin embargo, mantienen un mayor contacto con sus

[32] En junio de 1962, un juego de fútbol en Independencia entre los dos equipos del mismo asentamiento pero de diferentes áreas del país terminó con 3 personas heridas y 1 muerta. Desde entonces los líderes decidieron no permitir más equipos y sólo recientemente se ha permitido la integración de un solo equipo pero con personas representativas de las diferentes áreas del país.

comunidades de procedencia que con los habitantes de los asentamientos de las zonas urbanas. Realizan visitas al pueblo el día
de las madres, el día de muertos, el día del santo patrono. Los
solteros lo hacen con más frecuencia, viajes que aprovechan para
convencer a sus parientes o amigos de las ventajas urbanas. Una
vez que este vínculo desaparece debido a la muerte de los padres
o que los hermanos se convierten en adultos, la tendencia es a
disminuir sus contactos, proceso de desvinculación que lleva un
período aproximado de 10 años de citadinos, pero que no concluye realmente hasta que fallecen.

El uso del compadrazgo para reforzar los lazos afectivos es una
constante en las comunidades que investigamos, pero tales relaciones son esencialmente diferentes al patrón rural descrito por
Foster y Forbes, donde hay una tendencia a escoger como compadre un individuo que tiene mejor estatus social, buscando de esta
forma una cierta movilidad.[33] En las diferentes comunidades
urbanas encontramos que los factores centrales en la selección de
compadre son la vecindad y/o los vínculos de sangre. Hay diversas formas de entrar en relación a través de esta institución, la
más común a través del bautizo, para el cual no solamente se deben dar los dos requerimientos mencionados, sino además el pros-
pecto de compadre debe ser: "decente y buen amigo, si es una
pareja que estén bien casados, que sean pobres para que no se
diga que uno los eligió por interés".[34] Larissa Lomnitz encontró
los siguientes casos de compadrazgo en la comunidad que estu-
dió: "en orden de importancia, bautizo, confirmación, primera
comunión, boda, corona o entierro, santo, quince años, Niño Dios,
evangelios, graduación de primaria, hábito, sacramento, escapula-
rio, cruz y San Martín".[35] Esta forma ritual de relación cubre
cada aspecto de la vida y ayuda a ampliar la red de contactos,
haciendo más fácil el trato interno. Las razones para escoger un
compadre en los asentamientos coinciden con las que dicha autora
llama de tipo positivo como "buenos amigos, somos vecinos, queremos ser mejores amigos, ellos nos ayudaron o nosotros les ayu-
damos", o de naturaleza negativa: "les pedimos para vivir en paz
con ellos; era la única manera de llevarme bien con mi cu-
ñada"...[36]

---

[33] George Foster, "Godparents and social networks in Tzintzuntzan", *Southern
Journal of Anthropology*, 23 de marzo de 1969; Jean Forbes, *El sistema de
compadrazgo en Santa Ma. Belén Atzitzinititlan*, *Tlaxcala, México, 1971.*
[34] Lomnitz, *op. cit.*, p. 76.
[35] *Ibid.*, p. 77.
[36] *Ibid.*, pp. 787 *ss.*

d] *Servicios*

La provisión de servicios básicos como agua, electricidad, drenaje y la regularización de la tierra en orden creciente son las principales fuentes de control interno. Los líderes en estos asentamientos están interesados en que estos servicios no sean proporcionados por el gobierno y que la legitimación de la tierra, se retrase ya que cuentan con una forma de especulación insustituible. En Independencia hay hidrantes y a pesar de que fueron instalados debido a la presión de los pobladores, dos de éstos fueron colocadas en terrenos de un dirigente quien decide los horarios para obtener agua. Fuera de las horas indicadas se hace un cargo extra, ya que "después de las 7:00 p.m. el agua es más cara". No obstante que las autoridades de la ciudad nos mostraron evidencia de que nunca han cobrado por el uso del agua, los habitantes aceptan el cargo, ya que las llaves están en el terreno del líder quien les presta dinero, y la esposa receta en caso de emergencia. En Revolución un camión vende el líquido. El concesionario de este servicio da "mordida" a los líderes a fin de compensar por la autorización. Algunos de los vecinos sugieren que es factible aunque no confirmado que sea uno de los dirigentes el propietario del camión, sin manifestar inconformidad por el costo del servicio aun cuando algunos deben caminar más de 2 kilómetros para obtener agua.

Hasta hace 3 años, la electricidad que utilizaban los pobladores de Independencia provenía de una toma que un líder hizo traer de un punto distante al asentamiento. En consecuencia era propietario del servicio y vendía el equipo necesario para recibir electricidad, cobrando mensualmente de acuerdo a criterios de tipo personal. Las diferentes comisiones que plantearon a las autoridades su demanda, no tuvieron éxito, hasta que en 1969 el candidato presidencial visitó un área cercana y se le hizo la solicitud de que se les instalara energía eléctrica. "La respuesta fue como de costumbre una promesa, y una mujer le contestó que nadie creía en las promesas y le dio un papel al candidato pidiéndole que señalara por escrito su promesa", la mujer sigue teniendo ese documento y la electricidad fue instalada en el asentamiento 4 meses después de que Echeverría llegó a la presidencia. Los habitantes de Revolución toman la electricidad directamente de los alambres que van a las residencias contiguas, pero deben pagar un cierto cargo a uno de los líderes que es electricista, a fin de instalar y componer aparatos.

En Independencia hay una primaria construida con materiales

proporcionados por el CAPFCE. Dado que solamente tienen dos maestros para los seis grados, tomaron la decisión de no aceptar aspirantes ajenos al asentamiento, aun cuando la razón es que las relaciones con la población cercana son tensas y durante los años que el asentamiento no tuvo escuela, los niños tenían que viajar dos horas para asistir a una, dejando a muchos sin oportunidad de hacerlo debido al costo del trasporte. La escuela es objeto de orgullo en la comunidad y también en este caso un líder tiene el control de la entrega de materiales para los estudiantes, así como de la pequeña miscelánea y de las diversas actividades organizadas por el plantel.

e] *Liderazgo*

El liderazgo en ambos asentamientos está en manos de los no marginados, que tienen un nivel más alto de educación que el promedio de los habitantes, así como un ingreso razonable y sobre todo los contactos necesarios con el exterior que los convierte en personajes claves para el asentamiento. En Independencia, dos de los líderes trabajan en el Departamento del Distrito Federal, otros dos en distintas dependencias gubernamentales y el último, es el jefe de seguridad de una compañía privada. En Revolución, donde las condiciones internas han creado una organización más desarrollada y un alto sentido de comunidad, el liderazgo se basa en el terror. Uno de los dirigentes es sargento del ejército, y los demás están dedicados a actividades desconocidas, aun cuando su ingreso es claramente más alto que el resto de los pobladores. En ninguno de estos asentamientos, tienen éstos, la oportunidad de escoger a sus líderes, quienes a pesar de no tener unidad entre ellos, han hecho una distribución aparentemente equitativa de las diferentes fuentes de explotación. Aun cuando hay razón para creer que esta competencia facilita la relación entre líderes y pobladores, la evidencia para sustanciar esta afirmación es mínima, ya que como hemos señalado su fuente de poder y de legitimidad descansa principalmente en sus contactos externos y en forma secundaria en algunos logros materiales. En los últimos años, las mujeres que han surgido como alternativa a los dirigentes tradicionales son la única prueba de malestar que se ha dado en contra de éstos. Las mujeres han sido encargadas de cuidar el dinero comunitario y han demostrado ser más eficientes que sus contrapartes masculinos ya que utilizan un lenguaje directo que contrasta con la retórica vacía de los líderes, con quienes mantienen una buena relación ya que se les considera corruptos pero necesarios. Su tenacidad para pasar largas horas en las antesalas de los diferentes funcionarios de alto nivel con quienes desde luego explotan su estatus de "humildes, abandonadas, perdidas, desamparadas y desilusionadas, pero siempre fieles servidoras de la patria", las hace singularmente más operativas. Coinciden en que con "la excepción del regente de la ciudad y otros 2 o 3 altos funcionarios del D.D.F., el resto solamente busca proteger a los ricos, porque tienen el dinero y la influencia para lograr una respuesta mucho menos burocrática a sus peticiones" (véase cuadro IV-III).

Las relaciones dependientes son bien claras dentro de los asentamientos así como hacia afuera, la sensación de estar desprotegidos los hace objeto de una relación de explotación, misma que se configura a base de símbolos de fuerza como la amistad de un líder, con un policía o la habilidad para argumentar con fluidez. Ésta es una de las razones por la cual se requiere poca violencia para mantener tranquilos a los pobladores, quienes aceptan la relación desigual y dependiente como consecuencia de su desprotección. En Revolución, debido a la situación legal respecto a la tenencia de la tierra, a dos de los líderes se les han concedido poderes para ubicar y desplazar a las familias de un terreno a otro, con el argumento de que los ocupantes han utilizado inadecuadamente la tierra. Estos dirigentes se han asignado los mejores predios de tal manera que al darse la regularización habrán logrado un beneficio importante. Los líderes consideran a los pobladores "como humildes pero de buen corazón aunque extremadamente ignorantes", por lo que su presencia se explica como indispensable a fin de lograr el bienestar del asentamiento. Uno de ellos nos dijo: "Nosotros estimamos que todo lo que se ha logrado en beneficio de la comunidad se debe a nuestras influencias y contactos, la única recompensa que obtenemos es el respeto y la gratitud de los pobladores. No resentimos la intervención de las mujeres, ya que después de todo están atendiendo otro tipo de problemas distintos a los que nosotros vemos, por lo que nunca nos estorbamos." Hay un grupo que les auxilia en la tarea de controlar al asentamiento, especialmente como informantes, propiciándose una competencia entre la gente joven, para lograr la confianza de los líderes sea con el objetivo de obtener un trabajo mejor o de convertirse en heredero de algunos de ellos.

La imagen del sistema político que tienen estos pobres de la ciudad, no les permite considerar los métodos violentos como medios para lograr beneficios individuales o colectivos, utilizando la paciencia y la perseverancia como estrategia de acción. (Véase cua-

CUADRO IV-VII

Uso de violencia

¿Cómo cambiaría las condiciones sociales y políticas del país?	*Esperanza*	*El Ranchito*	*Independencia*	*Revolución*	*Luna*	*Topo y Paloma*
A través de medios pacíficos, con ayuda de este gobierno	90.5	92.0	95.3	87.6	89.8	93.7
A través de otro gobierno	—	—	—	1.0	2.2	—
A través de medios violentos	—	—	—	—	—	3.3
No sé	9.5	8.0	4.7	11.4	8.0	3.0

dro IV-VII.) Durante los acontecimientos de 1968, los habitantes de Independencia fueron requeridos por un grupo de estudiantes que por un período les había proporcionado asistencia médica y asesoramiento legal, para que participaran en concentraciones dentro del *campus*. Los pobladores reaccionaron pidiéndoles que se alejaran del asentamiento, mientras los líderes proporcionaron evidencia de que "eran comunistas y que estaban en contra del gobierno". Su conciencia acerca de la violencia institucional y de los diversos medios que las autoridades tienen para liquidar cualquier foco de descontento, producto en parte de sus experiencias en los lugares de origen, sea con los terratenientes o con las autoridades locales los ha llevado a adoptar una actitud pasiva y en el caso extremo que las cosas no marchen bien en el asentamiento, prefieren abandonarlo evitando en todo momento la confrontación.

El sentido comunitario está limitado a ciertos aspectos y nadie espera que los vecinos colaboren en un asunto personal; por el contrario, parece que como resultado tangible de la exposición urbana hay la tendencia a aceptar que solamente los parientes cercanos están dispuestos a ayudar. El sentido de desconfianza hacia el resto de los vecinos está muy difundido y tienen temor de entrar en conflictos sobre problemas menores tales como riñas de los niños, perros que ladran o bien incidentes con personas en estado de ebriedad, por lo que se explica el bajo índice de robos o de asesinatos.[37]

En Independencia y Revolución hay certeza de que sus niveles de vida han mejorado considerablemente en comparación con lo que habían experimentado en su lugar de origen o bien con la situación de sus padres. Esto contrasta con los habitantes de Esperanza y El Ranchito, quienes están convencidos de que sus condiciones no se han alterado considerablemente (véase cuadro IV-II). Creen que sólo el trabajo intenso y la educación para sus hijos pueden asegurar el éxito en sus vidas. A pesar de que muchos trabajan en un ambiente lujoso de las áreas residenciales, no hay evidencia para sugerir un resentimiento que pueda ser trasformado en violencia. Esto no significa que carezcan de una concepción clara de la desigualdad, pero consideran que es posible acabar con la disparidad a través de un buen empleo (véase cuadro IV-III).

Su percepción de la justicia está inevitablemente ligada a diversos factores, a los cuales les atribuyen un peso específico importante tales como su carencia de recursos económicos, poder político,

---

[37] Un policía está encargado de la seguridad de Independencia. Es iletrado e incapaz de mantener un expediente excepto experiencias anecdóticas. Piensa que los originarios de Guerrero son violentos pero que normalmente proporcionan sus servicios fuera del asentamiento.

prestigio y sobre todo de los contactos adecuados para acercarse a las fuentes de poder. La situación difícil a través de la cual ha atravesado Revolución con un mínimo de apoyo por parte de las autoridades y un claro favoritismo hacia el área cercana de clase media, les da un alto grado de desconfianza por lo que se refiere a la aplicación de la ley. La policía es ampliamente concebida como el peor enemigo y le siguen de cerca los funcionarios de bajo nivel de las distintas dependencias gubernamentales con los que tienen contacto. La magnanimidad y la generosidad del presidente al proporcionarle electricidad a Independencia y un centro de recreación a Revolución, es la razón por la cual, los habitantes de estas áreas tienen una gran esperanza en el espíritu justo del jefe del Poder Ejecutivo (véase cuadro IV-VII).

Sólo dos por ciento de los habitantes de Independencia pertenecen a una organización de cualquier tipo (cultural, social, política, deportiva, sindical o religiosa) y en Revolución solamente el 5 por ciento. Siendo más alto en este último, debido a que algunos de los habitantes trabajan en las minas de arena o en la industria de la construcción y se convierten automáticamente en miembros de un sindicato que es parte de la CTM. Sin embargo, ninguno de ellos con excepción de uno, sabe algo acerca del sindicato, salvo que una pequeña cuota se les descuenta automáticamente del salario así como su obligación de estar presentes el día 1 de mayo en el Zócalo de la ciudad de México, y en otras celebraciones adonde se les convoca con cierta regularidad.

f] *Período electoral*

Las actitudes generales de los pobladores hacia el sistema político que discutimos anteriormente y el bajo nivel de afiliación a las diferentes organizaciones funcionales, podrían sugerir una baja incidencia en las urnas electorales. Pero su descontento y cinismo se manifiesta en una forma diferente a la abstención. Consideramos que durante el período preelectoral se da la única oportunidad para acercarse realmente a la maquinaria política y obtener beneficios recíprocos de ésta. Esto contrasta con la situación de Esperanza y El Ranchito donde la etapa previa a la votación no tiene mucho efecto.

Cuatro meses antes de las elecciones de 1973, los habitantes de Independencia empezaron a recibir la visita dominical de brigadas médicas del PRI, lo que indicaba la inminente elección. Las brigadas no hicieron campaña en favor de persona alguna, mientras los líderes del asentamiento entraban en contacto con los ayudantes del candidato, a fin de discutir los detalles del apoyo tanto en términos de manifestaciones, mítines en Independencia y en otros lugares donde se requería una concentración masiva. Entre los pobladores, el ánimo era de absoluta apatía y cinismo: "Esta vez no me van a obligar a mover fácilmente como lo hicieron antes."

El PRI tenía un interés especial en este distrito electoral debido a que su candidato, habría de obtener un puesto importante en el Congreso una vez que fuese electo. El nominado era un hombre de una larga militancia dentro del partido, extremadamente rico y con plena convicción de que era importante obtener una muy buena actuación, a fin de legitimizar su importancia dentro de las filas del partido. A la primera reunión fuera del asentamiento que los habitantes fueron invitados y a la cual varios autobuses fueron proporcionados a fin de llevarlos a la ceremonia, hubo una raquítica asistencia que mostró la indiferencia de los pobladores. Niños y mujeres fueron los únicos que estuvieron presentes, dejando a los líderes locales en una situación difícil en lo que se refiere a la opinión que el candidato tenía de ellos, quien de inmediato cambió su estrategia pidiéndole a las mujeres más activas del asentamiento le concedieran una entrevista, en la que dejó claro su interés y pidió abiertamente cooperación para lograr una campaña masiva de registro de electores. El padrón que normalmente no está actualizado, fue tomado por el candidato como punto de partida importante, mientras las representantes exigieron "incentivos" para los pobladores dejando claro que éstos se deberían dar de inmediato a fin de lograr el apoyo masivo: "el pueblo está cansado de promesas, así que queremos mostrar que cualquier participación está condicionada a los beneficios que vamos a obtener".[38]

La campaña de empadronamiento fue apoyada por las mujeres representantes que se convencieron de que el candidato era un hombre muy fuerte en el partido y en el gobierno, combinación que aseguraba mayores ventajas para el asentamiento. El registro de ciudadanos daba derecho a un boleto para un festival de madres, en el cual se rifaban una serie de premios, incentivo que hizo crecer el padrón 7 veces por encima del número real, dado que los pobladores se registraron en cada oficina con el propósi-

---

[38] Nadie aceptó que la connotación real de esta palabra era regalo o concesión, pero algo menos material, un estímulo para aclarar que la otra parte estaba dispuesta a hacer algo y no solamente a pronunciar discursos ("Diario de campo").

to de recibir un nuevo boleto para el festival de madres. El "licenciado" como era popularmente conocido el candidato, no aceptó la sugerencia de sus ayudantes de suspender el festival, como medida recriminatoria. Durante la campaña, un grupo de voluntarios se dedicaron a enseñar a los pobladores cómo votar, mostrándoles una copia de la boleta electoral que debían usar el 1 de julio. El PAN que nunca hace campaña en estos asentamientos, argumentó que este tipo de promociones desorientaban a la población más ignorante, enseñándoles únicamente a cruzar el emblema del PRI. No hay evidencia para apoyar esta afirmación, para nosotros en estos asentamientos hay plena convicción en favor del PRI, por las razones prácticas que hemos apuntado.

Cuando el candidato visitó Independencia, el asentamiento se había empadronado en su totalidad. Con 24 horas de anticipación a su arribo, aparecieron una avanzada de propaganda y las brigadas asistenciales (doctores, farmacia, peluquería, comida, etc.) las pocas paredes del asentamiento fueron pintadas con consignas tales como "seguridad en la tenencia de la tierra para cada ciudadano; vivienda popular; prometo pelear en contra del latifundismo urbano". La visita triunfal tuvo como acto principal el discurso del "licenciado". "Amigos revolucionarios, les doy las gracias por haberme dado su apoyo como representante de este distrito... si logro obtener su voto el día de la elección, estaré tan cerca del pueblo, y tan cerca de sus corazones y con una obligación con ustedes no para 3 años sino para toda mi vida. Yo no creo en hombres que alcanzan las más altas posiciones de la vida y después olvidan a la gente, al pueblo. Creo que entre más alto lleguemos, más cerca debemos estar de la miseria del pueblo tal como nos lo ha enseñado nuestro presidente, quien está cerca todos los días de los campesinos y de los marginados de este país. Quienes como yo tuvimos el privilegio de haber asistido a la universidad, tenemos igualmente la obligación más grande con el pueblo. Tenemos que pagarle al pueblo este regalo que nos ha hecho tan pronto como podamos. El candidato que olvida a sus electores y nunca regresa a su distrito comete un error y comete una traición al partido y a sus convicciones revolucionarias. Prometo hoy, enfrente de mi esposa y de mis hijos, que nunca traicionaré la confianza de los habitantes de Independencia. Muchos honores y títulos he recibido de muchas comunidades en mi larga carrera política, pero el más valioso de todos es el que me ha entregado la señora María Luisa esta mañana, el de protector de los humildes." [39]

[39] Una de las lideresas de Independencia.

Después del discurso un hombre joven que no estaba incluido en el programa, le pidió al candidato que interviniera para obtener la legalización de la tierra para 20 familias que no fueron incluidas durante la regularización masiva. Prometió que lo haría y aprovechó para hacer una observación acerca de aquellos que se habían registrado en el padrón electoral 8 o 9 veces con el propósito de obtener un boleto del festival de madres: "Yo anhelaría que esas personas que se registraron 8 o 9 veces pudiesen votar el mismo número por mí." Todos coincidieron en que ésta había sido la mejor parte del mitin, al darse cuenta que si bien no habían engañado al candidato, éste aceptó con un gran sentido del humor la violación de la ley. Los títulos de propiedad fueron entregados a las 20 familias 3 días después de que se presentó la petición, consolidando la confianza y la buena voluntad del pueblo por el candidato.

Al final de su campaña, la cual abarcó un distrito con asentamientos semejantes a Independencia, había recorrido cada uno de éstos en forma intensiva. Sus ayudantes organizaron 25 festivales de madres, donde se rifaron 200 licuadoras, 50 máquinas de coser, 100 planchas, 25 estufas, 550 cuchillerías, 50 cámaras fotográficas, 100 toneladas de azúcar, 150 toneladas de arroz, 125 mil plumas, 24 mil peines, 200 mil cuadernos, 65 mil sombreros, 55 mil impermeables, 10 mil litros de miel, 340 mil distintivos de campaña, 35 mil cartelones, 25 mil carteras, 50 mil pañuelos, 25 aparatos de televisión, 100 radios de transistores, 10 refrigeradores, 5 ambulancias y 50 mil pesos en premios de 500 pesos. El costo estimado de la campaña de acuerdo al ayudante principal del candidato fue de 8 millones de pesos, cantidad que puede no ser exacta pero lo más importante es que la inversión es motivada por la resistencia de los pobres de la ciudad a sufragar mecánicamente. La votación en este distrito fue la más alta del país, muy por encima de cualquiera dentro de las zonas urbanas.

Además de las compensaciones materiales los pobladores adquirieron conciencia del poder del candidato dentro del gobierno, convirtiendo sus oficinas en el centro de todo tipo de peticiones individuales, cartas de recomendación para obtener trabajo, dinero en efectivo para comprar comida o medicinas, y otras formas de ayuda inmediata. Después de la elección regresó al asentamiento con un grupo de funcionarios de mediano nivel del Departamento del Distrito Federal, a los cuales les mostró las áreas de la escuela que se habían inundado, pidiéndoles la pavimentación de la entrada principal. "Es un hombre que hace las cosas, de convicción, y con conexiones bien arriba", apuntó un vecino a quien semanas más tarde lo vimos trabajando en tareas comunitarias con los materiales que envió el gobierno de la ciudad. El asentamiento siente tener una deuda con el diputado y están dispuestos a pagarla, lo que confirma su tesis de que sólo los poderosos son amigos de los pobres de la ciudad. Esta convicción no es institucional sino personal, esto es, no se trata de un compromiso con el partido o con el gobierno sino con los individuos designados por estas instituciones. Alguien señaló: "En el futuro, cuando se vuelvan a celebrar elecciones lamentablemente tendremos que atravesar por los mismos procedimientos, pero lo más triste es que vamos a encontrar que el PRI, no ha designado un hombre realizador, sino más bien a un individuo con gran capacidad para hacer discursos; y la lucha por los beneficios mutuos tendrá que llevarse a cabo."

Para confirmar esta aseveración, el partido dominante designó como candidato a un individuo de corte tradicional, sin recursos económicos propios y poseedor de una retórica incendiaria producto de su militancia en organizaciones campesinas disidentes ahora incorporadas al PRI mediante el Pacto de Ocampo. A los habitantes de este asentamiento les ha causado una profunda amargura el cambio cualitativo de un personaje relevante de gran influencia política, al discurso monótono lleno de promesas de largo alcance pero de escasa viabilidad. Su reacción ha sido de absoluta indiferencia la que difícilmente se trasformará en la euforia del sufragio que generó el candidato anterior. Por lo que respecta al aspirante presidencial, sintieron que su paso por la localidad fue tan rápido que difícilmente se percató de sus problemas. Sin embargo, en él como en los anteriores candidatos presidenciales del PRI mantienen su única y última expectativa.

A diferencia de Esperanza y El Ranchito, para estos pobladores la votación no es un ejercicio cívico como algunos autores han generalizado, sino un objeto negociable. Aun cuando no hay duda que las partes son siempre las mismas: PRI-pobladores, no se trata de un acto mecánico, sino es el resultado de un compromiso mutuo que nunca rebasa el día de la elección, es decir, no es la teoría de la representatividad la que opera, sino el juego de la manipulación recíproca donde los hechos concretos e inmediatos son los únicos válidos (véase cuadro IV-IV).

Como hemos apuntado los pobladores y dirigentes de Revolución tienen una relación muy tensa con las autoridades y con el partido, manifestando hostilidad a cualquier extraño que se interne en el asentamiento. Las mujeres de las zonas residenciales aledañas han sido las únicas que han penetrado creando un dispensario con la cooperación de los pobladores, que está atendido por un médico que acude diariamente un par de horas, además de tres enfermeras en forma permanente. La población infantil del asentamiento es muy numerosa, en consecuencia las infecciones y muertes prematuras son frecuentes, ya que el dispensario es insuficiente para una comunidad tan populosa y su resentimiento contra las autoridades por la escasa atención que les han brindado, ha impedido la prestación de servicios médicos oficiales. En 1973, un grupo de mujeres visitó a la esposa del presidente de la República quien ordenó una investigación para esclarecer las condiciones económicas y sociales del asentamiento, informe que consignó: "se trata de una comunidad amarga, frustrada y bastante hostil, profundamente cansada de los políticos y de las autoridades gubernamentales exceptuando el presidente y su esposa. Las condiciones sociales son reflejo de una extrema pobreza, miseria y condiciones insalubres para los pobladores especialmente niños".[40] Seis meses más tarde el INPI abrió un centro con hospital, escuela primaria, guardería, campos deportivos y desayunos para los menores de 10 años, lo que en vista de la campaña electoral despertó una actitud aún más hostil hacia los funcionarios menores y los ayudantes del candidato. Las consignas pintadas por los habitantes de Revolución cuando aquél hizo su visita eran sumamente agresivas: "hechos y no palabras; agua, drenaje, electricidad y no revolución; muerte a la corrupción", causando un momento embarazoso a los líderes locales ya que se tuvo que diferir el mitin oficial.

El candidato hizo contacto con los dirigentes radicales y más representativos quienes exigieron que la CONASUPO enviara sus mercados sobre ruedas, 2 veces por semana. Le mostraron evidencia de la desigualdad, ya que estos camiones acuden a las zonas de clase media una vez a la semana y que para adquirir comida subsidiada tenían que trasladarse hasta esas áreas para realizar sus compras. Afortunadamente para el aspirante, tuvo posibilidad de lograr el acuerdo en un plazo breve, ganando cierta confianza que contribuyó a crear un clima más accesible para la visita oficial, el día de la cual invitó a tres figuras populares (al mejor jugador de fútbol nacional, a un campeón mundial de box y a una actriz conocida). Para este candidato el voto del asentamiento era fundamental, ya que su distrito abarcaba un área de clase media donde la actitud hacia el gobierno es bastante negativa, lo que

---

[40] En la apertura del Centro en Revolución la esposa del presidente leyó esta parte del informe dentro de su discurso.

aseguraba que su voto iría masivamente a la oposición (como efectivamente sucedió).

La reacción después de la reunión fue fría y solamente la presencia de las celebridades lograron evitar manifestaciones hostiles. Unos días antes de la elección se distribuyeron una serie de panfletos señalando: "¿Quieres que tus hijos vayan a la escuela?, empadrónate y vota. ¿Quieres recibir asistencia médica en el hospital?, empadrónate y vota. ¿Comida barata?, empadrónate y vota." No había ninguna mención del partido o del candidato pero era obvio que se trataba de una amenaza anónima, no obstante que éstos reiteraron su inocencia, se entendió como un mensaje de la maquinaria gubernamental y política, por lo cual a pesar de disposiciones jurídicas en contrario se procedió a continuar con el empadronamiento hasta el día de la elección.[41] (Véase cuadro IV-IV.)

VI. COLONIA LUNA

a] *Tenencia de la tierra*

Debido a la distribución desigual de la creciente población de la ciudad de México, y a una serie de restricciones legales en la apertura de nuevas áreas residenciales, la clase media se vio obligada, especialmente durante el período 1950-1966 a abandonar el Distrito Federal. Su atención se dirigió a través de una campaña de publicidad hacia las mejores partes del vecino estado de México habilitándolas como áreas adecuadas para vivir, con la ventaja de formar parte del área metropolitana de la ciudad de México, y sujeta a controles administrativos y fiscales distintos. Nuevos caminos, servicios y todo tipo de ventajas hicieron de estos fraccionamientos lugares populares en unos cuantos años.

Al mismo tiempo, los marginados empezaron a abandonar el centro de la ciudad, trasladándose hacia la zona "deprimida" del mismo estado de México, previa movilización de la mercadotecnia ofreciéndoles servicios urbanos y lo más convincente: la oportunidad de convertirse en propietarios de un pequeño pedazo de terreno. El lugar "ideal para este tipo de desarrollo fue el an-

---

[41] La Ley Federal Electoral obliga a todas las personas mayores de 18 años a votar. La sanción es de 6 meses de cárcel o 10 mil pesos de multa. Hay otros mecanismos de coacción ya que con frecuencia se requiere la presentación de la credencial de elector a fin de obtener trabajo o algunos servicios públicos.

tiguo Vaso del Lago de Texcoco, el cual era altamente costoso urbanizar y además por sus características topográficas hostiles era imposible convertirla en una zona de clase media. En 1958 cuando el área estaba habitada por 12 mil personas, se aprobó una nueva ley a fin de proteger a los potenciales adquirientes exigiendo a los fraccionadores que los terrenos en venta, tendrían que contar con los servicios esenciales (agua, electricidad, drenaje).

Los especuladores usaron este instrumento legal para aumentar su campaña masiva señalando que estaban satisfaciendo los requisitos de ley, lo que hizo aumentar a 65 mil el número de habitantes según el censo de 1960, viviendo con las promesas pero sin ningún servicio. Esto generó el funcionamiento de monopolio de servicios: dado que a la ausencia de éstos, se agregaba el aislamiento del área urbanizada por la falta de trasportes públicos, para cuyo abordaje debían caminar dos o tres kilómetros.

La colonia Luna es una de las 59 subdivisiones que forman Nezahualcóyotl, la cual es por ahora la segunda municipalidad en el país excluyendo a la ciudad de México, con una población estimada en 1 millón 900 mil personas.[42] La colonia está localizada al norte del remanente del lago (una fuente de infecciones), al este de la salida del sistema rudimentario de drenaje de la municipalidad y al sur de otras colonias con las mismas características. El terreno es salitroso y en proceso avanzado de erosión lo cual impide que haya zonas verdes sufriendo considerablemente las condiciones extremas durante las diferentes estaciones del año, lodo e inundaciones durante el verano y tormentas de polvo el resto de los meses. Durante la expansión de Nezahualcóyotl, los compradores no llegaron a cuestionar la situación legal del terreno que estaban adquiriendo, pues consideraban que el gobierno estatal estaba sancionando la venta al otorgar el permiso para fraccionar. Su preocupación y larga lucha empezó cuando se dieron cuenta del fracaso para obtener los servicios que les habían prometido, sin que esto fuera el síntoma más grave de un posible fraude. Varios años después quedó claro que los legítimos propietarios del área no eran los fraccionadores, sino la comunidad indígena de Chimalhuacán cuyos descendientes aún conservan los títulos, que les fueron otorgados durante la Colonia. En las primeras tres décadas de este siglo, los chimalhuacanos estaban concentrados en San Juan Pantitlán, un pequeño pueblo dentro del área ahora en disputa, el resto de la cual no estaba poblada. El merca-

[42] Gobierno del estado de México, mayo de 1973. En el censo de 1970 tenía 651 mil personas aunque se acepta que ambos datos han sido subestimados.

do de San Juan era un lugar popular debido a la variedad de pescados, pájaros y verduras que provenientes de la zona se vendían en sus locales. Durante los años cuarentas, sólo una década después del decreto, se promovió el desecamiento del lago, obligando a la población rural a desvincularse de sus actividades tradicionales debido a la falta de agua. Las autoridades del estado de México legalizaron indebidamente títulos espurios que presentaron los especuladores, permitiéndoles continuar con la venta hasta 1965, cuando los representantes de la comunidad indígena cuyo líder era una anciana, empezaron a ser visitantes permanentes del Departamento Agrario, exigiendo el reconocimiento de sus derechos.

Por otra parte, se creó el Movimiento Restaurador de Colonos con el propósito de presionar a los fraccionadores y al gobierno a fin de deslindar responsabilidades por el suministro de servicios básicos y la titularidad de los terrenos, por cuyo concepto habían pagado mensualmente. Los fraccionadores respondieron corrompiendo a las autoridades municipales que acusaron a los líderes de ser "subversivos y oportunistas", creando desconcierto en la nueva organización que perdió su inercia y popularidad inicial. Dos años después, el MRC reinició una amplia campaña de concientización requiriendo a los colonos para suspender el pago de las mensualidades, creando comités de manzana a fin de evitar juicios sumarísimos de desalojo dando lugar a una organización popular alejada del control del PRI. El nuevo gobernador del estado de México consciente de los hechos, inició una campaña a nivel de la comunidad, creando un fideicomiso con el apoyo de la Nacional Financiera que quedó como fideicomisario, obligando a los fraccionadores a entregar todos los documentos en su poder como así también los títulos de terrenos aún desocupados. El total de esta cartera era de mil millones de pesos, de lo cual el 40 por ciento fue pagado en efectivo a los fraccionadores y el resto para desarrollo urbano, quedando como acreedor el Estado y no los especuladores. En dicha operación, no se incluyó un cuestionamiento de los títulos con que habían sido vendidos los terrenos, asumiéndose que 50 millones de pesos era una compensación razonable para la comunidad indígena de Chimalhuacán.

Al respecto el gobernador del estado de México, profesor Carlos Hank González declaró: "...y a fin, igualmente, de atender en debida forma, en vista de la indiferencia con que actuaron ciertos fraccionadores, los servicios municipales del nuevo municipio (sic) y de Ciudad Nezahualcóyotl, indispensables para la vida higiénica y salud de sus moradores, como lo son, entre otros, la introducción de agua potable, redes de drenaje, pavimentación, guarniciones, banquetas y luz eléctrica: independientemente de ser inaplazable la legal tendencia de los lotes de terreno que retienen la fecha (sic), en posible o aparente propiedad los fraccionadores que firman este contrato..." El presidente Echeverría señaló en su visita a esta ciudad el 10 de mayo de 1973: "El fideicomiso ha permitido que el dinero que el colono con tanto esfuerzo gana, no sea para pagar en 100 por ciento al fraccionador. Por desgracia, habremos de entregarle parte, porque así dicen las leyes de México; porque no podemos, desde el gobierno trasgredir la ley sin caer en la anarquía."

El 10 de mayo de 1974 a la pregunta de si era legítimo que se les diera dinero a los fraccionadores, el gobernador Hank Gonzáles respondió: "No deberíamos darles ni cinco centavos, pero legalmente es difícil." Y el jefe del Departamento Agrario, Gómez Villanueva, fue más explícito: "Lo cierto es que los fraccionadores aportaron títulos que fueron expedidos en el pasado por el gobierno de la República; títulos que, además intentó nulificar el general Cárdenas y acerca de los cuales también hubo de por medio un fallo de la Suprema Corte de Justicia".[43] A pesar de la abrumadora evidencia aceptada por tan altas autoridades, el fideicomiso "legitimó lo ilegítimo" convirtiéndose en un instrumento *ad hoc* para intentar la mediatización de demandas inaplazables.

A nivel individual, los líderes del MRC recibieron una posición dentro de la municipalidad o del PRI. No obstante, la desintegración del MRC, fue vista como la única solución factible dado que sus propósitos habían sido alcanzados. Un ataque contra el fideicomiso empezó a tomar fuerza durante la última parte de 1973, pero los organizadores bajo presión del gobierno desistieron. Claramente las características de un movimiento de este tipo, hubieran tenido connotaciones distintas dado que la protesta hubiera estado orientada contra una solución gubernamental y no contra los fraccionadores como hizo el movimiento.

Algunos de los habitantes de la colonia Luna apoyaron activamente el MRC, ya que en este asentamiento la tenencia es más oscura que en otros. En nuestro trabajo de campo no encontramos un propietario que hubiese recibido los títulos a pesar de haber cubierto el total, sin que esto haya dado lugar a una organización interna menos dispersa y difusa que en el resto de la municipalidad. Esto está estrechamente relacionado al origen de los

⁴³ Martín de la Rosa, *Nezahualcóyotl*, México, FCE, 1975, p. 22.

colonos con un 58.7 por ciento que provienen del Distrito Federal y el resto de 23 estados de la República pero con una larga exposición urbana (véase cuadro IV-VIII). El nivel de conflicto, dada la diversidad de tradiciones y de costumbres, es el más alto que encontramos en nuestra investigación dando lugar a un clima de violencia interna que es prácticamente desconocida en los otros asentamientos, lo que obliga a los colonos a asumir una actitud altamente individualista y poco inclinados a participar en trabajo comunitario. Con el agravante de que la mayoría trabajan fuera de Nezahualcóyotl invirtiendo un promedio de 3 a 4 horas diarias en trasporte, ya que la colonia Luna es el punto más distante de la carretera México-Puebla, donde se localizan las mejores formas de comunicación. Para ellos, la colonia es solamente un dormitorio, "dejando las consecuencias difíciles de vivir ahí a las mu-

CUADRO IV-VIII

Colonia Luna

a) *Lugar de origen o período de tiempo viviendo en el área metropolitana (en años)*

		Período de tiempo viviendo en el área metropolitana		
Lugar de origen		*1-10*	*10-20*	*20+*
Distrito Federal	58.7	6.5%	10.3%	83.2%
Estado de México	9.7			
Guanajuato	6.9			
Oaxaca	5.2			
Michoacán	4.9			
Otros	14.6			

b) *Agrupaciones a que pertenecen*

	%
Sindicatos	28.4
Asociaciones religiosas	8.5
Organizaciones Políticas (CNOP, CTM-PRI)	51.5
Clubes deportivos	14.7
Asociaciones locales	—

jeres y a los niños". La vivienda es de más bajo nivel que en Independencia y Revolución y con una mayor densidad. La diferencia es que tienen más muebles debido a que perciben un ingreso más alto que invierten de esta manera.

El sentido de aislamiento de los habitantes no sólo de esta colonia sino de la municipalidad ha contribuido al surgimiento de un mercado interno, basado en un sistema de crédito con pequeños negocios e inversionistas que por una parte hacen atractivas concesiones a los clientes y por otra se apoyan en un aparato jurídico de represión y eventualmente en la policía. La Cámara de Comercio de Nezahualcóyotl tiene registradas 364 mueblerías, la mayor parte de ellas propiedad de inmigrantes españoles que venden diversos objetos dando facilidades de descuento y haciendo cargos muy onerosos por el crédito. El propietario de una de estas mueblerías nos mostró un mueble que en menos de 11 meses había sido poseído por 8 diferentes personas. Normalmente, entre los concesionarios mantienen una brigada de 62 abogados, además de un estrecho contacto con la policía local a fin de obtener el dinero y/o los muebles dentro del período fijado.

b] *Organización interna*

Como en Esperanza y El Ranchito, la familia compleja es el único vínculo de los colonos, aun cuando en términos generales tienen un buen número de amigos y parientes dentro de la municipalidad.

Además de estas relaciones, recuerdan con amargura los diversos intentos que hicieron en la década pasada para participar en organizaciones comunitarias, encaminadas a proporcionar servicios básicos mediante colectas públicas, cuyos deficientes resultados dieron lugar a varios monopolios. Lo único que siguen haciendo en común es el pago de un camión-pipa que trae agua a la colonia, y durante la temporada de lluvias cuando el lodo es un obstáculo para entrar a la colonia, el servicio lo proporcionan dos "burreros". La colonia está ubicada bajo los cables de alta tensión, para cuyo aprovechamiento adquirieron dos trasformadores especiales que se instalaron en el predio de la lideresa, quien distribuye ilegalmente el servicio de electricidad mediante el pago de una cantidad. Los colonos sospechan que ella es responsable de la pérdida constante de los cables dado que deben pagárselos cada vez que se pierden. A pesar de que disfrutan de mejores niveles de salario o de acceso al empleo que en las otras comunidades investigadas, las condiciones de vida son peores que en cualquier otra de las áreas investigadas con excepción de la colonia Rubén Jaramillo y de Paloma. Esto se debe a que los habitantes de aquellos asentamientos no están obligados al pago de su terreno y tampoco han sido víctimas de fraccionadores urbanos. Otro elemento de desinversión para los colonos es la cantidad de dinero que deben gastar en trasporte a sus fuentes de trabajo, sin embargo, hay optimismo respecto a su futuro, aunado a la seguridad que les da el pago de sus terrenos, lo que crea una diferencia social importante y un vacío indisputable entre ellos y los que viven en los asentamientos espontáneos (véase cuadro IV-II).

La dirigencia está concentrada en una mujer y en un grupo que la rodea, quien ha creado un régimen de terror con el mínimo uso de violencia. Su condición de fundadora, la acercó a los fraccionadores quienes le obsequiaron un terreno con el propósito de que facilitara la venta del resto de la colonia, convirtiéndose en encargada de recolectar las mensualidades. A esto agrega sus contactos con las autoridades municipales a fin de mantener el control interno. Su postura interna es abiertamente populista señalando: "si alguien quiere interferir con los habitantes de esta colonia estamos dispuestos a morir antes que perder nuestros derechos". No obstante que en una entrevista anterior, afirmó que el MRC era un grupo de personas corruptas y antigubernamentales, el énfasis en su segunda observación fue hecho con el propósito de destacar su papel como vigilante de los intereses de los colonos. Es propietaria de diversas tiendas en el mercado de la colonia cercana y controla con otro hombre poderoso de Nezahualcóyotl 482 tortillerías distribuidas en las 59 colonias. Su posición económica y política le ha dado gran prestigio en la municipalidad y en la colonia, si bien es considerada como deshonesta, hay certeza de que es la única capaz de defenderlos sea liberándolos de la cárcel por delitos menores como riñas, alteraciones del orden público, etc., o bien logrando concesiones del municipio.

La larga exposición urbana de los colonos les da elementos para formarse una opinión clara acerca de la maquinaria gubernamental y política así como la de la ley y el orden. Comparten la convicción de los asentamientos espontáneos estudiados, de que la clave del éxito en cualquier asunto es el dinero y los contactos, pero su impresión es más completa y afirman que la corrupción se da en el poder judicial (jueces) y por supuesto en la policía. Ambas instituciones son acusadas no sólo de corrupción sino de estrecha asociación con los poderosos, sean éstos autoridades o particulares (véase cuadro IV-V). En general hay poco contacto entre los colonos y sus líderes, operando su prolongada exposición urbana como agente generador de indiferencia que contrasta con el interés y optimismo de aquellos con más proximidad a su pasado en las zonas rurales (una característica que sigue siendo válida en Revolución e Independencia). Hacen énfasis en la necesidad de separarse de la comunidad a fin de evitar conflictos y no comprometerse en ninguna tarea impuesta por la dirigente.

c] *Opinión de los colonos acerca del sistema político*

Los colonos tienen una imagen negativa del sistema político, mucho más consolidada que la de cualquier poblador de asentamiento espontáneo. Consideran a los políticos como el vehículo de la explotación, del fraude, del monopolio y de la violencia hacia todos aquellos que no siguen sus instrucciones (véase cuadro IV-III). Esta actitud se refleja en la siguiente afirmación: "En esta colonia hay por lo menos 50 aspirantes a suceder a doña... todo lo que quieren es obtener poder y dinero de nosotros." A pesar de este fatalismo acerca del liderazgo interno aceptan que las condiciones prevalecientes son una etapa intermedia antes de lograr su movilización a un área mejor o de que sus hijos obtengan una profesión y por esta razón se preocupan por la suerte de la escuela primaria local.

Aun cuando es claro que los colonos tienen ideas definidas acerca del "mundo", esto no ra engendrado una actitud militante sino por el contrario están dispuestos a cooperar con el gobierno. Esta disposición bien desarrollada los ha llevado a sobrepasar la etapa de recibir regalos y de negociar el voto como se hace en otros asentamientos, inclinándose por resultados colectivos oficiales entregados en forma pasiva. La CNOP es el sector más activo del PRI en la municipalidad, mismo que ha reforzado sus cuadros después del éxito parcial del MRC. Sus oficinas se han convertido en un paso obligado para la obtención de licencias dentro de Nezahualcóyotl, proporcionando acceso a la bolsa de trabajo. Los colonos están conscientes de esa operatividad y en época de elecciones aceptan su llamado para apoyar a los candidatos del PRI, quienes dada la cautividad del voto no se ven obligados a realizar campañas costosas. Durante el período electoral de 1973, el Partido Comunista distribuyó panfletos invitando a los colonos a la abstención como protesta política, lo que fue recibido de manera hostil por los colonos a quienes preocupaba el ser acusados de estar en asociación con éstos.

En ese período sus actitudes políticas estaban aún más condicionadas, debido a que además del fideicomiso, el gobierno federal y el estatal invirtieron mil 500 millones de pesos en servicios para la municipalidad. Se introdujo agua potable, electricidad y drenaje en varias colonias, así como grandes avenidas. La "trasformación de Nezahualcóyotl", como fue oficialmente conocido el proyecto se realizó en 20 meses (diciembre 1971-mayo 1973), dando lugar a nuevas esperanzas entre los habitantes así como confianza en el gobernador del estado y en el presidente de la República. En la inauguración de las obras el gobernador señaló: "Hoy, señor presidente, usted ha visitado la casa de sus hermanos, ha venido a traer entre ellos, confianza, esperanza y aprecio por el gobierno y la presidencia... hoy, usted ha puesto fin a la amargura de la gente que en el pasado habían causado las promesas incumplidas de políticos insinceros. Ahora todos estamos convencidos de que una ciudad maravillosa está creciendo aquí y ésta es la razón por la cual este pueblo está satisfecho y dispuesto a trabajar otra vez por su comunidad." [44] En esta fase del desarrollo de Nezahualcóyotl, hubo varias colonias entre otras la que nos ocupa, que no recibieron ninguno de estos beneficios, sin embargo sus habitantes tienen confianza en que los trabajos continuarán. La mayoría de los entrevistados en la colonia Luna estaban optimistas acerca de la introducción de los servicios en un plazo breve, teniendo como garantía que el presidente del país está preocupado por el área. No sólo los colonos están interesados en la continuación de los trabajos públicos, sino también más de 50 compañías encargadas de la construcción. Una consecuencia casi inmediata de esta inversión masiva fue el valor extra que se le añadió a los terrenos, haciéndolos atractivos para estratos sociales más elevados y distintos a aquellos que tradicionalmente han vivido en la municipalidad. Los diversos impuestos y cargos que los colonos tienen que pagar por los servicios públicos, además de las mensualidades, les ha planteado una disyuntiva, obligando a aquellos de bajos ingresos a abandonar la colonia después de traspasar su predio. A fines de 1975, localizamos a un buen número de los habitantes de la colonia Luna, viviendo en un nuevo asentamiento espontáneo que está surgiendo en el área de San Cristóbal Ecatepec, estado de México.

Vandalismo, drogas y delitos del orden común son fenómenos

[44] *El Heraldo*, 11 de mayo de 1973. Recientemente, José López Portillo declaró: "Ciudad Nezahualcóyotl es un ejemplo tremendo de lo que no debe volver a ocurrir en nuestro país". *Excélsior*, 10 de noviembre de 1975.

recurrentes en Nezahualcóyotl y en la colonia Luna, por lo que el gobierno del estado de México creó una escuela especial (capacidad 200 personas) para delincuentes menores de 18 años. Las autoridades encargadas de esta oficina tienen una lista de espera de más de 500 personas, con una incidencia concentrada en robo, vandalismo y vagancia. El grupo paramilitar "Los Halcones", tuvo sus orígenes en la colonia Luna, y en un tiempo fueron reclutados con el propósito de participar en acciones represivas contra los estudiantes, tales como los eventos de 1968 y el 10 de junio de 1971. Después de este último, el grupo fue oficialmente desintegrado por la nueva administración de la ciudad de México, algunos de sus miembros se regresaron a la colonia donde se reorganizaron sobre la base de violencia callejera. Hay evidencia de que este tipo de grupos se ha multiplicado durante los últimos 5 años, ofreciendo alternativamente sus servicios tanto dentro como fuera de la municipalidad, estando dispuestos a participar en cualquier acto violento de tipo político pero "nunca en apoyo de los comunistas". Los colonos se han acostumbrado al uso de la violencia, sin que esto implique disposición para participar en actos que pudiesen disgustar a la dirigente o a las autoridades. Por el contrario, siempre buscan la forma de mostrar solidaridad y buen comportamiento frente a las personas que consideran importantes, actitud oportunista que incluye una gran cantidad de servilismo y pasividad, misma que parecen haber aprendido a lo largo de su experiencia cotidiana (véase cuadro IV-VII).

Los colonos fueron los más preocupados por la movilidad social de todos los grupos que estudiamos, esmerándose en demostrar su respeto y conocimiento de las reglas del juego, y a pesar de que resienten la desigualdad social, no se atreven a pensar en métodos alternativos de actuación fuera de lo establecido. Prefieren mantener la fe en los gestos simbólicos como prueba de que las cosas tienden a mejorar, a pesar de la presión de dejar la colonia que tienen algunos de ellos en virtud de no estar en posibilidad de mantener el nivel de vida. Los mecanismos de control en la colonia recuerdan más la práctica de las áreas urbanas que los utilizados en los asentamientos espontáneos, con una estructura jerárquica a base de tareas bien divididas y un uso sutil de la fuerza y la violencia cuando esto puede ser necesario. A los colonos no se les persuade fácilmente de tomar parte en ceremonias de inauguración y se invita únicamente a mujeres y niños que están continuamente en el asentamiento.

Aun cuando el PAN o el PPS hacen campaña en la municipalidad con mejores resultados que en otros asentamientos, no hay duda

CUADRO IV-IX

Topo y Paloma

a) *Lugar de origen o período de tiempo viviendo en el área metropolitana (en años)*

Lugar de origen		Período de tiempo viviendo en el área metropolitana		
		1-10	*10.15*	*15.20*
Monterrey	1.0	78.5%	18.4%	3.1%
San Luis Potosí	42.1			
Coahuila	21.0			
Zacatecas	11.3			
Nuevo León	4.5			
Otros	20.0			

b) *Agrupaciones a que pertenecen*

	%
Sindicatos	1.5
Asociaciones religiosas	—
Organización política	—
Clubes deportivos	—
Asociaciones locales	8.0
Ninguna	89.5

acerca de su preferencia por el PRI. La maquinaria del partido gubernamental está permanentemente al servicio del asentamiento y los contactos personales se preservan cotidianamente y no únicamente durante el período preelectoral. Esto le da al PRI una fuerza más efectiva que en aquellos casos donde se sigue la práctica tradicional, además de que la maquinaria gubernamental también proporciona una mayor atención que en los otros asentamientos (véase cuadro IV-IX).

VII. TOPO Y PALOMA

a] *Tenencia de la tierra*

El crecimiento natural y las corrientes migratorias hacia el área metropolitana de Monterrey llevaron a la saturación de las facilidades de vivienda que tenía la ciudad, creando dos tipos de asentamientos que son comparativamente similares a aquellos que encontramos en la ciudad de México: asentamientos espontáneos o de posesionarios y fraccionamientos para personas de escasos recursos. Las autoridades prohibieron estos últimos actuando bajo la presión de 10 importantes terratenientes urbanos que estaban en contra de la proliferación de tales áreas. Durante la primera parte de los cincuentas, los posesionarios fueron controlados y convencidos por las autoridades de ocupar viviendas populares, sin invadir terrenos privados o públicos.[45] Las sanciones legales contra los fraccionadores los obligaron a utilizar a personas sin alojamiento seguro, como instrumentos para presionar al gobierno a levantar la prohibición, financiando líderes con el propósito de orientar sus invasiones hacia sus propios terrenos. Las autoridades fueron incapaces de acabar con esta práctica, las demandas de regularización de la tierra fueron aceptadas, aun cuando estaba claro que los términos eran injustos para el gobierno y para los futuros propietarios, dado que los terrenos no contaban con ningún tipo de servicios. Este procedimiento se convirtió en una moda, procediéndose a la invasión de predios municipales y a la creación de grupos profesionales capaces de movilizar más de mil personas en 48 horas. Esta práctica no es única en el país y tiende a ser cada vez más popular, debido a la alta rentabilidad de la operación con un costo ínfimo.

La modalidad que es privativa de Monterrey, es que abiertamente los propietarios desencadenaron la campaña como forma de presión a las autoridades. Estas asociaciones organizadas con fines comerciales y especulativos fueron incorparadas bajo el membrete de la Unión de Colonos y Posesionarios (UCP) que protegía a aquéllos viviendo en zonas residenciales de clase media baja. Los promotores de la UCP son miembros activos de la CNOP, convirtiéndose en parte importante del sector funcional del PRI, sin que esto implicara un cambio en los propósitos originales estimulados por los fraccionadores. Un acuerdo tácito llegó a ser claro y hay evidencia de que algunas de las invasiones fueron previamente aprobadas por las autoridades locales después de tomar en cuenta el costo total de la urbanización y otros aspectos legales. Los po-

---

[45] Posesión es un término legal que implica la etapa anterior a convertirse en propietario. De acuerdo con la ley, 5 años en un lugar sin juicio, da derecho a reclamar la propiedad de la tierra. La otra palabra comúnmente usada en México "paracaidista" es considerada ofensiva en el área metropolitana y en consecuencia se utiliza poco.

sesionarios llegaron a ser colonos en tanto que los procedimientos fueron legitimizados por acciones gubernamentales, de esta
manera la cantidad de dinero que debían pagar por el terreno
invadido empezó a ser sumamente baja. Esta actividad coincidió
también con las décadas en las cuales la industria de Monterrey
era capaz de incorporar a los recién llegados de las zonas rurales.[46]
Los compromisos de la UCP dentro del partido obligaron a los
dirigentes a cambiar la orientación de su campaña, por lo cual,
algunos posesionarios rebasaron a los líderes tradicionales y las invasiones continuaron en una gran escala fuera del control parti-
dario. Grupos con una organización interna sólida se acercaron
a antiguos miembros del PRI, a líderes estudiantiles y aun a organizaciones privadas que les ofrecían asistencia y asesoramiento a
cambio de sus servicios para movilizar a la gente en contra o a favor de diversas causas. De acuerdo con el gobierno estatal, en 1969
el número de posesionarios "viviendo en condiciones precarias era
insignificante y muy pronto llegarían a ser colonos con todos
los servicios". En un informe de 1973 se reconoce que "170 mil
posesionarios siguen viviendo en asentamientos espontáneos promovidos por todo tipo de gente, y la causa clave son las escasas
facilidades de vivienda disponibles en el área metropolitana".[47]
Esta campaña aparentemente sin control, obligó al gobernador a
declarar después de serias presiones por parte de los grupos de negocios: "Desafortunadamente está llegando a ser cierto que los peores enemigos del gobierno y de la sociedad son los llamados
posesionarios que permiten ser guiados incorrecta e indebidamente
a la violación de la propiedad privada. Este gobierno tomará todas
las medidas para terminar con esta práctica."[48]

Todo fue el resultado de esta última campaña habiéndose fundado en abril de 1973, después de una invasión más grande que
se había completado durante el año anterior en el área adyacente.
El terreno sumamente inhóspito donde quedó localizado el asentamiento, hizo creer a las autoridades que los primeros posesionarios
abandonarían el área debido a las condiciones inaceptables de vida.

[46] La mayoría de estos asentamientos han recibido nombres de un político
nacional: Renaldo Guzmán, Julio Bobadilla, ambos líderes de la CNOP. Julio
Camelo, presidente municipal de Monterrey, Luis Echeverría, etcétera.
[47] Ambos informes están incluidos en "Proposiciones para la solución del
problema habitacional de la población marginal en el área metropolitana de
Monterrey", Dirección de Planificación del Estado de Nuevo León, abril de
1973, pp. 5-16.
[48] El Porvenir, 9 de febrero de 1973. Sucesos del 15 de diciembre de
1975.

Sin embargo, en diciembre de 1975 había 45 mil personas y evidentemente la expectativa es que el número aumentará.[49]

Topo fue considerado como un sitio estratégico debido a que se tenía la intención de convertirlo en un lugar impenetrable a fin de evitar la erradicación por parte de la policía. Las diversas secciones del asentamiento han recibido nombres tales como Genaro Vázquez Rojas, Lucio Cabañas, Guerra y Sangre, Tierra y Libertad, lo cual refleja la oposición hacia las autoridades, actitud que prevalece en todo el asentamiento aun actualmente. (No sólo en Topo sino en otras secciones aledañas.)

Los posesionarios tienen escasas propiedades que han traído o que han logrado adquirir; tales como cuatro palos, 1 o 2 viejas sábanas que sirven como techo y un par de colchones que son colocados en el suelo. Las condiciones climatológicas de Monterrey son muy extremas, con altas temperaturas durante el verano, poca lluvia y algunas veces como en julio de 1973 inundaciones, y en invierno, el área metropolitana sufre temperaturas frecuentemente abajo del punto de congelación, haciendo especialmente difícil la subsistencia a personas que viven en condiciones infrahumanas. Sin embargo, están optimistas acerca de su futuro y como sugerimos antes, el recuerdo de lo que no tenían en sus comunidades de origen, hace presumir que esta experiencia es el principio de algo mejor a pesar de las dificultades actuales (véase cuadro IV-II).

b] *Características de los posesionarios*

El 49 por ciento de los posesionarios de Topo nacieron fuera del área metropolitana con la más alta proporción procedente de San Luis Potosí, Coahuila, Zacatecas y Nuevo León. El 78 por ciento de los posesionarios han vivido en Monterrey por un período que fluctúa entre 1 a 10 años y sólo uno por ciento más de 11 años. Como lo han señalado Browning y Feindt, antes de 1941, los migrantes a Monterrey estaban sometidos a un proceso de selección natural, contando con un mejor nivel escolar y dedicados a actividades no agrícolas, los más recientes no han pasado por dicho tamiz.[50] Los posesionarios de Topo confirman esta afirmación

---

[49] La encuesta socioeconómica de la Dirección de Planificación incluye solamente jefes de familia.

[50] H. Browning, y W. Feindt, "Diferencias entre la población nativa y la migrante en Monterrey", *Demografía y Economía*, México, 2, núm. 2, y "Selectivity of migrants to a metropolis in a developing country; a Mexican case study", *Demography*, 1969. Véase también Balán, *op. cit.*

dado que 73 por ciento son iletrados, habiéndose trasladado al
área urbana debido a la imposibilidad de encontrar una actividad
de subsistencia en sus comunidades de origen.[51]

En contraste con Independencia y Revolución, hay pocos medios de empleo cerca de Topo, con escasas posibilidades de sobrevivir sin realizar una jornada considerable, sea al centro de la
ciudad o a las áreas industriales. La mayoría de estos posesionarios están empleados en el sector terciario y sólo algunos en el
sector manufacturero.[52] Vendedores ambulantes de todos tipos:
de periódicos, chicles, flores y de cualquier otro objeto que sólo
requiera de una pequeña inversión para empezar y que no exija
de una oferta de empleo; albañiles, boleros, etc. A pesar de la
incertidumbre, mantienen la esperanza de obtener un trabajo
en el sector manufacturero o en otras actividades más remuneradas y para ellos es obvio que en cualquier forma ha habido una
mejoría notable en sus vidas, en comparación con la situación que
prevalecía en sus lugares de origen. Esto es especialmente claro en
muchos casos, ya que un gran número de ellos provienen de comunidades que de acuerdo con el censo oficial han sido abandonadas
totalmente durante la última década.

Los posesionarios de Topo tienen muchos factores en común que
sirven para mantenerlos unidos: comunidades de origen, parentesco o amistad. La familia extensa es un punto poderoso de cohesión
como fue sugerido por Lewis, pero ciertamente los amigos en común y el lugar de procedencia también son importantes para estre-
char vínculos entre varias unidades familiares. Esta estructura ha
sido característica de Monterrey y ha permitido el éxito de campañas como la que dio lugar a la UCP y a la nueva corriente de posesionarios, ya que hay más homogeneidad que entre sus contrapartes de la ciudad de México, siendo menor el grado de diferenciación
social, lo que las hace más efectivas en términos de actividad política.

c] *Organización interna*

El liderazgo de Topo y de los asentamientos adyacentes descansa
en personas que han tenido experiencias previas de "paracaidis-
mo", especialmente en aquellos que estuvieron activos durante la

---

[51] H. Browning, y W. Feindt, "The social and economic context of migration to Monterrey, Mexico", en F. Rabnovitz, (comp.), *Latin American
Urban Research*, Sage Publications, 1972, p. 51.
[52] Dirección de Planificación, *op. cit.*

campaña organizada por la UCP. En la mayor parte de los casos no son marginados y tienen un trabajo comparativamente bien pagado, aun cuando su prestigio no está basado en sus contactos externos sino en la experiencia que han acumulado. Ninguno de ellos está trabajando en el servicio público, pero tienen un conocimiento razonable de los procedimientos y de las oficinas a las que deben acudir para presentar su caso. Han sido objeto de atenciones desmedidas por parte de la UCP, que trata de convertirlos en miembros, canalizando su actividad política, pero los dirigentes están convencidos de que esto los llevaría a perder autoridad interna, y por otra parte los compromisos que ha adquirido la UCP los obligaría a ceder lo que han ganado.

Desde la llegada de los primeros posesionarios, los estudiantes fueron el único grupo que logró ganar su confianza, ya que la mayor parte de ellos que han estado muy activos en la vida política de sus escuelas o de las facultades universitarias, se mudaron al asentamiento para ayudar a los posesionarios en las tareas de proveer servicios y organización. Los líderes locales han cedido algo de su poder en favor de los dirigentes estudiantiles, especialmente por las ventajas que ganan en términos de contactos con el exterior. La base de este acuerdo es de ayuda mutua, así los posesionarios retribuyen esta colaboración participando en conflictos universitarios, (toma de edificios, manifestaciones, mítines) "como una prueba clara de la unión, y hermandad entre posesionarios y estudiantes". Algunos pobladores retienen "trofeos" de estas actuaciones, tales como máquinas de escribir, teléfonos y lápices que adquirieron en sus largos días de vigilancia en los edificios universitarios. El liderazgo combinado en los asentamientos ha despertado rumores respecto a las intenciones de los dirigentes estudiantiles a quienes se vincula con un político en desgracia, con la industria privada, la Iglesia, grupos gubernamentales o bien con organizaciones radicalizadas de clase media. La mayoría de los posesionarios tienen suspicacias de los rumores, pero resuelven el problema "siendo muy cuidadosos con los jóvenes que se debe admitir, quienes han hecho mucho por la comunidad trabajando muy duro por nosotros. Pero sólo Dios sabe que tipo de negocios tienen en mente".

La mayoría de los estudiantes que habitan en Topo provienen de familias de clase media ascendente, hijos de migrantes de otros estados de la República, que tienden a usar un vocabulario marxista con escaso dominio de la teoría. Han creado dos comisiones en el asentamiento: servicios y praxis política. La primera ha acordado no aceptar ninguna ayuda del exterior, a menos que esté autorizada por todos los líderes.[53] Cada posesionario tiene la obligación de dedicar por lo menos un día a la comunidad, normalmente un domingo (popularmente conocidos como domingos rojos). El sentido de obligación de colaborar en los trabajos del asentamiento es muy fuerte y ha sido efectivo, de esta manera han logrado obtener electricidad y agua en forma ilegal. Además del dinero que recogen los posesionarios no hay ninguna otra fuente de ingresos para llevar a cabo estos trabajos; sin embargo, los estudiantes "tienen contactos y consiguen materiales de construcción a un precio bajo; hacen milagros con el poco dinero que les damos". Algunos tienen la impresión que la compra de estos materiales es subsidiada por personas ajenas, pero están dispuestos a aceptarlo en tanto no interfiera con la línea política del asentamiento.

La comisión de "servicios" proporciona asistencia médica (atendida por estudiantes de medicina) obteniendo pases para el hospital de la Universidad en casos extremos. Esta tarea fue fundamental para ganar la confianza de los posesionarios. La comisión de "praxis política" está encabezada igualmente por estudiantes, con una limitante para los participantes: ser menor de 35 años. Celebran reuniones de una hora diaria donde alternativamente tienen sesiones de teoría (Mao, Guevara y Lenin) y de la "realidad práctica". En esta última, aprenden los nombres de la gente rica de Monterrey, la cantidad de dinero que tienen y la tierra que poseen, asimismo se encargan de la seguridad en el asentamiento elaborando las reglas en caso de fricción con la policía, ofreciendo una estrategia que varía de la confrontación violenta a otras formas más mitigadas de defensa. Las reuniones se caracterizan por una continua insistencia en la no cooperación como única fórmula para permanecer independientes, con la asamblea dividida entre quienes no están de acuerdo con el procedimiento y aquellos que se radicalizan diariamente.

Los posesionarios están convencidos que la justicia solamente se puede obtener con dinero y con contactos externos (véase cuadro IV-III y IV-V), y como aquellos en otros asentamientos constantemente evitan la confrontación con policía y autoridades. No aceptan ligeramente las medidas violentas que les proponen los estudiantes ya que consideran que cuando "el gobierno se canse de nosotros,

---

[53] Durante nuestro trabajo de campo, un grupo de mujeres de clase media fue a Topo con comida y vestidos para los posesionarios. Fueron bien recibidas en un principio hasta que los líderes las corrieron en medio de insultos y ofensas. Más tarde los posesionarios que aceptaron regalos fueron obligados a abandonar el asentamiento.

las únicas víctimas seremos nosotros y no los estudiantes que no tienen hijos o esposas". Con la excepción de los activistas, la mayoría desea un acuerdo con el gobierno (véase cuadro v-vii), lo que fue claro durante el período electoral cuando los ayudantes del candidato a gobernador fueron a Topo a arreglar una reunión pública y le dieron a los posesionarios vasos que tenían una fotografía del candidato. Este obsequio fue considerado como insulto, ya que el asentamiento como el resto de los pobres de la ciudad en el área metropolitana carecen de agua. Destruyeron los vasos y expulsaron a los ayudantes del candidato. 10 días después, fuera del asentamiento, se llevó a cabo un mitin con más de 15 mil personas de Topo y sus alrededores. Aquellos que estuvieron ahí, pensaron que los discursos fueron honestos y que esperaban un cambio de política con el nuevo gobernador del estado. Lo que en su opinión hasta diciembre de 1975, no sólo no había ocurrido, sino que las medidas tomadas por la administración se habían reducido a crear un fideicomiso, alejado de la realidad cotidiana del posesionario. Tal rezago en la adopción de decisiones concretas ha contribuido a madurar el clima de confrontación.

A fin de equilibrar el posible impacto del candidato en los posesionarios, los estudiantes llenaron 3 autobuses propiedad de la Universidad Autónoma de Nuevo León con pobladores de Topo y se presentaron con el director estatal de Salubridad: "Enfrente de cuyas oficinas los provocadores estudiantiles y 300 posesionarios pidieron asistencia médica. Tomaron la oficina del funcionario público y esperaron hasta recibir la promesa de enviar 4 médicos al asentamiento." [54] La noticia fue muy bien recibida en Topo, lo que fue aprovechado para anunciar una nueva invasión en el lado opuesto de la ciudad.

Paloma fue el resultado de una operación exitosa y bien preparada. Durante la noche varios autobuses de la Universidad trasladaron posesionarios a la zona residencial donde de acuerdo con los líderes, el fraccionador (uno de los hombres más ricos del estado), había urbanizado terrenos pertenecientes a la municipalidad. Este fraccionamiento residencial colinda con los cerros de Loma Larga que fueron ocupados hace varias décadas, sin despertar la preocupación de las autoridades ya que se trata de una topografía inaccesible a cualquier obra urbanística. Como era lógico, la invasión de Paloma sobre mejores tierras, con servicios y con acceso al trasporte público, despertó un gran interés entre los decanos de los pobres de la ciudad. Pronto se les unieron con el propósito de obte-

---

[54] *El Porvenir*, Monterrey, N. L., 19 de junio de 1973.

ner otro terreno, sin abandonar el que tenían en las colinas y en 72 horas, 4 mil personas ocuparon Paloma, haciendo imposible para la policía tomar cualquier medida, dado que los posesionarios estaban dispuestos a defender su "derecho". La seguridad interna fue reforzada por una defensa especial dándose instrucciones de repeler las acciones policiacas con piedras, palos y tubos. La invasión fue adversamente comentada en los periódicos, presionando al gobernador a tomar una decisión. En la ciudad de México el secretario de la Defensa dijo: "El ejército está dispuesto a garantizar el sagrado derecho de propiedad, sujeto a la decisión de las autoridades civiles y esperando que éstas soliciten la intervención de las fuerzas armadas." [55] Por otra parte, se señaló: "La violencia de los posesionarios en Paloma es la violación más grande al principio de autoridad que recuerdo. La ciudad no puede estar en manos de agitadores o de otra manera tendremos que aceptar que en lugar del régimen de derecho, prevalecerá la ley de la selva." [56]

La policía detuvo a uno de los líderes estudiantiles, pero los posesionarios secuestraron a dos policías, los cuales fueron "canjeados" por el líder estudiantil, lo que dejó claro su organización sólida y la gran importancia que le daban a la invasión: "El éxito o el fracaso de Paloma es determinante en nuestra lucha, porque ésta es la primera invasión de terrenos debidamente urbanizados o finalmente tendremos que aceptar nuestro confinamiento a las zonas hostiles e inhabitables del norte de la ciudad. Debemos pelear por nuestros objetivos en beneficio de todos los que carecen de un techo." [57] Los posesionarios empezaron a vivir bajo la presión de sus líderes y del ejército y aun cuando temían que éste actuara en cualquier momento, tenían confianza en la solidez de su organización interna.

La distribución de los terrenos de Topo, Paloma y otros asentamientos similares es la única fuente de explotación de los líderes, ya que a ellos les corresponde la decisión final, lo que da lugar a la especulación. Uno de los líderes nos comentó que tenía 42 terrenos en 11 diferentes asentamientos y estaba esperando venderlos para regresar a su comunidad de origen en el estado de San Luis Potosí. Electricidad, agua y otros servicios que normalmente se encuentran bajo el control de líderes en la ciudad de México, en los asentamientos del área de Monterrey no se da esta explotación

[55] *Excelsior*, 27 de junio de 1973.
[56] Entrevista con el presidente de la Cámara de Comercio de Monterrey, N. L., *El Porvenir*, 21 de junio de 1973.
[57] Discurso de un líder estudiantil. "Diario de campo", 20 de junio de 1973.

tradicional, lo que colabora a obtener una cohesión interna. Los niveles de votación de Topo y Paloma fueron muy bajos debido a la ignorancia y el escaso esfuerzo que hicieron los políticos para llevarlos a las urnas electorales y no como resultado de una abstención deliberada. Tienen menos presiones institucionales para tener su credencial de elector debidamente sellada, dado que el trabajo que normalmente desempeñan no requiere de este tipo de documentos (véase cuadro IV-IV). En la misma área metropolitana, los asentamientos controlados por la UCP votaron masivamente por el PRI, aun cuando su estatus social y económico no es muy diferente del que encontramos en Topo y Paloma.

A pesar de la oposición que encontramos en 1973 en estos dos asentamientos, parecía claro que con la excepción de unos cuantos líderes, los posesionarios anticipaban que llegarían a un acuerdo razonable con el gobierno, aun cuando la relación que han desarrollado con sus líderes es todavía más dependiente que en otros asentamientos espontáneos. La razón descansa en el profundo sentido de aislamiento y la falta de protección que sienten. Hacia fines de 1975, Topo contaba con escuela primaria y con un alto grado de politización logrado a través de las campañas de concientización que se inician desde la infancia. El periódico mural del asentamiento señala: "Aquí elegimos a nuestros representantes por el voto de la mayoría." "El Tapado destapó." "No votes por el PRI." "La Prensa no dice la verdad." "Los ricos son unos cuantos y ya eligieron con un año de anticipación a su próximo presidente." Están más seguros de su organización interna y en consecuencia aceptan los beneficios que proporcionan las dependencias oficiales, haciendo más estrecho su vínculo de cooperación con la Universidad Autónoma de Nuevo León. El municipio proporciona servicios de limpia, agua y otros beneficios. Las llaves colectivas se han instalado en varios lugares. "El ejemplo empieza a verse en 8 colonias vecinas que siguen sus pasos y reciben asesoría y doctrina comenzando a considerarse entre ellos, que este tipo de experiencias es la que mejores dividendos sociales rinde." [58]

La deficiente rspuesta que las autoridades estatales electas en julio de 1973 han brindado al fenómeno de los asentamientos espontáneos, se refleja en la actitud asumida inmediatamente después del asesinato de los posesionarios. El gobernador de la entidad dijo: "...que está averiguando si la muerte de seis posesionarios de terrenos urbanos fue fortuita, porque advirtió, podría estar preparada... Estoy tratando de precisar si no hubo un plan o una

---

[58] "La comuna roja de Monterrey", *Sucesos,* núm. 2215, diciembre de 1975.

preparación; una creación de mártires en pobres personas".[59] Para aquellos que conocen con detalle la secuencia histórica de Topo, que cuenta con más de 60 mil habitantes (según los datos publicados con motivo de los acontecimientos), "las colonias proletarias seguirán manteniendo firmes sus demandas y dada la indiferencia del gobierno estatal, todas serían radicalizadas. A la indignación se han sumado casi unánimemente los 200 mil avecindados pobres que rodean la ciudad".[60]

El soslayamiento sostenido de las características de este asentamiento, obligó a las autoridades a reprimir a estos pobres de la ciudad, dados sus intentos de actuar fuera de los canales institucionales oficiales, no obstante que esos canales poco o nada han funcionado para atenuar las consecuencias de una economía orientada hacia la acumulación privada. En ese contexto de desorden social, distintas fuerzas manifestaron su repudio a la acción violenta. La Iglesia a través de un vocero del arzobispado señaló: "Hay violencia institucionalizada en contra del pueblo. Quien tiene el poder político y el poder económico, lo digo con sinceridad, no puede tener ahora las manos limpias." [61] Por su parte el rector de la Universidad Autónoma de Nuevo León afirmó que "los colonos están organizados en un sistema de asambleas semejantes a los descritos en textos originales de Mao Tse-tung".[62] Finalmente el presidente del Congreso estatal declaró: "El sentir del pueblo es que ha ocurrido una masacre." [63] Nula fue la discusión del problema de fondo y de las causas estructurales del fenómeno y solamente las denuncias y los planteamientos airados trataron de legitimar las acciones extremas y sus penosos resultados.

---

[59] *Excélsior*, 23 de febrero de 1976.
[60] *Excélsior*, 21 de febrero de 1976.
[61] *Excélsior*, 20 de febrero de 1976.
[62] *Excélsior*, 23 de febrero de 1976.
[63] *Excélsior*, 24 de febrero de 1976.

CAPÍTULO 5

RADICALIZACIÓN DE ASENTAMIENTOS URBANOS

I. INTRODUCCIÓN

A pesar de que como explicamos en el capítulo anterior, las actitudes políticas de los pobres de la ciudad quedan en términos generales encuadradas dentro de los parámetros señalados por el sistema político, es importante analizar en forma aislada las características de los asentamientos con *actitud de lucha,* que ha desbordado el planteamiento de *oposición* existente en 1973 en Topo y Paloma, (mismo que se ha modificado, equiparándose a lo que se dio en las "colonias" que discutimos en esta sección), sustituyéndolo por un desafío más consistente hacia el mundo exterior, dando lugar a nuevas formas de organización interna. Dado que este tipo de asentamiento, tiende a reproducirse en diferentes partes del país es preciso aclarar su relación conflictiva y el impacto en la maquinaria gubernamental y política. Surgen por primera vez al final de la década pasada sufriendo suertes diversas, algunos tienen un período corto de existencia o en ocasiones tienden a perder la orientación inicial a través del pasado del tiempo. Las áreas analizadas en esta sección no están localizadas dentro de las zonas metropolitanas de la ciudad de México o Monterrey, pero son los casos más notables de esta naturaleza. La ubicación de los centros urbanos donde han surgido no está considerada como punto de atracción para migrantes internos, debido a la ausencia de características especiales que generen condiciones adecuadas de empleo.

En un período relativamente breve, estos asentamientos y otros que han aparecido, han sido incorporados o rechazados de diferente manera. Uno de los que analizamos (colonia Pancho Villa), establecida en 1968 ha llegado a ser aceptado como otro grupo de presión en la política de la ciudad, sin haberse convertido en parte de las organizaciones funcionales del PRI y el segundo (colonia Rubén Jaramillo) contó con un fuerte apoyo masivo en las primeras etapas, causando una reacción violenta de parte de las autoridades. Geográficamente están localizadas en puntos opuestos del país y no hay evidencia para apoyar la existencia de vínculos estrechos de sus dirigentes, sin embargo, debido a la publicidad del problema en los periódicos nacionales que reportaron la resistencia de los asentamientos a una participación en los procesos electorales y su constante "amenaza a las ciudades que es utilizada como mecanismo de intimidación sobre las autoridades".[1] El modelo ha sido considerado como ejemplo a seguir por otras comunidades dentro de áreas más urbanizadas.

II. COLONIA PANCHO VILLA

Está localizada en la ciudad de Chihuahua a 300 kilómetros de la frontera con Estados Unidos. En las palabras de Howard F. Cline "muchos adjetivos pueden ser utilizados para describir al Norte. Es grande, sediento, activo, nuevo y sobre todo único".[2] Tradicionalmente, la población ha estado desigualmente distribuida con especial concentración en áreas con agua suficiente. El estado de Chihuahua es un ejemplo típico de lo anterior, con una amplia gama de paisajes y a diferencia de la región central donde la escasez de tierra ha sido un factor de importancia desde los días de la Colonia, con una gran presión demográfica sobre los predios de cultivo, en este estado el agua es variable determinante de riqueza. Sus latifundios famosos desde el siglo pasado, han prevalecido en forma legal ya que el código agrario concede extensiones proporcionales a los niveles de manutención de ganado, que en estas áreas es muy baja. Los bosques en la región serrana son explotados mediante concesión gubernamental por una compañía propiedad de destacadas figuras nacionales de la política y los negocios. Esta compañía tiende a ocupar menos personal anualmente debido a la incorporación de maquinaria que desplaza mano de obra. Los habitantes de la región que supuestamente deberían contar con una fuente importante de ingresos son mestizos o indígenas tarahumaras quienes reclaman ser los legítimos propietarios de tales tierras, y tienen tan bajos ingresos que se han visto obligados a buscar ocupación en la ciudad de Chihuahua.

La migración internacional hacia los Estados Unidos o bracerismo, constituye otro atractivo para los desempleados del norte y centro del país. En años recientes, la cuota de trabajadores mi-

---

[1] *El Heraldo*, México, D. F. 19 de julio de 1973.
[2] Howard F. Cline, *The United States and Mexico*, Harvard University Press, Cambridge, 1953, p. 106.

gratorios ha sido reducida por las autoridades norteamericanas, creando un problema grave al gobierno federal que debe absorber de alguna manera la mano de obra desocupada. La ciudad de Chihuahua es el centro principal de contratación en el país, recibiendo anualmente personas provenientes de diferentes partes de la República que frecuentemente, al no ser contratadas, se quedan a buscar una subsecuente oportunidad causando una presión fuerte sobre las escasas fuentes de trabajo disponibles. La migración interestatal es otro elemento de saturación de los centros urbanos, en particular de Ciudad Juárez, que resulta especialmente atractivo por el empleo de mano de obra no calificada. No encontramos evidencia de que personas originarias de este estado vayan a trabajar en Monterrey salvo en casos aislados.

Desde 1950, las diversas administraciones estatales que tradicionalmente se han mantenido alejadas del centro, no han sido capaces de resolver los problemas relevantes y agudos de la economía local. Éste fue el origen del primer grupo guerrillero que surgió en el país a principios de la década pasada encabezado por maestros rurales, estudiantes y campesinos. Durante 3 años, el grupo tuvo varios encuentros exitosos con el ejército creando al mismo tiempo bases de apoyo entre los pobres de la ciudad en las zonas urbanas. El grupo fue eventualmente disuelto por el ejército en 1965 y algunos de los sobrevivientes se dedicaron a actividades clandestinas en círculos universitarios, pobres de la ciudad y organizaciones campesinas.

a] *Tenencia de la tierra*

En 1968, un grupo de simpatizadores no militantes del grupo guerrillero invadieron terrenos en la periferia de la ciudad de Chihuahua, en las inmediaciones de la zona industrial del estado. Los líderes de la invasión fueron menos legalistas que sus contrapartes en otros asentamientos, asignando un papel secundario a la titulación de la tierra por las autoridades, concentrando esfuerzos en una ocupación coherente y ordenada imponiendo controles estrictos para la admisión. Los dirigentes otorgaron documentos a los colonos haciendo constar los detalles y características del terreno ocupado por cada familia, sin dejar duda que se deberían reconocer dichos títulos cuando el ocupante quisiera dejar el asentamiento y vender su tierra. El argumento de apoyo para esta medida es que normalmente se invierte demasiado tiempo y dinero en obtener el reconocimiento del estado. Este desperdicio de recursos humanos y económicos debe ser utilizado en materializar suficiente evidencia de posesión, obligando a las autoridades a la legitimación y no esperar que ésta provenga de un acto discrecional. Este espíritu de permanencia da lugar a un punto importante de cohesión y sedentarismo, lo que se comprueba con el hecho de que con la excepción de dos familias nadie abandonó el asentamiento entre 1970 y 1973.[3] De esta manera, los vínculos sociales se ordenan sobre la base de que cada parte es vital en el funcionamiento de todo, destacándose la necesidad de conservar la unidad interna y un frente que es necesario mantener para repeler "agresiones de la municipalidad y los particulares". Un ejemplo de solidaridad se dio en la invasión de un predio ubicado en los límites del asentamiento y que había sido parte de un latifundio propiedad de un notable local: Luis Terrazas. En 1972, la asamblea de la colonia decidió apoderarse de esa tierra que era escasamente explotada, buscando resolver la situación de campesinos sin tierra y colonos de bajos salarios. A pesar de que había 45 mil personas viviendo en el asentamiento, la invasión fue bien organizada llevando a la inmediata distribución de la tierra mejor irrigada, acción que fue legitimada mediante la pasividad de las autoridades. Debido a la heterogeneidad en el origen de los colonos, las opiniones acerca del mejor uso del nuevo terreno fueron muy variadas. Aquellos de origen obrero sugerían la colectivización de la tierra y de los medios de explotación, manifestando su oposición a la idea de terrenos individuales. Sin embargo, los campesinos que en la mayor parte de los casos nunca habían tenido la oportunidad de poseer un pedazo de tierra, estaban en favor de esta última forma, que prevaleció a pesar de la continua oposición obrera. Estas pequeñas diferencias no parecen tener un gran efecto en el asentamiento, a pesar de rumores de monopolio en la asignación de predios a través del uso de nombres ficticios. Los líderes han tratado de tranquilizar la inquietud causada por dichas versiones señalando que los agentes gubernamentales quieren crear divisiones internas a través de infundios.

b] *Características de los colonos*

El 84 por ciento de los habitantes de la Pancho Villa son originarios del estado de Chihuahua y más de la mitad nativos de la capital del estado. El 16 por ciento restante provienen de otros

---

[3] Registro interno de la colonia.

estados, que permanecieron en la ciudad después de varios intentos de obtener trabajo en los Estados Unidos (véase cuadro v-i).
Sus vínculos con parientes o amigos en su lugar de origen fueron
considerados como cercanos, pero apuntan un mejoramiento considerable sobre sus condiciones en las zonas rurales, mismas que
tienden a deteriorarse, con el consiguiente efecto de atracción
urbana que aumenta con la posibilidad de obtener un trabajo en
los Estados Unidos. La estructura ocupacional del asentamiento
es muy variada. Sin embargo, una proporción más alta que en
cualquier otro asentamiento se ocupa en el sector manufacturero.
En sus inicios la colonia estaba habitada por desempleados o inmigrantes que acababan de llegar a la ciudad. Pero más tarde
debido a la vecindad con la zona industrial y a la lucha contra
los especuladores, muchos trabajadores fueron atraídos dejando
sus viviendas más costosas y de bajo nivel en el centro de la ciudad,

CUADRO V-I

Colonia Pancho Villa

a) *Lugar de origen y período de tiempo viviendo en una ciudad de más
de 50 000 habitantes*

Lugar de origen	%	Período de tiempo viviendo en una ciudad de más de 50 000 habitantes (por años)	
		1-10	*11+*
Estado de Chihuahua	84		
Otros estados (12 están representados)	16		
Ciudad de Chihuahua	52		
Total	—	23.4%	76.0%

b) *Agrupaciones a que pertenecen*

Sindicatos	19.3
Asociaciones religiosas	3.1
Organización política externa	1.0
Cooperativa interna del consumidor	72.5
Clubes deportivos internos	18.4
Comisión interna	96.2
Ninguna	—

para vivir en el nuevo asentamiento. Esto ha servido para ampliar las posibilidades de colonos desempleados, que son notificados por sus vecinos de vacantes en las zonas industriales. Sin embargo, como señalamos anteriormente, la mayoría trabaja en el sector terciario y otros están dedicados al cultivo de las tierras invadidas. Esta heterogeneidad de ocupaciones genera una gran disparidad de ingresos lo cual hasta ahora solamente se refleja en los interiores de las casas donde se ha utilizado un mobiliario de mejor calidad. Es factible prever que el vacío entre aquellos que trabajan en la industria y el resto tenderá a ser más grande, produciendo un foco de conflicto interno; "muy pronto tendremos gente rica y pobre viviendo en la colonia, pero esperamos que dado el origen, los conflictos no se agudicen".[4]

La certeza de permanencia que prevalece entre los colonos es un elemento esencial para explicar la construcción definitiva de las casas. A fin de evitar pagos innecesarios e intermediarios que incrementen los costos de los materiales, se creó un fondo común para comprar directamente en grandes cantidades y vender internamente a su costo. La extensión del terreno promedio es de 350 metros cuadrados con grandes espacios para conservar algunos animales domésticos o plantas, con uno o dos cuartos, la cocina y un baño colectivo. Los interiores están modestamente amueblados, ya que hay una creencia muy difundida sobre la conveniencia de invertir en materiales permanentes a fin de no estar expuestos a las desventajas climatológicas. En una encuesta que realizamos, el 79 por ciento de los habitantes consideraron su casa actual mucho mejor que cualquiera anterior, 12 por ciento pensaron que tenían el mismo tipo de facilidades que antes pero estaban esperando mejorar en un futuro cercano y sólo un 9 por ciento reportaron un deterioro notable en sus condiciones de vida[5] (véase cuadro v-ii). Esto corrobora que el uso de facilidades comunes y la administración eficiente del fondo común de materiales es un factor central para explicar el mejoramiento considerable de las viviendas en un período tan breve.

La familia compleja tiende a ser la norma en el asentamiento, esto es, varias familias nucleares de 4 a 7 miembros compartiendo algunas facilidades pero manteniendo su independencia económica. Este patrón parece dominar a la colonia debido a que muchos habitantes ya tienen familiaridad con el ambiente urbano

[4] "Diario de trabajo de campo." Entrevista a un líder local.
[5] Este estudio estimó que la población total era de 42 815 con 12 700 jefes de familia. Aun cuando es discutible la exactitud de estas cifras, parece claro que dan un buen panorama de la opinión de los colonos acerca de sus casas.

CUADRO V-II

Condiciones de vida en la colonia Pancho Villa y colonia Rubén Jaramillo

1. ¿Cómo considera su vivienda en relación con su lugar de origen?	Pancho Villa	Rubén Jaramillo
Igual	12.0	12.5
Mejor	79.0	66.9
Peor	9.0	12.6
2. ¿Cómo considera su nivel de vida en relación con su lugar de origen?		
Igual	13.1	
Mejor	84.8	
Peor	2.0	

y aun cuando prefieren vivir más cerca de sus parientes, desean mantener cierta autonomía teniendo unidades habitacionales separadas. La familia extensa tiende a ser menos estable, porque tan pronto como el recién llegado o alguien en desgracia encuentra una mejor forma de vida la abandona para establecerse por su cuenta. Las bases comunitarias de la colonia proporcionan una extraordinaria oportunidad para unir a varias familias, a través del sistema del compadrazgo formalizando los contactos diarios. No hay evidencia de que utilizan este medio para extender o consolidar vínculos políticos con los líderes, sino que es una forma de estar más unidos y en mejores términos con los vecinos. Esto ofrece una forma de obtener beneficios económicos para ellos o sus niños, pero sobre todo garantiza mecanismo de ayuda en situaciones difíciles frente a las autoridades, creando una fuerte solidaridad interna.

"Hemos sido capaces de obtener agua, electricidad, escuela y todo lo que hemos necesitado a través de una presión fuerte sobre el gobierno utilizando desde manifestaciones, visitas a funcionarios y todo tipo de protesta legal. No es nuestro estilo llegar a decir señor gobernador o señor presidente municipal, le suplicamos... no tenemos que solicitar sino simplemente demandar, exigir el cumplimiento de nuestros derechos. Si todo falla ocupamos la oficina del gobernador por varios días y él tiene que aceptar. Éste es el resultado de estar unidos dentro de la colonia y ésta es la única arma que tenemos."[6] Aun cuando la lucha para obtener los servicios se ha mantenido por un período largo, los resultados materiales se deben fundamentalmente al trabajo comunitario, y a la participación voluntaria o coaccionada de los medios necesarios para lograrlo. En el asentamiento no hay agua potable en cada vivienda sino sólo tomas comunitarias con el agua que proviene de un pozo artesiano dentro de la colonia. Dado que la perforación de pozos había afectado el suministro de agua a las fábricas aledañas, el municipio tuvo que proporcionar agua potable en 1975. En este caso, las presiones de los industriales fueron más efectivas que las de los colonos, pero con obvios beneficios para éstos.

La electricidad era obtenida a través de formas ilegales con un gran riesgo, debido a que era tomada de cables que van hacia la industria, obligando a las autoridades a introducirla adecuadamente.

c] *Organización interna*

La organización interna está coordinada por un liderazgo colectivo, mismo que ha delegado diversas funciones a las siguientes comisiones:

1. Comisión cultural: promueve eventos musicales, teatro, danza para niños y adultos, así como una serie de pláticas y películas con la ayuda de estudiantes de la Universidad del estado. Éste es uno de los pocos vínculos constantes con los estudiantes y está estrechamente supervisado por los dirigentes a fin de evitar el uso de violencia.

2. Comisión de salud e higiene: con la colaboración de la Cruz Roja local se dan cursos de primeros auxilios y una atención médica a cargo del Seguro Social.

3. Comisión de solidaridad: proporciona asistencia a quienes están en problemas con la policía o autoridades. Asimismo ayudan a movimientos de trabajadores o cualquier otro grupo cercano considerado como amigo.

[6] *Punto Crítico*, agosto de 1972.

4. Comisión de educación: se encarga de supervisar dos escuelas locales y promover cursos intensivos para analfabetos.

5. Comisión deportiva: ha construido 3 campos deportivos y organiza diversos equipos, fútbol, beisbol y básquetbol. Hasta 1971 había oposición fuerte de los líderes de que estos conjuntos participaran en competencias de la ciudad, debido a que la posición política del asentamiento podía generar represalias de las autoridades.

6. Comisión de electricidad: desde los orígenes del asentamiento, este grupo era el único autorizado para instalar cables cuando la electricidad se usaba en forma ilegal. Ahora que esta comisión ha recibido ayuda gubernamental sigue controlando todos los casos relacionados con la provisión de energía eléctrica.

7. Comisión de aguas: ésta se ha encargado de la perforación de pozos artesianos y vigila el uso de los recursos limitados. Esta comisión ha tenido como objetivo esencial evitar el desarrollo de monopolios en las manos de algunos colonos.

8. Comisión de finanzas: el manejo delicado de las finanzas de asentamiento descansa fundamentalmente en uno de los líderes locales que es considerado como honesto. El dinero se obtiene a través de rifas, bailes y otras festividades, con el objeto de obtener fondos para el mejoramiento del asentamiento y también para uso en el caso de conflictos con las autoridades. La centralización de esta tarea es de gran importancia para concentrar los ingresos que son invertidos en el asentamiento.

9. Comisión de seguridad: los colonos tienen obligación de dedicar 3 noches de cada mes para actuar como veladores en una cierta época. Cantinas, billares y la venta de bebidas alcohólicas están totalmente prohibidas y la comisión se ha esmerado en evitar el surgimiento de vandalismo y otros conflictos internos. Las sanciones disponibles varían desde pena corporal en una cárcel especial dentro del asentamiento, hasta expulsión de la colonia cuando el comportamiento llega a ser intolerable. El objetivo es que sin la intervención de la policía se mantenga el orden, salvo en caso de crímenes o violaciones mayores de las disposiciones penales.

10. Comisión política: está supervisada por el liderazgo e in-

cluye a aquellos colonos con el nivel más alto de educación y militancia dentro de los sindicatos. Tienen un periódico denominado: *El Martillo* —"la única herramienta que el trabajador puede utilizar, tanto para construir como para destruir". Sin embargo, esta publicación no es considerada como buena por los colonos, excepto para mantenerlos informados de los peligros de conflicto con el gobierno. Este grupo apoyó activamente la constitución del Comité de Defensa Popular que fue fundado a iniciativa de los sindicatos independientes: "Se crea con el propósito de lograr la politización de las masas y de hacer a éstas más conscientes de los prejuicios del gobierno en favor de una clase. Representa un esfuerzo para unificar a las gentes de clase popular a fin de defender los derechos establecidos en la Constitución federal."[7]

El comité coordinó los eventos de mayo de 1972, cuando el gobernador del estado cedió en su política inflexible contra los "trabajadores rebeldes", que fueron reinstalados en su trabajo. Sin embargo, los colonos han estado luchando para mantener una posición independiente, participando solamente en acciones que sean consideradas como serias y honestas. En principio, el objetivo es aumentar el bienestar interno a través de una política adecuada a presiones a las autoridades, pero también ayudar a otras causas con la mínima posibilidad de un compromiso innecesario para los colonos. A principios de 1971 y durante mayo de 1972, los colonos tomaron la oficina del gobernador por varios días hasta que sus demandas fueron satisfechas. El asesinato de estudiantes que habían participado en guerrillas urbanas, llevó a la formación de un tribunal popular para condenar la masacre de las autoridades, con los miembros del Comité de Defensa Popular como jueces. Los acusados eran el procurador general del estado y el jefe de la policía.[8] Ambos fueron removidos de sus puestos después de que el CDP presionó al gobernador amenazándole de que su casa también podía ser invadida. Los procedimientos y bases de este tribunal fueron inspirados en otras experiencias mundiales, tales como el de Nuremberg, el tribunal Russell y otros ejemplos de Cuba y de Vietnam del Norte.[9] Internamente esta comisión diseña la estrategia contra actos de la policía, y está ampliamente aceptado que sus miembros conserven un número importante de armas que van desde subametralladoras hasta ri-

[7] El Comité de Defensa Popular fue creado en octubre de 1971.
[8] *El Norte,* Chihuahua, Chih., 15 de marzo de 1972.
[9] *Punto Crítico,* julio de 1972, p. 44.

fles de menor calibre y pistolas. El resto de los colonos que no tienen armas, están obligados a tener piedras y palos listos para el caso de una confrontación con las autoridades.

El liderazgo de la colonia aun cuando idealmente es colegiado, está encabezado por 3 fundadores del asentamiento. Este triunvirato incluye una mujer y representan la última instancia en cualquier decisión que se tome, considerándose que a pesar de la concentración de poder, la delegación de funciones a las diversas comisiones representa un contrapeso efectivo para evitar actos arbitrarios de los líderes. Las comisiones son justificadas además como fases de entrenamiento para futuros líderes, dentro y fuera del asentamiento, presunción que ha probado ser correcta, dado que hay evidencia de que gente joven de la colonia está dirigiendo algunos sindicatos independientes.

Hay una convicción bastante difundida de que el liderazgo de estas 3 personas ha sido impecable, especialmente en lo que se refiere a su honestidad y en la negociación con las autoridades: "Hay dos factores que explican el éxito de la colonia, a] la incapacidad e inhabilidad del sistema para resolver las demandas de los pobres de la ciudad, y b] la fuerte voluntad y convicción que hemos tenido para obtener beneficios con el uso de nuestra propia fuerza de trabajo. No queremos llegar a ser una república independiente como los traidores de la prensa nacional nos califican, simplemente estamos cansados de discursos, de buena voluntad y de leyes que no se aplican y nunca se cumplen. Queremos acciones positivas y eso es lo que estamos obteniendo. Por ejemplo, la solución oficial al problema de la vivienda es la expedición de títulos de propiedad. Muchos tienen estos títulos pero no tienen casa, nosotros no tenemos un documento legal pero tenemos casa, lo que implica que el problema de la vivienda no tiene solución legal porque utilizar métodos legalistas es solamente otra forma de evitar la resolución del problema."[10] Desde el principio el objetivo de los líderes ha sido el de lograr un sentido comunitario, como única forma de obtener el bienestar. Esto está ampliamente aceptado por los colonos como el camino para terminar con la miseria a bajo costo, y aunque están conscientes de la ineficiencia del gobierno para protegerlos, prefieren evitar el uso de métodos violentos que probablemente acaben con sus logros. En este aspecto hay una tendencia general en la colonia a ser más conservadores y menos militantes que en las primeras etapas. Aun cuando los líderes no personalizan su lucha y nunca

---

[10] *El Norte*, Chihuahua, Chih., 15 de marzo de 1972.

limitan excesivamente los objetivos de la colonia, los colonos tienen la esperanza de que un gobernador menos arrogante y más flexible facilitará la negociación y el intercambio. "Todos parecen
estar convencidos de que la burocracia no puede hacer nada para
resolver nuestros problemas; es un desperdicio de tiempo y de energía sin lograr nada. Pero ahora es importante hacerlos conscientes
de que nuestra lucha no termina por la invasión de la tierra, sino
obteniendo servicios públicos, escuelas y trabajos, que nuestro
objetivo es de una participación política real en cada uno de los
campos de la sociedad. Queremos terminar con el lado económico
de nuestra lucha y darle un sentido político a fin de crear en
nuestros habitantes conciencia de su posición como explotados
dentro de la sociedad. De esta manera, la invasión de la tierra
debe ser considerada no como una violación de la ley, sino como
una lucha contra los explotadores."[11]

Con la excepción de un par de ellos, esta idea no parece estar
bien clara aun dentro de las mentes de los líderes. Sin duda, han
alcanzado la fase de dar una expresión distinta a su lucha y desde
luego tendrán que decidir sobre un punto fundamental, esto es,
si se incorporan a una organización independiente, las cuales son
consideradas como poco efectivas o aceptan las organizaciones funcionales del PRI como un canal efectivo. De cualquier manera
hay consenso entre los colonos en favor de evitar una confrontación y esto puede ser decisivo para forzar una decisión a favor
de la última proposición.

d] *Período político*

La radicalización de la colonia y el número de obreros que la
habitan ha sido razón fundamental y decisiva para que en algunas fábricas vecinas los sindicatos abandonen la CTM, convirtiéndose en independientes, planteando demandas que desbordan a
los líderes tradicionales. Este proceso es considerado como un
logro importante por los dirigentes, dando apoyo a cualquier
huelga o demanda presentada por estos sindicatos. Lo que ha
causado una creciente preocupación oficial, haciendo intentos para cooptar a los líderes del asentamiento y negociar su participación dentro del sistema.

Las autoridades estatales y municipales han seguido una amplia
gama de políticas hacia el asentamiento, mismas que partieron de
un rechazo inicial de reconocer su existencia, pasando a través de

---

[11] *Punto Crítico*, agosto de 1972, p. 9.

un período de acciones represivas. Esta represión nunca fue más allá de rodear el asentamiento con el ejército y la policía sin haber tomado ninguna medida radical. 1973 fue considerado un momento de cambio en la actitud hostil del gobernador, en un intento por acabar con el conflicto, ganando el apoyo de los colonos para los candidatos a las diputaciones federales que presentaba el PRI. El partido oficial designó a un político con recursos económicos suficientes para llevar a cabo una campaña impresionante en términos de concesiones asistencialistas. A pesar de las continuas intervenciones de todo tipo de intermediarios, no se aceptó que se celebraran reuniones en favor de ningún candidato. Esto se reflejó en comentarios tales como: "la isla roja negó a los candidatos de los diferentes partidos, el derecho constitucional de hacer campaña, ejerciendo violencia interna para conservar atemorizados a los habitantes".[12] Uno de los colonos respondió: "Sabemos que nuestra lucha es honesta y buena, el gobierno sólo usa la violencia, presiones y corrupción para liquidarnos. Ésa es la razón por la cual no aceptamos ser miembros del PRI, del PAN, de la CTM, de la UGOCM o del Partido Comunista, los cuales son organizaciones que han demostrado ser inefectivas e inútiles." Los ayudantes de los candidatos ofrecieron recompensas inmediatas para la colonia, si aceptaban la celebración de una reunión para discutir la línea a seguir. Los colonos decidieron que el voto implicaba una muestra de apoyo al gobernador, lo que no deseaban hacer, especialmente si no había presiones que lo ameritaran. La posibilidad de problemas con las autoridades debido a la abstención, no fue considerada como importante, dado que cuentan con todos los servicios posibles en el asentamiento y aquellos trabajando en el sector terciario informal sólo aisladamente tienen que presentar su credencial sellada. De esta forma sólo los obreros miembros de sindicatos dentro del partido tuvieron que votar, lo que dio un resultado muy bajo en términos de sufragios (véase cuadro V-III).

Los maestros de la escuela, doctores y otros empleados gubernamentales trabajando en el asentamiento, se ausentaron por dos semanas después de las elecciones hasta que un grupo de colonos fue a ver al secretario general de gobierno, quien señaló que su ausencia era una coincidencia y de ninguna manera estaba relacionada con su "no cooperación y actitud antipatriota hacia el proceso electoral".[13]

[12] *El Heraldo de Chihuahua*, 12 de junio de 1973.
[13] *El Norte*, 20 de julio de 1973.

CUADRO V-III

Participación de los colonos en las elecciones

¿Votó en las elecciones de 1973?	Pancho Villa	Rubén Jaramillo
Sí	23.7	3.5
No	76.3	96.5

Las opiniones políticas de los colonos se restringen al espectro de las autoridades municipales y estatales sin cuestionar el poder del presidente como última instancia. Su percepción de la administración de justicia es de desequilibrio en favor de los poderosos, habiendo coincidencia en que el dinero y los contactos correctos eran los elementos necesarios para obtener una decisión favorable (véase cuadro v-vi). "Los pobres de la ciudad, y para esos efectos cualquier individuo con bajos ingresos, nunca recibirá un trato justo de la policía, de los jueces, de los abogados, quienes son únicamente instrumento de los ricos." De aquí que la función principal del fondo común, sea la de proporcionar medios para liberar a los colonos detenidos por la policía. Aun cuando todas estas personas deben rembolsar el monto de la fianza, de esta manera se evitan un procedimiento largo el cual es considerado como desigual e injusto.

Con la excepción de los que trabajan en la industria y son miembros por ley de un sindicato, la mayoría de los colonos no pertenecen a ninguna organización externa, e hicieron notar que su vinculación con una de las comisiones internas era el único tipo de membresía (véase cuadro v-i). Como en las otras comunidades investigadas, esto se relaciona con su estatus ocupacional dentro del sector terciario donde no se requiere pertenecer a una organización. Es claro que el nivel de participación aunque menos ortodoxo dentro del sistema, es mayor que en otros asentamientos. Esto se aplica también a su concepción del sistema político, económico y social el cual es considerado en general como injusto. Esto no significa que vean con claridad la forma de cambiarlo, a pesar de su conciencia de estar en una situación de dominados (véase cuadro v-iv). Esta ausencia de totalidad los hace indiferentes a su capacidad como agentes de cambio. Y no obstante estar conscientes de que sólo a través de su trabajo pueden obtener concesión del gobierno, piensan que el cambio debe venir desde

CUADRO V-IV

Uso de violencia en las colonias Pancho Villa y Rubén Jaramillo

¿Cómo cambiaría las condiciones sociales y políticas del país?	Pancho Villa	Rubén Jaramillo
A través de medios pacíficos, con ayuda de este gobierno	79.4	65.0
A través de otro gobierno	2.6	3.2
A través de medios violentos	4.0	9.7
No sé	15.0	22.1

arriba. Esta impresión es más clara entre los líderes, los que suponían que el nuevo gobernador asumiría una actitud diferente y en consecuencia serían relevados de la constante presión a la cual están sometidos. Líderes y habitantes están temerosos de enfrentamientos violentos, estando conscientes de la inexistencia de organizaciones adecuadas que los apoyen en caso de conflicto.

Como hemos señalado, la participación colectiva ha sido ampliamente aceptada, pero se considera que cuando los colonos se hayan establecido permanentemente con servicios y una posición de negociación con el gobierno más cómoda, la tendencia será hacia una postura más conservadora o tradicional. Esto contrasta con Topo y Paloma, donde la actitud de oposición tiene características fuertemente vinculadas a intereses externos, los cuales tienen como ánimo principal la polarización de fuerzas con el objeto exclusivo de obtener una posición mejor dentro del sistema, usando la fuerza espontánea de los pobres de la ciudad. En Pancho Villa, las actitudes políticas están definitivamente consolidadas en favor de un trabajo comunitario en contra de personalidades que dirigen el gobierno del estado y conscientes de que otras fuerzas que aparentemente confrontan el sistema, en realidad, están dentro del mismo. Aun los eslogan del liderazgo son evidencia de los intereses de la colonia: "Por la unión de los sin techo del mundo; Invasión de terrenos baldíos; Programas de habitación popular; Nuestro movimiento es apolítico; Estamos en contra de los fraccionadores y los latifundistas."

Esta hipótesis que elaboramos en 1974, ha probado ser adecuada ya que el asentamiento ha sido tácitamente incorporado, quedando escasos resabios de la actitud de lucha. Las nuevas autoridades estatales interpretaron adecuadamente las características del

fenómeno, logrando de esta manera la modificación de la línea
política de la colonia. El reconocimiento y legitimación gubernamental a los avances obtenidos fueron factores claves en la negociación.

III. COLONIA RUBÉN JARAMILLO

a] *Tenencia de la tierra*

Este asentamiento surgió durante el último período de nuestro
trabajo de campo, dándonos la oportunidad de presenciar su gé-
nesis, desarrollo y liquidación. La colonia se localiza en la periferia de Cuernavaca en un área que durante los 5 últimos años se
ha desarrollado, debido a la descentralización industrial. La ciudad de Cuernavaca dentro de los límites del estado de Morelos,
está rodeada por tierras ejidales y por pequeños propietarios, quienes en muchos casos han encontrado altamente improductivo ex-
plotar las tierras, usándolas como un lugar barato para vivir y
cultivar maíz mientras trabajan en la ciudad.

En los años cincuentas Rubén Jaramillo, un campesino que
trabajaba en Zacatepec, encabezó un movimiento de invasores de
terrenos en contra de los terratenientes que aún subsisten. Pronto
tuvo que refugiarse en la clandestinidad, atacando y promoviendo
la invasión de los latifundios. En 1959, el presidente López Mateos
se entrevistó con él, prometiéndole la distribución de la tierra y
pidiéndole que terminara con su lucha. Jaramillo aceptó y ante
el incumplimiento del trato, 3 años más tarde reorganizó sus
fuerzas para ocupar las propiedades pertenecientes a algunos amigos del gobernador de Morelos, Norberto López Avelar. El Departamento de Asuntos Agrarios ordenó a los hombres de Jaramillo abandonar las propiedades, aunque por un momento se
pensó que aprovecharían la demanda para que la tierra que no
estaba siendo utilizada pudiese ser entregada a campesinos sin
tierra de acuerdo con el Código Agrario.[14] Su desafío permanente
lo convirtió en un motivo de preocupación para el régimen de
López Mateos y el 23 de mayo de 1962, fue asesinado junto con
toda su familia. El gobierno anunció la investigación del crimen
mientras el presidente insistía en su amistad con el líder desapa-

---

[14] F. Manjarrez, *R. Jaramillo, autobiografía y asesinato*, México, Nuestro
Tiempo, 1967, pp. 85-87.

recido. Aun cuando las fuentes no son enteramente confiables, es claro que este dirigente natural no fue cooptado y a pesar de estar dispuesto a negociar, la burocracia intermedia decidió su liquidación.[15]

La influencia de estos dos caudillos locales (Zapata y Jaramillo), es fuerte en las áreas rurales de Morelos, aun cuando lo es más en términos retóricos que en la realidad. El 30 de marzo de 1973, 6 familias encabezadas por Florencio Medrano (cercano colaborador de Jaramillo) invadieron 78 hectáreas que eran parte de un área residencial conocida como Villa de Flores. Aun cuando estos predios estaban legalmente en terrenos ejidales según decreto del presidente Cárdenas, el gobernador argumentando el interés público los expropió, asignando nuevas parcelas a los legítimos usufructuarios. Sin embargo, los beneficiarios fueron los hijos del funcionario que se convirtieron en propietarios y fraccionadores del antiguo ejido. En consecuencia, la invasión fue un asunto de doble preocupación para los intereses privados y públicos del gobernador. En pocas semanas, la colonia empezó a recibir familias de los estados de Morelos, Guerrero y de la ciudad de México, procediéndose a bautizarla como "Rubén Jaramillo". "Los auténticos propietarios" pidieron a los antiguos ejidatarios afiliados en la Confederación Nacional Campesina que elevaran su protesta contra la invasión, señalando que la expropiación se realizó por cuestión de interés público. Los antiguos detentadores de la tierra demandaron "la intervención del ejército y la policía con el propósito de poner fin a la ilegalidad. El ministro de la Defensa debe mostrar su preocupación contra los invasores de propiedades privadas, actuando conforme a lo que ha declarado".[16]

La distribución de la tierra se llevó a cabo en forma normal y rápida asignándose predios de 250 metros a cada persona. El gobernador aceptó inicialmente que reconocería la tenencia de la tierra, una vez que las 78 hectáreas fuesen distribuidas. Esto fue acordado 7 semanas después de la invasión, cuando el asentamiento contaba con mil familias y después de varios intentos sin éxito por parte de los antiguos ejidatarios para lograr la evicción de los paracaidistas. En la misma entrevista, el gobernador prometió varios camiones con agua diariamente, así como la introducción de servicios públicos.[17] Esto significó que informalmente se otor-

---

[15] J. Gerassi, *The great fear in Latin America*, Doubleday Anchor, p. 107.

[16] Diario *Avance*, Cuernavaca, Mor., 25 de mayo de 1973. El mitin tuvo lugar en el pueblo cercano de Temixco.

[17] *Correo del Sur*, "La colonia Jaramillo, una realidad sociológica incomprendida", Cuernavaca, Morelos, 17 de junio de 1973.

gaba el reconocimiento creando grandes expectativas, a lo que se respondió con una organización interna sólida.

b] *Características de los colonos*

Hacia el fin de septiembre, 25 mil personas vivían en Jaramillo, de las cuales el 62 por ciento provenían del estado de Morelos, 22 por ciento del estado de Guerrero, 12 por ciento del Distrito Federal y el resto de varios estados (véase cuadro v-v). La alta proporción de migrantes del estado de Guerrero donde se ha desarrollado un grupo guerrillero causó serios problemas a los líderes de la colonia. Los conflictos internos fueron sofocados con el propósito de no justificar la intervención del ejército, pero la presencia de algunos seguidores de la guerrilla, causó serios trastornos que desembocaron en una estrategia incoherente y difusa para los propósitos de la colonia. Los migrantes de origen rural con un corto período de exposición urbana, determinaron la estructura ocupacional del asentamiento y los recursos temporales de los habitantes (véase cuadro v-v). El ingreso promedio del área era de 300 pesos por jefe de familia, más 150 pesos en dinero extra que ganaban sus esposas, aunque en muchos casos la única fuente era una de las dos.[18]

Los ingresos tan bajos estaban relacionados con el origen rural de los habitantes y los consiguientes niveles de educación que habían logrado. 86 por ciento de los jefes de familia eran iletrados y el nivel de escolaridad por infante (6 a 12 años) era de dos años de escuela primaria. Se ha demostrado que a pesar de los esfuerzos para proporcionar escuelas en las áreas rurales más remotas, la agricultura de subsistencia que es la forma como la mayor parte de los campesinos viven, los obliga a incorporar a los menores a tareas del campo. Es importante señalar que no hay evidencia en las comunidades que investigamos de una correlación entre el nivel de educación del adulto y sus ingresos, cuando los individuos en cuestión han recibido menos de 3 años de educación formal. Es posible asumir que los factores relacionados al proceso de aculturación o adaptación a la vida urbana y la red de relaciones en la ciudad, son más importantes y críticos para determinar su éxito en la estructura ocupacional.

Las condiciones de vivienda en la colonia eran semejantes a las que se encuentran en cualquier asentamiento espontáneo de América Latina; con un tipo de construcción transitorio. El origen de

---

[18] El salario mínimo legal para el área es de 950 pesos mensuales.

CUADRO V-V

Colonia Rubén Jaramillo

a) *Lugar de origen y período de tiempo viviendo en una ciudad con más de 50 000 habitantes.*

Lugar de origen	%	Período de tiempo viviendo en una ciudad con más de 50 000 habitantes (años)		
		1 — 5	5 — 10	11 +
Estado de Morelos	62.1			
Estado de Guerrero	22.5			
Ciudad de México[1]	12.4			
Otros estados	3.0			
Total		81.3	13.7	5.0

b) *Agrupaciones a que pertenecen*

Sindicatos	1.0
Asociaciones religiosas	—
Organización política externa	2.5
Cooperativa interna	89.3
Club deportivo interno	—
Comisión interna	32.5
Ninguna	5.3

[1] Creo que muchos más vinieron de México pero reportaron Morelos como lugar de nacimiento

los habitantes reflejó su costumbre de vivienda como ejemplo, aquellos provenientes de la costa de Guerrero construyeron sus barracas utilizando madera y hierbas. Otros emplearon el cartón, lámina o bien una sábana y cuatro palos, dado que las condiciones climatológicas en el valle de Cuernavaca facilitan el uso de un mínimo de protección (véase cuadro v-ii). Los muebles se limitaron a un colchón y unos cuantos vestidos; creándose un buen número de cocinas colectivas que daban servicio a los vecinos de algunas calles por un pago mínimo. Ésta fue una de las experiencias más exitosas del asentamiento, ya que era posible obtener comida a un precio muy bajo mediante la compra de víveres al mayoreo.

La organización familiar en la colonia Rubén Jaramillo fue nuclear con familias de 4 a 6 miembros (incluyendo padres), fenómeno que está relacionado con dos factores: a] el período de migración estuvo limitado a 6 meses, ya que después el gobierno intervino, b] el promedio de edad de los jefes de familia era más bajo que en las otras comunidades investigadas. Así que de hecho, era naturalmente difícil para un hombre de 30 años tener una familia de 7 hijos, no habiendo además suficiente tiempo para invitar a parientes y amigos a vivir con ellos.

Hacia agosto de 1973, muchos invasores consideraron que su situación estaba llegando a ser suficientemente estable y en consecuencia estaban dispuestos a sentar las bases para vivir permanentemente en el lugar. Mientras tanto, aquellos colonos originarios del estado de Morelos empezaron a retornar a su lugar de origen, con el fin de vender sus pocas propiedades en el pueblo, trayendo a parientes y ahorros con el propósito de ampliar la casa. Una vez más como en la colonia Pancho Villa, la nueva experiencia de trabajo comunitario fue al principio desconcertante, pero en cuanto los resultados se materializaron se adecuaron con entusiasmo. Este intento que se dio en los orígenes de "Jaramillo", ayudó a resolver muchos conflictos internos entre aquellos con diferente tradición y cultura. En la segunda entrevista con el gobernador, los colonos hicieron otro arreglo en lo que se refería a los procedimientos para un reconocimiento legal de su posición y prometieron encargarse de la introducción de servicios básicos. En realidad, fueron más legalistas que los habitantes de la colonia Pancho Villa y consideraron el asunto de los títulos un requerimiento necesario para sentirse seguros.[19] Pronto se dieron cuenta de que era imposible para los habitantes conseguir la cantidad

---

[19] *Correo del Sur*, 29 de junio de 1973.

necesaria para comprar materiales, así que cambiaron sus arreglos pidiendo ayuda para adquirirlos. En esta ocasión, presentaron argumentos importantes acerca del modo injusto de distribución de la riqueza realizada por la administración del gobernador, dejando clara su "firme convicción de que la forma cooperativa era el medio idóneo para acabar con la desigualdad en el sistema capitalista".[20] Cada propietario de terreno, fue obligado a pagar por la introducción del agua y para la compra de los cables de electricidad que se obtenía por medios ilegales (el costo era de 3 pesos). Sin embargo, sólo la introducción del agua era prioritaria, especialmente durante los meses de verano, por lo que instalaron 5 tomas de agua las cuales no fueron suficientes para la población creciente. La ayuda del gobernador fue lenta y mínima, obligando a los colonos a suplirla, habilitando un edificio abandonado para instalar una escuela primaria atendida por profesores voluntarios. Fue en el terreno del aprovisionamiento de comida que la experiencia comunitaria fue más sustancial. Además de la cocina colectiva, compraron 2 molinos de nixtamal para hacer tortillas, con lo cual abatieron el costo y precio de tan importante alimento (véase cuadro v-v). La CONASUPO, instaló un mercado permanente atendido por los colonos con un costo más bajo que en otros casos, debido al subsidio que les concedió el gobernador. Ésta fue la única concesión que recibieron de las autoridades en 6 meses, aunque es importante recordar que CONASUPO es una agencia federal mientras que el dinero suplementario provino de la tesorería del estado, lográndose por esta vía, la mediatización de algunos sectores dubitativos.

c] *Organización interna*

El liderazgo de la colonia Rubén Jaramillo estaba más centralizado que en la colonia Pancho Villa, donde se daba una diversificación en la ejecución de funciones con participación de los habitantes, lo que contribuía a crear un gran sentido de cooperación y de dirección. En Jaramillo, el líder principal resolvía todo y su grupo de colaboradores cercanos era en ocasiones arbitrario con los colonos. A pesar de haber sido concebido como un "asentamiento socialista" donde la venta de bebidas alcohólicas y cualquier quebrantamiento del orden público era severamente castigado, la ingenuidad política del líder permitió la participación de voluntarios del exterior y la influencia de éstos en el proceso

---

[20] *Avance,* 9 de julio de 1973.

de decisión, fue lo que impidió la necesaria intervención de los colonos. La proximidad del asentamiento a varios centros de educación tales como la Universidad de Morelos, la Universidad de México y el CIDOC, hizo sumamente atractivo pasar "fines de semana revolucionarios" en un clima agradable. El liderazgo fue rebasado y controlado por extraños quienes proponían la continua movilización del asentamiento en apoyo de varios movimientos que tenían lugar en las industrias cercanas.

En suma, el asentamiento fue obligado a actuar como un vehículo de agitación, mucho antes de que fuera capaz de crear una organización interna. Se establecieron varios comités para politizar y proporcionar los elementos básicos de "teoría socialista, y comunista para niños y adultos a fin de prepararlos para la lucha que se avecina". El uso de la teoría fue efectivo para convencer a la gente de la necesidad de trabajar sobre bases comunitarias, pero en otro aspecto dado el bajo nivel cultural, la utilización de terminología teórica era totalmente inútil. Dado que el asentamiento tenía una existencia breve y había sido integrado en una lucha contra el gobierno, durante el período preelectoral ninguno de los partidos hizo intentos de aproximarse a los líderes o a los colonos (véase cuadro V-III). Sin embargo, además de la nominación de candidatos al Congreso se presentaron aspirantes a los ayuntamientos. En elecciones anteriores, el partido oficial había tenido dificultades para encontrar a los candidatos más adecuados, debido a que la población había mostrado resistencia a aceptar al mismo grupo local en el poder. En pueblos pequeños, el dominio de este grupo político está estrechamente identificado con el sector económicamente dominante, legitimando la desigualdad. En 1973, tres candidatos a municipalidades vecinas a la colonia Jaramillo fueron rechazados en cuanto se hizo el anuncio. Los colonos apoyaron a los habitantes de estos pueblos y fue la única ocasión en la cual comprendieron los objetivos de la movilización, debido a que un número importante provenía de esos pueblos. Los edificios públicos fueron ocupados por varios días antes y después de las elecciones, con el objeto de presionar al PRI a cambiar su decisión. A pesar de estas presiones, miembros de la CNC y de la CTM votaron por los candidatos del PRI dándoles una mayoría clara y legal. La toma de los edificios y la oposición a aceptar a los funcionarios electos dio motivo a la prensa para identificar a los colonos de Jaramillo como "una turba manejada por agentes subversivos cuyo único objetivo es la perturbación del orden público".[21] Sin embargo, el gobierno del estado

[21] *El Heraldo*, 7 de julio de 1973.

decidió designar un consejo para remplazar al funcionario electo, dado que ni la población ni los colonos de la Jaramillo estaban dispuestos a abandonar los edificios.

Después de este éxito, se organizó una contraofensiva de las organizaciones funcionales del PRI local que convocó a una reunión de sus miembros, en la cual quedó clara la estrategia del gobernador. La prensa local señaló:

Durante una manifestación popular en Acatitla y Temixco, miembros de la CNC y la CNOP demandaron la inmediata expulsión de los colonos de Jaramillo donde los líderes arbitrariamente deciden quién debe vivir en la colonia, y los niños reciben educación comunista, la religión es considerada el opio del pueblo y se oponen al establecimiento de una iglesia. Las calles han recibido nombres de bandidos tales como Genaro Vázquez y Lucio Cabañas cuando tenemos un buen número de héroes que recordar. En sus reuniones ofenden continuamente a Luis Echeverría, el patriota presidente del país y al gobernador del estado. Están soñando con terminar con las mejores tradiciones culturales del pueblo mexicano por lo que se ha pedido la intervención de las autoridades.[22]

Los colonos decidieron continuar en confrontación abierta con el gobernador, recibiendo ayuda de otras autoridades federales tales como la Secretaría de Salubridad que proporcionó asistencia con 2 médicos y 2 enfermeras. Esto fue interpretado por los "asesores externos" de la colonia como testimonio de los conflictos entre el gobernador y el presidente de la República, lo que estimuló la lucha de los colonos contra las autoridades estatales. El obispo de Cuernavaca, manifestó su simpatía a los colonos y su cercana relación con el presidente Allende fue utilizada para apoyar la tesis de que la colonia Rubén Jaramillo, estaba llegando a convertirse en un "campamento" al estilo chileno. Otros miembros del clero, sacerdotes y monjas, empezaron a trabajar en distintas tareas sin ser considerados como miembros de la Iglesia, rebasando las medidas extremistas sugeridas por los voluntarios, algunos de los cuales eran prófugos por actividades guerrilleras en diversos centros urbanos. En agosto, apareció el primer número de *El Chingadazo* (periódico local) buscando "mantener a los habitantes debidamente informados de las decisiones que toman los líderes y también de las luchas que se dan en otras partes del país".[23] El objetivo era proporcionar información general en términos accesibles. La inflación era explicada de la siguiente manera: "No

[22] *Avance*, 19 de agosto de 1973.
[23] *El Chingadazo*, núm. 1, p. 4.

tenemos nada que comer ya que la gente rica está gastando las utilidades en los centros de vacaciones y en las playas. Estas utilidades nos pertenecen y tendremos que usar la fuerza para obtener lo que le pertenece a la gente pobre. Así, la inflación no es más que el uso indebido de las ganancias por parte de la gente rica, ganancias que le pertenecen a la gente pobre."[24]

Los editores del periódico advirtieron a los colonos de los serios peligros de la bebida y la droga, estimulándolos a utilizar los terrenos baldíos para sembrar maíz y otros productos. Dado que la tierra era muy diferente a aquella a la cual muchos colonos estaban acostumbrados, el periódico publicó consejos de cómo sembrar con éxito el maíz. Y señaló: "Aquellos hombres que no son violentos con quienes violan sus derechos y roban los frutos de su trabajo, no pueden ser considerados revolucionarios. Tenemos que romper, acabar con las leyes injustas y estar presentes en cualquier conflicto social que afecte a nuestros amigos. Muy pronto volveremos a tomar el camino de la lucha armada para destruir al PRI, al gobierno y a los ricos."[25] Las continuas citas de Zapata, Jaramillo, Genaro Vázquez y Flores Magón dejaron bien claro que a pesar de los esfuerzos del gobierno para asimilar la posición de estos líderes a la línea revolucionaria oficial, los colonos encontraron su aspecto de lucha antigubernamental. El periódico se vendía por 30 centavos, aun cuando los editores pedían un peso a fin de permitir la futura compra de armas. La primera reacción de los habitantes fue de curiosidad debido al nombre del periódico y al uso de palabras altisonantes. Sin embargo, resultó que a pesar del lenguaje, era demasiado intelectual y en consecuencia aburrido. La circulación de *Alarma* y de otras revistas semanales con descripciones detalladas de crímenes, historias de amor, eran más populares aunque más caras. Las invitaciones a la rebelión fueron recibidas con reserva, sin ser rechazadas de inmediato como en otros asentamientos. Aún más, ellos consideraban estos llamados a las armas como románticos y: "Hechas por personas que no conocen cómo actúa el gobierno cuando están tratando de localizar a un grupo guerrillero. Sin armas, con poca gente preparada para pelear, tal lucha sería desastrosa y al final las víctimas seríamos nosotros como de costumbre. Pero eso no quiere decir que yo tenga en lo absoluto miedo de entrarle a los golpes."[26] (Véanse cuadros V-VI y V-IV.)

---

[24] *Ibid.*, núm. 2, p 7.
[25] *Ibid.*, núm. 4, p. 11.
[26] Los colonos originarios de Guerrero fueron muy efectivos para desalentar

CUADRO V-VI

Concepción de la justicia entre los colonos de Pancho Villa y Rubén Jaramillo

1. ¿Podría decirse que hay justicia en su país?	Pancho Villa	Rubén Jaramillo
Para todos	2.5	1.0
Para los ricos	89.0	92.5
Para los pobres de la ciudad	1.3	2.3
No sé	7.2	4.2
2. ¿Quién proporciona justicia al país?		
Gobierno	53.8	56.9
Presidente	3.5	17.0
Policía	—	—
Justicia	9.2	3.1
Ninguno[1]	25.3	15.0
No sé	7.5	8.0

[1] Esto fue sumado en Pancho Villa y Rubén Jaramillo después de haber salido como una respuesta constante.

Hacia el fin de agosto de 1973, los líderes locales estaban totalmente desbordados por los asesores externos, quienes decidían la política del asentamiento fundamentalmente orientada hacia una acción más coordinada con otros grupos. Mientras tanto los fundadores de la colonia se encargaban de mantener el orden interno, así como de la distribución de los terrenos. Esto se convirtió en una fuente de conflictos ya que el liderazgo de la colonia con la excepción del líder Medrano, se involucró en el monopolio de los mejores terrenos, usando su poder para coaccionar a aquellos que no estaban participando activamente. Esto fue interpretado como una prueba de corrupción, sugiriéndose que se utilizaban los mismos procedimientos del PRI para asegurar su presencia en los mítines oficiales. La sensación de frustración creó un vacío en contra de los medios arbitrarios de sus líderes y

las acciones extremistas después de su experiencia con el ejército cuando andaban en busca de grupos guerrilleros en la costa, y en las montañas.

de las continuas presiones de los asesores externos para abandonar el trabajo comunitario, a fin de apoyar las luchas en las fábricas cercanas.

Una semana antes de la celebración de las festividades de Independencia, circuló el rumor de que como una prueba de su fuerza, los colonos se estaban preparando para tomar dos municipalidades, lo que creó una gran desconfianza entre los habitantes de los pueblos que eventualmente podrían resultar afectados, y demandaron la protección de la policía y el ejército a fin de evitar la violencia.[27] La movilización inmediata de tropas en estos pueblos fue el preludio de una confrontación mayor entre el ejército y los colonos. Los rumores fueron esparcidos por un grupo de presión sumamente poderoso de las municipalidades: los propietarios de las cantinas, monopolistas de la distribución de las bebidas alcohólicas y su negocio paralelo, la prostitución. El liderazgo de Rubén Jaramillo se opuso al establecimiento de tales negocios en el asentamiento y prohibió la presencia de los habitantes de la colonia tanto en cantinas como en prostíbulos. Esto llevó a la irritación de aquellos estrechamente vinculados con el negocio y de sus contrapartes las autoridades que estaban coludidos con ellos.[28] La presencia del ejército aseguró que estos negocios no se verían afectados durante la celebración de la Independencia, dando elementos a las autoridades para tomar medidas drásticas.

El 28 de septiembre de 1973 el ejército mató al líder de la colonia cuando éste se dirigía a comprar maíz para el molino comunitario. Llevaba 35 mil pesos para la operación y sus victimarios aseguraron que ésta era su contribución al movimiento guerrillero en Guerrero. Durante los siguientes días, varios grupos del asentamiento trataron de recuperar el cadáver pero el ejército rechazó las peticiones. 48 horas después, a las 4:30 de la madrugada: "Oímos ruidos, gritos que provenían de la oficina de los líderes, y pensamos que finalmente los grupos habían tenido éxito en rescatar el cadáver de nuestro líder. Pero para nuestra sorpresa, una movilización de tropas idéntica a las que se ven en las películas empezó. Dos mil soldados y mil policías con ametralladoras y muy poderosas luces empezaron a disparar con el propósito de ame-

---

[27] *Excélsior*, 13 de septiembre de 1973.

[28] En una carta publicada en la revista *¿Por qué?*, noviembre 8, de 1973, un grupo de colonos afirman "hay 60 cantinas y 300 prostitutas en la municipalidad de Temixco, tres cuartas partes de estos intereses son propiedad del presidente municipal. El mismo número hay en Acatitla y en la colonia Lázaro Cárdenas y también son propiedad del presidente municipal de ese lugar".

drentar a los habitantes. El comandante de la tropa pidió a los líderes rendirse y presentarse en las oficinas del comité, mientras los soldados estaban revisando cada casa y llevándose prisionero a cualquier persona del sexo masculino de más de 14 años de edad."[29] El ejército llevó a cabo una operación delicada y muy selectiva en comparación con otras represiones sangrientas. En esta ocasión, mataron a 3 militantes que se negaron a rendirse y se llevaron 200 prisioneros al campo militar número 1 de la ciudad de México.[30] Después de que la calma fue restaurada, el coronel encargado de la ocupación hizo varios anuncios acerca del nuevo sistema de ley y orden que había de prevalecer en la colonia. Dentro de los siguientes 10 días, el ejército liberó a la mayoría de los prisioneros y el gobernador ordenó la introducción de los servicios básicos.[31] Se fijó un precio de 10 pesos por metro cuadrado a fin de pagar el suministro de servicios y éste debía ser liquidado por cada uno de los colonos. Las armas que se encontraron en el asentamiento fueron de muy escasa significación, a pesar de la insistencia de que se llevaba a cabo un tráfico de armas en favor de grupos guerrilleros. 80 machetes, y varias armas de corto alcance fueron recogidas por el ejército. Éstos sugirieron que alguien supo de su intervención y que las ametralladoras habían sido llevadas a otro lado.[32] El coronel decidió el cambio de nombre a su original "Villa de Flores" dado que "no hay razón para utilizar el nombre de un bandido para una colonia de gente decente y éste es además un paraíso de flores".[33] Los periódicos publicaron versiones distintas del incidente, aunque estaba claro que por "instrucciones de arriba" no estaban autorizados para proporcionar detalles. Algunos señalaron que la CIA a través de la intervención de Ivan Illich estaba utilizando el asentamiento para ayudar a grupos de derecha en la ciudad de México; otros se inclinaron a pensar que Castro y la embajada soviética estaban apoyando a grupos guerrilleros en Guerrero y que los líderes de la Jaramillo eran intermediarios en la trasportación de recursos financieros y armas; finalmente que una conspiración religiosa encabezada por el obispo de Cuernavaca, tenía como centro de agitación a la colonia Jaramillo.[34]

[29] Versión personal de una voluntaria, quien fue detenida en el Campo Militar número 1.
[30] *Excélsior,* 29 de septiembre de 1973.
[31] *La Prensa,* 30 de septiembre de 1973.
[32] *Excélsior,* 4 de octubre de 1973.
[33] *Excélsior,* 3 de octubre de 1973.
[34] Véase, *El Día,* 5 de octubre de 1973; *El Heraldo,* 14 de octubre de 1973; y *Avance,* Cuernavaca, 28 de octubre de 1973.

Ninguno de los asesores externos estaban en el asentamiento cuando el ejército intervino. Sin embargo, se escondieron debido a que estaban en la lista de aquellos que iban a ser capturados. Para algunos de los colonos, ésta fue una evidencia de que eventualmente ellos serían los únicos afectados con el uso de la violencia. No hubo protesta de ninguna organización después de que la colonia fue tomada por el ejército, excepto del obispo quien señaló en su homilía semanal: "Es importante insistir en lo justo de los objetivos del asentamiento y en la necesidad de que el ejército y las autoridades civiles respeten los derechos de los detenidos. También es bien claro para mí y para mucha gente que el gobierno liquidó una experiencia comunitaria que era significativa en términos históricos y que la excusa que se utilizó fue totalmente pueril. Espero que, dado que no es la responsabilidad del ejército la de juzgar aquellos que participaron activamente en el experimento, los poderes judiciales asumirán sus obligaciones y darán un tratamiento justo a aquellos que ahora están siendo interrogados bajo presiones sumamente severas en el campo militar."[35] Hay evidencia suficiente de algunos de los participantes y de testigos presenciales de que los prisioneros fueron torturados y que varias veces fueron colocados ante pelotones de fusilamiento.

Dentro del asentamiento, el ejército designó un liderazgo provisional con el propósito de que los contactos diarios con los colonos fueran menos difíciles. La ayuda asistencialista invadió la colonia con el propósito de hacer el intercambio más aceptable, lo que se logró parcialmente ya que hay evidencia de que muchos colonos encuentran intolerable la presencia de la tropa: "Desde que el ejército llegó, la toma arbitraria de decisiones ha significado la desaparición de mucha gente y la introducción de bebidas alcohólicas y de prostitución. Nos seguimos oponiendo a esto porque nuestro objetivo principal, era que éste fuera el primer experimento socialista del país."[36]

La salida del ejército significó la llegada de un aparato sustituto de control, dependiente de las autoridades estatales que se han esmerado en utilizar las armas de la publicidad como una imagen distinta de la colonia. Los pobladores siguen trabajando colectivamente una vez a la semana con el propósito de construir calles y esto es solamente como una forma de evitar que el gobierno les cobre por los trabajos que está realizando.

[35] *Excélsior*, 8 de octubre de 1973.
[36] *Excélsior*, "Todo cambió en la colonia Rubén Jaramillo el día que entró el ejército", 29 de diciembre de 1973.

A nosotros no nos puede importar lo que ocurre a nuestro vecino, como en el pasado. Dos casas se han convertido en cenizas sin que nadie ayude a los propietarios y esto es solamente el resultado de la frustración que nos ha causado la presencia del ejército. Estamos pidiéndole apoyo al presidente Echeverría para que solucione esta situación tan dramática.[37]

Obviamente el espíritu de cooperación depende de algo que la actitud corporativa del ejército y de las autoridades no ha logrado proporcionar, y los colonos siguen buscando una negociación con las autoridades federales en términos que eviten el uso de la violencia.

d] *Los dos asentamientos radicalizados: una comparación*

Es claro que la política de las autoridades con las colonias Jaramillo y Villa fue consistente con el contexto general descrito en el capítulo 3, representando la utilización de medidas extremas que en cualquier caso devinieron en el objetivo común: el control a cualquier precio. El bajo nivel de politización de los líderes en la primera, los convirtió en objetos fáciles de la manipulación por extraños, lo que produjo dentro del asentamiento condiciones de lucha que rebasaron los límites de la tolerancia gubernamental. La organización interna se estaba empezando a desarrollar cuando las demandas de movilización se convirtieron en obstáculo para la consolidación de vínculos internos fuertes y la supuesta convicción de que el PRI y el gobernador del estado eran sus enemigos, no se había difundido suficientemente a pesar de los continuos esfuerzos para introducir teoría "comunista y socialista" (véanse cuadros v-vi y v-iv). Sin embargo, el asentamiento logró adquirir características de autosuficiencia y de autonomía que evidentemente el gobierno no estaba dispuesto a permitir, dada la proximidad geográfica del asentamiento con la ciudad de México, así como por el gran número de voluntarios que trabajaban en Jaramillo. Aunque la actitud de lucha en la colonia Pancho Villa era semejante a la que observamos en el Valle de Cuernavaca, hay diferencias considerables en táctica y estrategia e igualmente en la composición social de los habitantes y de los líderes. Como un principio de seguridad que se respetó desde sus inicios, en la colonia Pancho Villa no se permitió la intromisión de extraños al asentamiento, quienes tampoco buscaron la legitimación

---

[37] *Excélsior*, "Solidaridad aplastada", 19 de enero de 1974.

de su lucha por parte de 'as autoridades, sino que desde el principio trataron de lograr u˖ a cohesión interna mayor y a través de esto lograr el reconocimiento de facto. Tuvieron que esperar bastante, antes de que su lucha fuera más allá de las demandas internas del asentamiento, con el propósito de apoyar a otros grupos de ingresos bajos. La más larga exposición urbana de los colonos de la Pancho Villa, es otro elemento distintivo, dado que muchos de ellos tenían tiempo establecidos en diferentes ocupaciones dentro de la ciudad y habían tenido experiencias dolorosas en el ambiente urbano, consecuentemente su actitud general hacia la violencia radical era de más reserva. Por otra parte, el origen rural de los invasores de Jaramillo fue fácilmente trasformado en actitudes violentas, una vez que se pensó que las ataduras tradicionales de sus pueblos habían concluido. Su presencia en un ambiente urbano y la solidaridad colectiva los estimuló en su desafío a las autoridades (véanse cuadros v-iv y v-iii).

Hay otras características comunes que es importante destacar. En ambos casos, había condiciones políticas y sociales que explican el levantamiento en los asentamientos. La estructura política del PRI se había deteriorado así como los niveles estatales y locales del gobierno. Después de varios intentos sin éxito, por parte de los líderes de los asentamientos para negociar con las autoridades, abandonaron esta táctica debido a la torpeza de los negociadores gubernamentales para incorporar las demandas de los otros grupos. El origen humilde de los peticionarios fue causa de un cierto desprecio de los gobernadores, generando una postura inflexible que fue la causa central de la actitud de lucha. A pesar del uso de terminología izquierdista ̃por parte del liderazgo en ambos asentamientos, es claro que su postura no se inscribió en un proceso global sino en contra de ciertas personalidades. El hecho de que asentamientos de este tipo están surgiendo en varias ciudades de la República, constituye evidencia de que los poderes de cooptación y los mecanismos de respuesta, están resultando obsoletos e inadecuados para satisfacer medianamente las demandas económicas y sociales que llevan a cabo estos grupos de pobres de la ciudad. Así, en los lugares en donde el proceso normal había sido la incorporación de éstos a través de diversos instrumentos de control, ahora el uso de la violencia para resolver necesidades inmediatistas se convierte en práctica frecuente.

Finalmente, en ambos casos, los grupos guerrilleros rurales han sido ligados a esta actitud de lucha. En Chihuahua hubo claras conexiones iniciales, lo que explica la consolidación de una oposición militante al gobierno estatal. En el Valle de Cuernavaca la tradición oral de la lucha de Zapata y Jaramillo en cuanto a la distribución inequitativa de la tierra en el estado, fue la causa de un apoyo interno mayor para una línea dura en contra de un gobernador que ha sido acusado de estar involucrado en transacciones personales con tierras ejidales. Esto es un hecho conocido para los habitantes del estado. Sin embargo, estos asentamientos tienen un alcance sumamente limitado en su lucha, la cual está constreñida a la satisfacción de las necesidades básicas, optándose por exclusión una forma de presión distinta a los canales tradicionales de acceso. Esto puede ser el resultado de ineficiencia individual, pero creemos que es ante todo el síntoma de una deficiencia estructural que puede causar conflictos mayores en ciertas áreas urbanas, lo que sustancía nuestra presunción de que la adecuada relación entre el sistema político y los pobres de la ciudad es el elemento central para condicionar las actitudes de los grupos marginados.

CAPÍTULO 6

CONCLUSIONES

I. CONFLICTO POLÍTICO EN LAS ÁREAS URBANAS, UN PANORAMA GENERAL

Desde sus inicios, el crecimiento urbano mexicano ha estado estrechamente vinculado al desarrollo industrial desequilibrado que
fue financiado por las áreas rurales, originando cambios sustanciales en la estructura agraria de la nación. Éste fue un factor
central que condicionó la migración interna a las ciudades, la
cual a partir de la cuarta década de este siglo en combinación con
una alta tasa de crecimiento natural, incrementó el número de
pobres de la ciudad. Como hemos sugerido, este sector social constituye un grupo distinto de los tradicionalmente existentes. Dos
hechos históricos influyeron para que este fenómeno se diera en
forma distinta a lo que encontramos en otros países latinoamericanos: la Revolución mexicana y la reforma agraria. A partir de
la primera, se sentaron las bases constitucionales del sistema político prevaleciente y de la segunda materializaron las presiones
campesinas para la distribución de la tierra. Sin embargo, no se
logró difundir la convicción de que la letra y el espíritu de la
Constitución debían ser aplicados en su beneficio.

Aparte de los levantamientos religiosos de los veintes, que han
sido considerados por Meyer como una segunda revolución, la
tranquilidad del campo mexicano ha sido ininterrumpida durante
los últimos 50 años.[1] Aun durante el conflicto cristero, debemos
señalar que la participación campesina estuvo restringida a un
área del país donde los terratenientes fueron más seriamente afectados por las disposiciones agrarias y en combinación con el ala
tradicional de la Iglesia católica involucraron a varios miles de
campesinos en el conflicto, donde se ventilaban los intereses de los
latifundistas bajo el pretexto de la defensa de Cristo.

Después de 1917, se puede afirmar que el papel desempeñado
por el hacendado, el prestamista y las diversas fuerzas policiacas
que controlaban las áreas rurales durante el porfiriato, fueron

---

[1] Jean Meyer, *La cristiada*, México, Siglo XXI, 1973.

sustituidas por la propiedad ejidal, la banca de crédito oficial, y las organizaciones políticas creadas para dirigir sus actividades. En consecuencia, el habitante de las zonas rurales cambió lealtades, aceptando las reglas del juego prevalecientes que consisten primordialmente en el respeto a la ley, así como en atender las órdenes de los líderes políticos. Quebrantar tales principios equivale a la desgracia política o simplemente al uso inmisericorde de los viejos métodos de violencia y represión.[2] A pesar de esto, se ha creado la sensación de haber mejorado en comparación con el "viejo orden", donde carecían aún de los elementos para suponer un clima de libertad del cual ahora disfrutan.

Como hemos indicado en el capítulo 1, el programa de reforma agraria no ha sido capaz de resolver el agudo problema que afecta a las zonas rurales. Es bien claro que a pesar de que el PNR, el PRM y el PRI han estado en el poder por 47 años, las diversas administraciones han adoptado estrategias diferentes que en muchas ocasiones son contradictorias con la política que parece más adecuada. Para nosotros, el proceso de marginalización que varios autores relacionan exclusivamente a las áreas urbanas, tiene sus raíces en las zonas rurales. La sensación de falta de protección y vulnerabilidad a la cual las condiciones extremas de pobreza dan lugar, está debidamente canalizada por una maquinaria gubernamental y política que utiliza la negociación y la transacción como formas de evitar conflictos. En este proceso, el factor esperanza desempeña el papel fundamental en el orden individual, manteniendo el uso de medidas drásticas reducidas a un mínimo. Hasta ahora, la estructura agraria ha proporcionado las bases adecuadas sobre las cuales se sostiene la relación dependiente entre habitantes de las zonas rurales y el sistema político. Con el monopolio de recursos en manos de aquél, los habitantes del campo no tienen otra alternativa que respetar los principios señalados unilateralmente por las organizaciones oficiales, las cuales en este aspecto han remplazado a los latifundistas. Han llegado a aceptar plenamente que la forma de protesta debe estar inserta dentro del marco institucional, cuyas agencias y organizaciones están abiertas para recibir quejas y demandas, lo cual no significa que estén dispuestas a resolver las peticiones.

A pesar de que se ha logrado un mejoramiento de las condiciones de vida, ha sido relativo en términos reales, ya que como sugiere Stavenhagen: "la más alta proporción de la producción agrícola

---

[2] Lázaro Cárdenas, *Obras-Apuntes, 1957-1966*, México, UNAM, 1974, p. 441.

ha beneficiado a un muy pequeño sector de la población rural y el ejidatario ha sido totalmente marginal a tal desarrollo".[3]

Dadas estas condiciones, se puede afirmar que el índice de conflictos tanto en el campo como en la ciudad, ha sido significativamente bajo. Esto se explica básicamente por el funcionamiento de la maquinaria política y administrativa y no por la presencia de los caciques del viejo estilo (aun cuando éstos siguen existiendo) como han sugerido algunos autores que parecen simplificar una relación sumamente compleja. Como hemos apuntado, los migrantes no abandonan los pueblos con el fin de evitar el yugo autoritario de un cacique adquiriendo una vida más libre, sino que creemos hay suficiente evidencia para afirmar que hay un mito respecto a que la pobreza de la ciudad no constituye un mejoramiento sobre la pobreza rural. La posibilidad de acceso a niveles de vida superiores que ofrecen las ciudades, genera una expectativa de nuevas dimensiones que convierten a la migración interna en una válvula de seguridad sumamente efectiva para evitar cuellos de botella que pueden causar conflictos mayores.

Para nosotros resulta importante tomar en cuenta estos factores, a fin de entender las condiciones políticas y económicas que dominan la vida de los habitantes de las zonas rurales y en consecuencia explicar, en un contexto global, sus actitudes cuando se movilizan hacia los centros urbanos. Esto es particularmente relevante dado que de acuerdo con algunos autores, en la mayoría de los países de América Latina el abandono del pueblo implica un cambio radical, que da lugar a la teoría de la sociedad dual donde los miembros de un polo atrasado vienen al polo moderno desarrollado y en tales términos, el contacto con el nuevo orden constituye una experiencia impactante y lleva a todo tipo de nuevas actitudes. Es claro que no existe tal sociedad dual y que por lo menos en el caso mexicano el proceso de convertirse en pobre de la ciudad no tiene tales aspectos hostiles. Los continuos contactos de los habitantes en las zonas rurales con la maquinaria política y administrativa, sea en una forma directa o por medio de tradición oral, los hace conscientes del catálogo cívico y político de derechos y sobre todo de las obligaciones que deben cumplir puntualmente. En consecuencia, antes de su arribo, se han establecido con suficiente claridad las bases institucionales de su relación con el sistema político, evitando de esta manera la prolongación de la estructura caciquil tradicional.

En este aspecto, México difiere de otros países latinoamerica-

³ Rodolfo Stavenhagen, "El fracaso de la reforma agraria", *Revista de Revistas*, núm. 83, México, 2 de enero de 1974.

nos en donde los migrantes tienden a tener actitudes impredecibles de acuerdo con su mayor o menor exposición urbana. Esta variable ha sido considerada central para explicar en términos generales un comportamiento dado, sugiriendo que la ciudad es el agente más efectivo de politización. De acuerdo con nuestra evidencia, tal presunción no es equivocada, sino simplemente ha sido presentada inadecuadamente o en forma exagerada, dado que no encontramos elementos que confirmen un cambio o un proceso de radicalización automática. Básicamente prevalecen en el asentamiento urbano las mismas actitudes que tenían en el pueblo, pero con un uso más libre del voto; el cual es utilizado como forma de negociación colectiva. Esto no significa que dicha tendencia esté difundida en México, donde las alternativas políticas son ofrecidas por un partido dominante y la maquinaria gubernamental y no por las organizaciones de oposición. Sino más bien, que se da una actitud más consciente convirtiendo el voto en un vehículo de intercambio con candidatos y autoridades de la ciudad. Cornelius sugiere que los pobres de la ciudad: "Experimentan un contacto positivo con el gobierno dentro del contexto de influencia, ya que sus intentos pueden llegar a proporcionarles un grado de confianza personal de influir en las decisiones y esta nueva sensación que no poseían en las áreas rurales, da lugar a la impresión de eficacia política."[4]

Esta sensación la encontramos de una manera o de otra en cada uno de los asentamientos que investigamos, aun en aquellos de naturaleza radical. Es solamente en este aspecto, que la exposición urbana hace a los migrantes diferentes en actitudes políticas de aquellos que viven en los pueblos, ya que siguen conscientes de la existencia de mecanismos de control y de los efectos posibles en caso de confrontación con el sistema político. Esto confirma nuestra hipótesis de que ignorar el origen rural y las condiciones prevalecientes en el campo, proporciona una explicación equivocada respecto a su actuación en los centros urbanos. Con pocas excepciones, el sentido de inseguridad, de aislamiento y de debilidad que tiene un campesino en lo individual en las áreas rurales desaparece no solamente entre los recién llegados a los centros urbanos, sino aun en aquellos que llevan un período largo de tiempo. Por ello creemos que la variable de exposición urbana debe ser tomada con reservas y no apoyarse solamente en

[4] Wayne A. Cornelius, "The impact of governmental performance on political attitudes and behaviour: the case of the urban poor in Mexico city", en F. F. Rabinovitz y F. M. Trueblood, (comps), *Latin American Urban Research*, vol. III, Beverly Hills, Sage Publications, 1974, p. 230.

ella, aun cuando la hemos utilizado en conjunto con otras que colaboran a explicar los diferentes índices de conflicto.

En este sentido, cabe señalar dos factores insuficientemente tratados en la literatura y los cuales deben ser considerados de gran importancia para explicar las actitudes políticas de los pobres de la ciudad. En primer lugar ¿es correcto considerar a este conglomerado como una clase? Nos parece que a pesar de los esfuerzos para imponer la homogeneidad en las relaciones que este grupo de la sociedad tienen con los medios de producción, y no obstante que existen características económicas y sociales que contribuyen a establecer una identidad común, éstas no son suficientes. Las diferencias que surgen de sus lugares de origen, nivel de educación y sobre todo, su distinto y desigual vínculo con los medios de producción, tiende a romper con la posibilidad de un terreno común y trae como consecuencia un mayor sentido de aislamiento que el prevaleciente en el campo. Hobsbawm ha señalado correctamente: "La clase trabajadora industrial es un grupo con una alta conciencia de clase, en el sentido de que un buen número de sus actividades políticas pueden ser derivadas directamente de sus relaciones específicas con los medios de producción."[5] En este aspecto, podríamos sugerir que los pobres de la ciudad, están en proceso de convertirse en un grupo con una conciencia de clase incipiente la cual depende de su integración en el sistema económico, condición que habrá de prevalecer en tanto se mantengan sus vínculos desiguales con éste. Entre tanto, la evidencia que recogimos nos permite afirmar que hay intereses abiertamente contradictorios en los asentamientos de pobres de la ciudad, mismos que se derivan de la amplia variedad de objetivos tanto individuales como colectivos. No hay elementos para sugerir un sentido difundido de identificación común que pudiese dar lugar a una solidaridad de clase. En este orden, el débil vínculo que une al campesinado mexicano tiende a desaparecer en cuanto llegan a la ciudad, excepto en el sentido menos relevante de que encuentran a parientes y paisanos, el cual está restringido a constituir en el mejor de los casos la familia extensa, sin tomar en cuenta a otros en condiciones similares y de diferentes áreas. La sensación de opresión que prevaleció en las áreas rurales durante la última parte del siglo XIX y la primera parte del presente, ha desaparecido y en consecuencia no existe la convicción identificadora de ser explotado por los no campesinos. Esta actitud de no cuestionar el

⁵ E. J. Hobsbawm, "Peasants and politics", *Journal of Peasant Studies,* Londres, 1973, p. 214.

statu quo y aceptar las condiciones dadas no solamente como último recurso, pero también como un mejoramiento en sus propias condiciones de vida, contribuye a que los pobres de la ciudad actúen de una forma convencional y conservadora.

Un segundo factor que ha sido poco tratado con un enfoque sociopolítico es el relativo al condicionamiento de las actitudes políticas de los pobres de la ciudad por parte de lo que hemos denominado la maquinaria gubernamental y política, rubro bajo el cual en un esfuerzo de comodidad metodológica, hemos incluido a la formación partidaria dominante y sus organizaciones funcionales, así como al aparato de gobierno. Si bien en México estas organizaciones parecen coincidir en algunas de las tareas que llevan a cabo, es importante distinguir los diferentes niveles en los cuales operan. Los pobres de la ciudad claramente diferencian a los funcionarios de ambas entidades y tienen reservas para no evaluar en bloque la "actuación del Estado". Es claro que el partido oficial ha creado una serie de mecanismos con el propósito de dar expresión al manifiesto político de la Revolución mexicana, que con un carácter retórico, contiene secciones acerca de la justicia social y la necesidad de eliminar la desigualdad social. En este aspecto, los pobres de la ciudad se convierten en un sector importante, como una masa fácil de movilizar aceptando los términos sencillos de negociación. Se requiere relativamente poco para mantener buenas relaciones con los diversos asentamientos, que están normalmente dispuestos a cooperar en cualquier actividad ritual del sistema político donde su presencia sea considerada importante. A cambio, el PRI y sus organizaciones, proporcionan los canales necesarios para que los pobres de la ciudad logren tener acceso a quienes toman las decisiones en el gobierno. Sobre estas bases elementales, descansa la relación entre el pobre de la ciudad y la maquinaria política.

El control se ejercita a través de una complicada red de concesiones a los líderes locales, que son cooptados dentro de los niveles bajos de la burocracia del partido o en algunos casos del aparato gubernamental, evitando que se conviertan en una amenaza para el sistema a través de una acumulación excesiva de poder. Los intereses de los líderes locales son fundamentalmente de tipo personal, por lo que colaboran con la maquinaria política en las tareas de manipulación como una forma esencial de lograr sus propios objetivos. Bajo tales condiciones, la atención a las necesidades comunitarias está restringida a los períodos electorales, cuando se requiere un apoyo total a los funcionarios del partido.

Este arreglo *sui generis* entre los pobres de la ciudad y el Partido Revolucionario Institucional, ha condicionado una forma especial de participación que está estrechamente vinculada a su origen rural. No se da un cambio real en el número de obligaciones que deben satisfacer ya que prevalecen los mismos principios de las zonas rurales. Por el contrario, consideran estar más cerca del lado exitoso de la Revolución mexicana y el eslogan de justicia social que influye fuertemente las expectativas de la masa acerca de un futuro bienestar, parece menos remoto que en sus lugares de origen. Las campañas electorales en la ciudad tienen un carácter distinto a las que conocen los migrantes proporcionándoles acceso a los funcionarios de mediano nivel del partido o de las organizaciones funcionales lo que contribuye a disminuir temporalmente su sensación de aislamiento y colabora a hacer tangible la preocupación de políticos y administradores por su bienestar. Es la eficiencia o incapacidad de la maquinaria política de la que depende el grado de violencia y de represión que se debe utilizar, según la efectividad de los diversos intermediarios abocados a resolver cualquier situación conflictiva. La "manipulación recíproca" de que hemos hablado, está sujeta a los términos que acuerden en cada caso los pobres de la ciudad y los funcionarios del partido; aun cuando éstos continúan insistiendo en un retorno a las formas tradicionales bajo las cuales aquéllos tenían poco que aportar. Para el propósito de este trabajo, la actuación gubernamental se refiere a las decisiones tendientes a proporcionar bienes y servicios a los pobres de la ciudad, a las actividades de las diversas instituciones para el bienestar de los individuos o de la comunidad sea por política general o como respuesta a las presiones de los ciudadanos.[6] En este aspecto Hansen ha considerado: ..."con excepción de los efectos de la redistribución de la tierra, en ningún otro de los grandes países latinoamericanos, el gobierno ha hecho tan poco, directamente, en favor de la cuarta parte inferior a su población. La trayectoria seguida por los precios, los salarios y las oportunidades de ocupación, probablemente, ha dejado a la mayoría de las familias que ocupan ese estrato con un nivel de vida igual o menor que el que disfrutaban en 1940. Incluso para las familias que se hallan en el siguiente cuarto de la población, los salarios reales han permanecido por abajo de los niveles de 1940, hasta principios de la séptima década".[7] La exactitud de esta afirmación es difícilmente rebatible y en consecuencia se podría indicar que a pesar de las condiciones objetivas prevalecientes en los asentamientos

[6] Véase Cornelius, *op. cit.*, p. 214.
[7] Roger Hansen, *op. cit.*, pp. 117-118.

urbanos y las bajas tendencias de mejoramiento de estas áreas por
la inversión deficiente de recursos orientados a resolver las necesidades de los habitantes de bajo nivel, los conflictos son relativamente escasos.

Hasta ahora, las autoridades de las ciudades que investigamos
han trabajado sobre la base de un incrementalismo marginal, esto
es, resolviendo problemas de acuerdo a las necesidades inmediatas.
En este aspecto, la ausencia total de un plano regulador o cuando
existe como en Monterrey, la imposibilidad de seguirlo se debe
a la necesidad de continuar con una estrategia integrada dentro
del sistema político. El aparato gubernamental también mantiene
contactos estrechos con los líderes locales y las dependencias
compiten entre sí para obtener el apoyo de una comunidad para
su programa. Esto genera una sensación de actividad y de atención por parte de los pobres de la ciudad que han llegado a fa-
miliarizarse con todo tipo de encuestas para rehabilitación de sus
viviendas, estudios técnicos para la introducción de servicios básicos y documentos elocuentes saturados de promesas insatisfechas.

Algunas comunidades de pobres de la ciudad han adquirido la
convicción de que únicamente con presiones fuertes sobre las
agencias gubernamentales y las autoridades de la ciudad, hay posibilidad de tener éxito con una petición, que de otra manera
podría ser ignorada definitivamente. Cuando han descubierto este
mecanismo, se podría esperar que asumieran una postura radical
sistemática y empezaran a ejercer una presión continua a fin de
obtener beneficios para el asentamiento. Sin embargo, en la práctica, ésta es la excepción, ya que normalmente se logra el frente
común para efectos inmediatos y al lograrse éstos, aquél desaparece, lo que ocurre con frecuencia en relación a la tenencia de la
tierra. El uso de formas violentas de protesta, indiscutiblemente
acarrea riesgos que la población conoce bien, por esta razón tiende
a relegar tal método para casos extremos y solamente cuando
tienen una cierta seguridad de alcanzar sus objetivos, sin pagar
el alto costo de la confrontación.

Hasta ahora el desempeño gubernamental ha sido relativamente
satisfactorio en la resolución de las demandas de los pobres de la
ciudad y para tratar de dar alcance a las promesas hechas por la
maquinaria política durante el período electoral. Pero es en términos del manejo adecuado de los peticionarios que ha sido exitosa la maquinaria gubernamental y política; los funcionarios de
bajo y mediano nivel reciben diariamente cientos de pobres de
la ciudad dándoles aliento y expectativas de acción en un futuro
cercano. Los de mayor jerarquía intervienen en casos de presión

extrema y toman medidas impresionantes, que confirman al pobre de la ciudad en su convicción de que sólo éstos son capaces de resolver las peticiones. La estrecha vinculación entre la maquinaria política y las agencias gubernamentales hace más fácil para estas últimas obtener información vital, a fin de localizar posibles fuentes de conflicto que pueden ser solucionadas por una decisión administrativa que evite el uso futuro de la violencia. En este aspecto, las autoridades de las ciudades investigadas, no parecen estar conscientes de la inmediata necesidad de ayuda a los pobres de la ciudad, en la regularización de la tenencia de la tierra. Ésta ha sido la principal fuente de conflicto y la actitud de aparente apatía del gobierno se explica porque en muchos casos las tierras invadidas pertenecen a individuos identificados con intereses económicos poderosos, los cuales no aceptan una negociación o bien que esas decisiones no dan la oportunidad de celebrar ceremonias con impacto publicitario, tales como la construcción de nuevas unidades habitacionales, actividad que da a los políticos relevancia nacional, mientras que la resolución de la tenencia de la tierra causa problemas y tiene muy poco efecto en la opinión pública. Es bien claro que hasta ahora, las autoridades no han tomado medidas para aprovechar las condiciones de vivienda de muchos asentamientos espontáneos como forma de resolver la presión sobre los servicios básicos, en donde los mismos podrían convertirse en verdaderas unidades habitacionales con la ayuda gubernamental.

El bajo índice de conflicto en los asentamientos urbanos, está estrechamente relacionado además del origen social de los habitantes, y las actividades de la maquinaria política y gubernamental, con la organización interna de los asentamientos. Como hemos señalado, a través de la amplia gama de asentamientos espontáneos considerados, en éstos hay un grupo pequeño, claramente definido en sus características, con cierta educación y decisión que vive ahí porque les resulta más barato y les da la oportunidad de beneficiarse de la ignorancia de sus vecinos. Estos "no marginales" están más vinculados con el gobierno a través de relaciones clientelistas, con una preocupación especial por su propio beneficio y un interés secundario por las necesidades de la comunidad, solamente en tanto ésta les permita obtener servicios de carácter individual. Desempeñan un papel fundamental para garantizar un equilibrio constante, ejercitando el uso de la violencia bajo la protección de las autoridades de bajo nivel. La relación dependiente que los pobres de la ciudad tienen con estos individuos, no les permite sin embargo, adquirir poderes absolutos como los que los caciques tenían anteriormente en las zonas rurales. De hecho, las autoridades de la ciudad han optado por impedir la consolidación de tales feudos, concediéndoles influencia a una serie de personas que reciben tratamiento especial en las oficinas gubernamentales, en consecuencia, el liderazgo en los asentamientos no se monopoliza sino que se distribuye entre varios individuos.

Dos factores han sido importantes en el proceso de decadencia de hombres poderosos dentro de los asentamientos urbanos de México. En primer lugar, es claro que además del interés de la maquinaria gubernamental y política en no permitir la concentración de poder, los pobres de la ciudad han empezado a adquirir conciencia de la posibilidad de lograr beneficios comunitarios y concesiones individuales sin la intervención de intermediarios con los cuales se incurre en compromisos. Esta nueva conciencia puede ser considerada como una etapa en el proceso de politización siendo uno de los efectos que correlacionamos con la exposición urbana, dado que el pobre de la ciudad llega a estar más consciente de que puede acudir personalmente a las oficinas gubernamentales o enviar a sus propios representantes. En segundo lugar, la participación de las mujeres, que han adquirido un nuevo papel que constituye una amenaza al uso arbitrario del poder de los jefes locales. Hasta ahora, su papel en los asuntos de la comunidad ha estado limitado a visitar funcionarios públicos y a negociar servicios para el asentamiento, observando una actitud paciente y tolerante hacia las actividades autoritarias de algunos jefes locales. Sin embargo, es claro que el gobierno parece más dispuesto a aceptar la intermediación de mujeres que la tradicional. Para la comunidad se desprenden mayores beneficios, ya que los líderes siempre buscaban la forma de obtener ventajas de orden personal en cualquier inversión pública y los pobres de la ciudad están más inclinados a permitir que sus mujeres participen en actividades políticas, como un medio para evitar la corrupción de los dirigentes. Hasta ahora, se han convertido en un factor importante para mantener el nivel de conflicto en su punto más bajo, dado que están dispuestas a negociar y transar sin utilizar violencia. Esta nueva característica de los asentamientos espontáneos es indiscutiblemente otro ejemplo de una nueva conciencia política que era prácticamente desconocida hace unos años y que ha sido estimulada indirectamente por el Estado como otro medio para evitar la violencia y la constitución de poderes paralelos en los asentamientos.

La ausencia de oposición política, ha sido un elemento clave para mantener una baja tasa de conflicto, dado que si bien es cierto que a pesar del control que ejerce la maquinaria política del partido y las agencias administrativas del gobierno, los pobres de la ciudad tienen una forma *ad hoc* de participación, la cual está confinada a aquellas formas y ocasiones cuidadosamente decididas por la clase política. Las alternativas para el habitante de las zonas rurales y urbanas en México, difieren considerablemente de aquellas que prevalecían en Chile (antes del 11 de septiembre de 1973) donde un proceso abierto de negociación entre los diversos partidos dio lugar a la formación de una clientela leal y constante, que se adhería disciplinadamente a los postulados de las organizaciones que apoyaban.[8] De esta manera, los asentamientos urbanos llegaron a ser el objeto de interés fundamental en las prioridades partidarias, lo que generó entre éstos, un incremento considerable del proceso de politización. Los pobres de la ciudad en México, parecen en términos generales estar dispuestos a aceptar las reglas del juego político como la base esencial para lograr un mejor nivel de vida, ya que no encuentran otra forma, dado que la posibilidad de lograr apoyo en una organización distinta a la dominante no está a su alcance. Como individuos, han desarrollado una falta de interés en el proceso político y en una mayor participación, especialmente si esto puede significar poner en peligro los escasos logros que han alcanzado. Lo que los convierte en una clientela cautiva pero no convencida del sistema dominante.

Durante nuestro trabajo de campo, encontramos que los intentos realizados por los grupos de la oposición leal e institucional para lograr apoyo de los pobres de la ciudad, fueron recibidos con hostilidad y violencia, dado que sintieron que su actuación no correspondía a la falta de interés que habrían demostrado durante las épocas pasadas. Estos acercamientos por parte de la oposición se caracterizaron por una crítica abierta de las actividades gubernamentales, llevando implícita una invitación para abstenerse de votar durante las elecciones, como única forma de mostrar su descontento con el sistema prevaleciente. Además de la falta de contacto que estas organizaciones han tenido con los pobres de la ciudad, obviamente no toman en cuenta que la maquinaria gubernamental y política ha sido la única que tradicionalmente ha realizado algo material y retórico, en beneficio de las áreas de bajos ingresos. Debido a esto, están no solamente agradecidos sino atemorizados de la posibilidad de disgustar a sus protectores y recibir menos beneficios.

[8] Emilio Klein, *Conflict between rural workers and landowners in Central Chile*, tesis, University of Sussex, 1973, p. 234.

A pesar de que los mecanismos de control utilizados han sido
en términos generales eficaces para mantener la tasa de conflicto
sumamente baja en las áreas urbanas y rurales, el deterioro de
las condiciones en éstas y el surgimiento de agentes externos en
los asentamientos espontáneos, ha sido determinante para explicar el desarrollo de conflictos en algunas zonas. Los funcionarios
gubernamentales así como los representantes del PRI han sufrido
un desgaste en el control que tradicionalmente ejercitaban. Desde
el punto de vista institucional, en los centros estudiados, la falta
de control está estrechamente vinculada a la escasa atención que
han tenido hacia estos asentamientos, así como por una política
errática para entrar en negociación con grupos de clase media que
se han radicalizado, involucrándose en actividades dirigidas por
organizaciones de extrema izquierda o derecha. Estos grupos han
encontrado apoyo en los asentamientos espontáneos, donde la negociación tradicional con el gobierno y los mecanismos de cooptación de las organizaciones del PRI han dejado de ser efectivos, para
lograr la incorporación de los nuevos habitantes de los centros
urbanos. Durante 1975 y principios de 1976 se dieron dos casos
extremos (entre los más destacados) que corroboran nuestra afirmación: "Tierra y libertad" en Monterrey y el "Campamento 2
de Octubre" en la ciudad de México. A pesar de la historia de
ambos fenómenos, la maquinaria gubernamental y política mar-
chó sistemáticamente a la retaguardia de estos asentamientos hasta
verse obligada a la represión violenta de sus habitantes, sin incluir
en ésta a ningún "asesor" de clase media que pudiera generar
una reacción en cadena en los medios estudiantiles. En el segundo
ejemplo mencionado, se procedió como medida extrema a legitimar
la acción rebautizando el área con el nombre de "Fraccionamiento
Benito Juárez".[9] En estos asentamientos, la lucha por la tenencia
de la tierra dejó de ser el único objetivo surgiendo una organización interna fuerte que los hizo menos vulnerables a la política
del sistema. Tampoco se limitaron a obtener servicios básicos, sino
a participar activamente con los grupos externos que los han apoyado. En este aspecto, tienen una opinión crítica de la maquinaria
gubernamental y política así como de la ineficiencia y poca disposición de servicio de los altos funcionarios en la esfera local.

Es claro que la creciente actitud conflictiva de los pobres de la
ciudad, no está relacionada exclusivamente con las condiciones
extremas de miseria o con un mayor índice de radicalismo en

---

[9] Siendo ésta una muestra en que la falta de control ha llevado al desgaste de los símbolos nacionales.

ciertas áreas, sino también con la acción de fuerzas externas combinadas con las condiciones reales de vida. La participación de los grupos "radicalizados" ha sido efectiva debido a su auténtica integración con los asentamientos, lo que contribuye a resaltar la actuación ineficiente del gobierno y del PRI, destacando las posibilidades de vías alternativas. Si bien la acción de los grupos externos ha sido en ocasiones positiva para los asentamientos, también ha contribuido a grandes fracasos dado que inevitablemente proporcionan argumentos para dar lugar a la actuación de la maquinaria represiva con un alto costo social y político para los pobres de la ciudad. Se puede afirmar que el aumento de conflicto, está amplia y sólidamente apoyado y constituye un indicador del desarrollo de la conciencia de clase en lo que se refiere a acciones colectivas de solidaridad y esto implica que el pobre de la ciudad empieza a percibir que pertenece a una clase que tiene un interés definido, el cual debe ser defendido colectivamente. En este aspecto, no sólo la actuación de fuerzas externas ha sido determinante, sino también la política general del régimen que además del uso de una retórica inconsecuente con las decisiones que asume, lo que causa la inconformidad innecesaria de los sectores que potencialmente resultarían afectados, da lugar a que los resabios del "factor esperanza" de sus aliados más leales, se diluyan ante la evidencia de la inacción política y administrativa. Esto ha producido una polarización creciente de actitudes políticas en los sectores urbanos, especialmente entre los grupos de más bajos ingresos. Para el apoyo de esta política se ha hecho poco a fin de lograr que el partido dominante y el gobierno trabajen a un ritmo distinto, dando lugar a un gran vacío, que ha sido aprovechado por los grupos extremistas de clase media. En las comunidades investigadas, aquellos pobres de la ciudad que no se satisfacen por el simple contacto especulativo con los agentes políticos y gubernamentales, requieren de beneficios concretos como prueba esencial de la disposición del Estado de colaborar al desarrollo de estos asentamientos.[10]

Además de la evidencia empírica que recogimos, pudimos observar en los diversos asentamientos estudiados a lo largo del período 1971-1976, la consolidación general de opiniones que de la justicia, uso de la violencia, niveles de incorporación al proceso económico y utilidad de pertenecer a organizaciones sindicales, políticas, culturales, etc., tienen los pobres de la ciudad, entrando en abierta crisis con las concepciones tradicionales. A cambio han

[10] Cornelius, *op. cit.*, p. 235.

surgido formas autónomas como las tareas comunitarias que han sido más exitosas para solucionar los problemas inminentes. Es esta conciencia de pertenecer a un grupo cada vez más confinado a la marginación, lo que ha contribuido a separarlos de los controles que ha ejercido la maquinaria gubernamental y partidaria.

Es factible que de mantenerse la política que el gobierno y el partido dominante han seguido con los asentamientos urbanos, la tendencia creciente en el índice de conflictos se incrementará. En lo cual, la acción de los grupos externos precipitará una ola de descontento mayor entre los pobres de la ciudad, mediante la adecuada manipulación de la miseria, desempleo, frustración, desgaste del factor esperanza, etcétera.

Estas actitudes requieren indiscutiblemente de canales de expresión que si se desea la sobrevivencia del sistema, tendrán que quedar insertos dentro de nuevas alternativas de éste o de otra manera, se convertirán en un detonador difícil de desarticular mediante las prácticas tradicionales, fenómeno cuya capitalización seguramente redituará en beneficio de las corrientes más conservadoras.

BIBLIOGRAFÍA

Adams, Richard, *The second sowing: Power and secondary development in Latin America*, San Francisco, Chandler Publishing Co., 1967.

Aguilar, Alonso, *México, riqueza y miseria*, México, Editorial Nuestro Tiempo, 1967.

Alegría, Ricardo, "Origin and diffusion of the term 'cacique'", en *Selected papers of the international congress of americanist*, Ed. por Sol Tax, Chicago University Press, 1959.

Alavi, Hamza, "Peasantry and revolution", en *The Socialist Register*, Londres, Marlin Press, 1965.

Allum, P., *Politics and society in post war naples*, Cambridge University Press, 1973.

Alschuler, Lawrence R., *Political participation and urbanization in Mexican cities*, PhD. dissertation, Northwestern University, 1967.

Anderson, Nels, *Urbanism and urbanization* Brill. Londres, 1964.

Avrich, Paul, *The russian anarchists*, Princeton University Press, 1967.

Balan, Jorge, "Are farmers sons handicapped in the city?", *Rural Sociology* 33, núm. 2, 1968.

Balan, J., Browning, H. y Feindt, W., *Men in a developing society*, Texas University Press, 1973.

Banfield, Edward C., *City politics*, Vintage Books, 1963.

Bassols, Ángel, *Zonificación de México*. Dirección de Planeación de la Secretaría de la Presidencia, México, 1965.

Bataillon, Claude, *Las zonas suburbanas de la ciudad de México*, Universidad Nacional Autónoma de México, 1965.

Bataillon, Claude, *Ville et campagne dans la region de México*, Anthropos, Ed. París, 1971.

Bequiraj, Mehmet, *Peasantry in revolution*, Center for International Studies, Cornell University Press, 1966.

Beyer, Glenn H. (ed.), *The urban explosion in Latin America: A continent in process of modernization*, Ithaca, N. Y., Cornell University Press, 1967.

Bock, Wilbur, "Rural urban migration and social mobility: The controversy of Latin America", *Rural Sociology* 34, núm. 3, 1969.

Bonilla, Frank, *The failure of elites*, Massachusetts Institute of Technology Press, Cambridge Mass., 1970.

Borah, W. et al., *Ensayos sobre el desarrollo urbano de México*, México, Sepsetentas, 1974.

Bottomore, Tom B., "Social estratification in voluntary associations" en *Social Mobility in Britain*, Glass D. V. ed. Routledge y Kegan Paul, 1954.

Bourne, Richard, *Political leaders of Latin America*, Baltimore, Penguin Books, 1969.

Bourricaud, François, "Structure and function of the Peruvian oligarchy", *Studies in comparative international development*, vol. II, núm. 2, 1966.

Brandenburg, Frank, *The making of modern Mexico*, Englewood Cliffs N. J. Prentice Hall, 1964.

Breese, Gerald (comp.), *The city in newly developing countries: readings on urbanism and urbanization*, Prentice Hall, 1969.

Bowning, Harley y Feindt, Waltraut, "Diferencias entre la población nativa y la migrante en Monterrey", *Demografía y Economía*, México, núm. 2, 1968.

Browning, Harley y Feindt, Waltraut, "Selectivity of migrants to a metropolis in a developing country: A mexican case study", *Demography*, 1969.

Browning, Harley y Feindt, Waltraut, "The social and economic context of migration to Monterrey, Mexico", en F. Rabinovits (comp.) *Latin American Urban Research*, Sage Publications, 1972.

Bujarin y Preobrashelski, *ABC of communism*, Penguin, 1969.

Cabral, Amilcar, *Revolution in Guinea*, Londres, Penguin, 1969.

Calles, Plutarco E., "Informe del presidente Plutarco Elías Calles", *Política*, México, 1964.

Cardona, Ramiro, *Las migraciones internas*, Colombia, Asociación Colombiana de Facultad de Medicina, 1968.

Cardona, Ramiro, *Las investigaciones de terrenos urbanos*, Colombia, Tercer Mundo, 1969.

Cardoso, Fernando H., "Latin American capitalism", *New Left Review*, núm. 74, julio de 1972.

Cardoso, Fernando H., *Ideologías de la burguesía industrial en sociedades dependientes, (Argentina y Brasil)*, México, Siglo XXI, 1971.

Carpizo, Jorge, *La Constitución mexicana*, México, Universidad Nacional Autónoma de México, 1970.

Castells, Manuel, *Problemas de investigación en sociología urbana*, México, Siglo XXI, 1971.

Castells, Manuel, *La cuestión urbana*, España, Siglo XXI, 1974.

Castells, Manuel, "Chile: movimiento de pobladores y lucha de clases", CIDU, Documento 56, noviembre de 1972.

Casimir, Jean, "La estructura de dominación ciudad-campo", *Revista Mexicana de Sociología*, vol. XXXI, núm. 1, 1969.

Cinta, Ricardo, "Desarrollo económico, urbanización y radicalismo político", *Revista Mexicana de Sociología*, vol. XXXI, núm. 3, 1969.

Cline, Howard F., *The United States and Mexico*, Harvard University Press, Cambridge, 1953.

Cline, Howard F., *Mexico: revolution to evolution*, Londres, Oxford University Press, 1971.

Cohen, Robin y Michael, David, "The revolutionary potential of the African lumpenproletariat: A sceptical view", Institute of *Development Studies Bulletin*, University of Sussex, octubre, 1973.

Cornelius, Wayne A., "Urbanization as an agent in Latin America political institutions: The case of Mexico", *American Political Science Review*, vol. LXIII, núm. 3, septiembre 1969.

Cornelius, Wayne A., "The political sociology of cityward migration in Latin America", en *Latin American Urban Research*, Rabinovitz F. y Trueblood F. Editors, Sage Publication California, 1971.

Cornelius, Wayne A., "Contemporary Mexico: An structural analysis of urban caciquismo", en *The caciques: oligarquical politics and system of caciquismo in the luso hispanic world*, Kern, R. Editors, University of New Mexico Press, 1973.

Cornelius, Wayne A., "Urbanization and political demand making: political participation among the migrant poor in Latin American cities", (*American Political Science Review*), vol. 68, diciembre de 1974.

Cornelius, Wayne A., "The impact of governmental performance on political attitudes and behaviour: The case of the urban poor in Mexico city", en *Latin American Urban Research*, vol. III, Rabinovitz F. y Trueblood F. (comps.), Beverly Hills, California Sage Publications.

Cornelius, Wayne A., "Political involvement among low-income migrants to Mexico city", en *Poverty and politics in urban Mexico*, en preparación.

Cornelius, Wayne A. y Trueblood F. M. Editors, *Latin American urban research*, vol. 4, Sage Publications, California 1974. Véase bibliografía selecta.

Cosío Villegas, Daniel, *Historia moderna de México*, vol. 7; *El Porfiriato: Vida económica*, 2da. edición, México, 1965.

Cosío Villegas, Daniel, *El sistema político mexicano*, México, J. Mortiz Editores, 1972.

Cheetham, Rosemond, "El sector privado en la construcción patrón de dominación", *Revista Latinoamericana de Estudios Urbanos Regionales*, núm. 3, octubre, 1971.

Cheetham, R. et al., *Movilización en torno al problema de la vivienda*, Euve, marzo, 1973.

Chesneaux, Jean, *Peasant revolts in China*, 1840-1949, Londres, Thames y Hudson, 1973.

Chevalier, François, *Land and socity in colonial Mexico, the great hacienda*.

Chonchol, Jacques, "El desarrollo de América Latina y la reforma agraria", *Revista Mexicana de Sociología*, vol. XXIX, núm. 2, 1967.

De Katd, Emanuel, *Catholic radicals in Brazil*, Londres, Oxford University Press, 1970.

De la Cruz, J. y Webel, J., "Mexico" en *The urban development in Latin America*, Morse Richard Ed. Standford University Press, 1971.

Dirección de Planificación del Estado de Nuevo León, *Proposiciones para la solución del problema habitacional de la población marginal en el área metropolitana de Monterrey. Dirección de Planificación del Estado de Nuevo León*, abril, 1973.

Dos Santos, Teotonio, *Socialismo o fascismo*, Santiago, Chile, ediciones Prensa Latinoamericana, 1972.

Ducoff, Louis J., "La brecha entre el desarrollo rural y el urbano: el caso de México", *Revista Mexicana de Sociología*, vol. xxx, núm. 3, 1968.

Eckstein, Salomon, *El marco económico del problema agrario mexicano*, México, Centro de Investigaciones Agrarias, 1968.

El Colegio de México, *Dinámica de la población* (varios autores), El Colegio de México, 1970.

Engels, Friederich, *The peasant war in Germany*, Londres, George Allen y Unwin Ltd. Editores, 1927.

Epstein, David, "A revolutionary lumpen proletariat", *Monthly Review*, vol. 21, núm. 7, diciembre, 1969.

CIDU, *Pobladores y administración de justicia*, Equipo de Estudios Poblacionales, Documento 50, 1971.

CIDU, *Campamentos de Santiago y movilización urbana*, mayo, 1972.

Eckstein, Susan, "The State and urban poor in Mexico", (mimeo.) Ponencia presentada en el Center For Inter-American Relations, abril, 1975.

Fagen, Richard y Cornelius, Wayne A., *Political power in Latin America seven confrontations*, Prentice Hall, 1970.

Fagen, Richard y Tuohy, William, *Order without progress*, The Governance of a Mexican Community, Standford University Press, 1972.

Fagen, Richard y Tuohy, William, *Politics and privilege in a Mexican city*, Standford University Press, 1972.

Fanon, Frantz, The *wretched of the earth*, Penguin, 1970.

Fisher, Glen, "Culture change in Nayarit, Mexico" en Wauchope R. Editor *Synoptic studies of mexican culture*, Tulane University Press, 1957.

Flores Olea, Víctor, "Reflexiones nacionales a propósito de la democracia en México", *Revista Mexicana de Ciencia Política*, México, agosto de 1967.

Flores Olea, Víctor, "Poder, legitimidad y política en México", en *México 1980*, Siglo XXI Ed., 1972.

Forbes, Jean, *El sistema de compadrazgo en Santa Ma. Belén Atzitzinititlan*, Tlaxcala, México 1971.

Foster, George, "The dyadic contract in Tzintzuntzan: Patron client relationship", *American Anthropologist* núm. 65, 1963.

Foster, George, "Godparents and social networks in Tzintzuntzan", *Southern Journal of Anthropology*, 1969.

Fraga, Gabino, *Derecho administrativo*, México, Ed. Porrúa, 1965.

Frank, A. Gunder, "Urban poverty in Latin America", *Studies in comparative international development* 2, núm. 5, 1966.

Franklin, Bruce, "The lumpenproletariat and the revolutionary youth movement", *Monthly Review*, vol. 21, núm. 8, enero de 1970.

Fried, Robert, "Mexico City", en *Great cities of the world*, Robson W. y Regan D. Ed. Sage Publications, 1972.

Friederich, Paul, "A mexican cacicazgo", *Ethnology* 4, núm. 2, 1965.

Friederich, Paul, "The legitimacy of a cacique", en *Local level politics social and cultural perspectives*, Chicago, Marc Swartz ed. Aldine. 1968.

Friederich, Paul, *Agrarian revolt in a Mexican village*, Prentice Hall, 1970.

Fuentes Díaz, Vicente, *Los partidos políticos en México*, México, edición del autor, 1956.

Furtak, Robert K., "El PRI: Integración nacional y movilización electoral", *Foro Internacional* núm. 36, México, 1969.

García, Antonio, "Proyección social de las reformas agrarias", *Revista Mexicana de Sociología*, vol. XXIX, núm. 4, 1967.

Galjart, Benno, "Movilización campesina en América Latina", *Boletín de Estudios Latinoamericanos*, núm. 12, CEDLA, Amsterdan, 1972.

Gavan, James, "Un enfoque económico de la pobreza urbana", *Revista Latinoamericana de Estudios Urbanos Regionales*, vol. I, núm. 3, 1971.

Geisse, Guillermo y Hardy, Jorge E., *Latin American urban research*, vol. 2, Sage Publications, 1972.

Gerassi, John, *The great fear in Latin America*, Doubleday, 1965.

Germani, Gino, "Inquiry into the social effects of urbanization in a working class sector", en *Urbanization in Latin America*, Hauser, P. M., editor, Nueva York, 1961.

Germani, Gino, *Política y sociedad en una época de transición*, Buenos Aires, Paidós, 1962.

Germani, Gino, "La ciudad como mecanismo integrador", *Revista Mexicana de Sociología*, vol. XXIX, núm. 3, 1967.

Germani, Gino, *Modernization, urbanization and the urban crisis*, Boston, Little Brown, 1973.

Gibson, Charles, *The Aztecs under the Spanish rule: A history of the Indians of the Valley of Mexico 1519-1810*, Standford University Press, 1964.

Giust, Jorge y de la Fuente, "Proceso migratorio y cambio social en América Latina", *Revista Mexicana de Sociología*, vol. XXXI, núm. 3, 1969.

Glass, Ruth, *Conflict in cities*, Center for Urban Studies, University College, Londres, 1966.

Glass, Ruth, "Anti-Urbanism", en *The city*, Murray Stewart Editor, Londres, Penguin, 1972.

Glass, Ruth (comp.), *Aspects of change*, MacGibbond Kee, Londres. 1964.

Goldrirch, Daniel, "The political integration of lower class urban settlement in Chile and Peru", *Studies in Comparative International Development* 3, núm. 1, 1967-1968.

González Casanova, Pablo, *La democracia en México*, México, Ed. ERA, 1965.

Halperin, T., "Algunas observaciones sobre Germani", *Revista Desarrollo Económico y Social IDES*, núm. 56, vol. 14. 1975.

Hansen, Roger, *The politics of Mexican development*, J. Hopkins Press, 1971.

Hauser, Phillip, *La urbanización en América Latina*, UNESCO, París, 1961.

Hauser, Phillip, "The social, economic and technological problems of rapid urbanization", en Hoselitz, Bert y Moore W. Editors, *Industrialization and Society*, The Hague, 1963, UNESCO.

Havens, E. y Flinn W., "The power structure in a shanty town", en *Internal colonialism and structural change in Colombia*, Havens E. y Flinn W. Editors, Praeger, Nueva York, 1970.

Hobsbawm, Eric, *Primitive rebels*, Manchester, 1959.

Hobsbawm, Eric, *Peasant and rural migrants*, en *Politics of conformity in Latin America*, C. Veliz (editor), Oxford University Press, Londres, 1967.

Hobsbawm, Eric, "Problèmes agraires a la Convencion (Pérou)", en *Les problèmes agraires des Ameriques Latines*, CNRS, París, 1967.

Hobsbawm, Eric, "La marginalidad social en la historia de la industrialización europea", *Revista Latinoamericana de Sociología*, núm. 2, 1969.

Hobsbawm, Eric, "Peasants and politics", *Journal of Peasants Studies*, Londres, 1973.

Horowitz, Irving L., "Peasant and politics", en *Journal of Peasant Studies*, Londres, 1973.

Horowitz, Irving L., "Modern Argentina", The Politics of Power, *Political Quarterly*, vol. 30, núm. 4, octubre, 1959.

Horowitz, Irving L., "Electoral politics, urbanization and political participation in Latin America", en *The urban explosion in Latin America*, Beyer G. H. (ed.) Cornell University Press, 1967.

Huizer, Gerrit, "Movimientos campesinos y reforma agraria en América Latina", *Revista Mexicana de Sociología*, vol. XXXI, núm. 2, 1969.

Heath, Dwight B. y Adams, Richard, "Contemporary cultures and societies of Latin America", *Random House*, 1965.

Inkeles, Alex, "Participant citizenship in six developing countries", *American Political Science Review*, 1969.

Instituto Nacional para el Desarrollo de la Comunidad Rural y de la Vivienda Popular, *Annual Report*, México, 1973.

Ionescu, Ghita (comp.), *Populism: its meaning and national characteristics*, Weindenfield and Nicholson, 1969.

Kahl, Joseph, *The measurement of modernism: A study of values in Brazil and Mexico*, Austin, Universidad de Texas, 1968.

Kauffman, Clifford, "Urbanization, material satisfaction and mass political involvement. The poor in Mexico city", *Comparative Political Studies*, vol. 4, núm. 3, octubre 1971.

Kenny, M., "Patterns of patronage in Spain", *Anthropological Quarterly*, núm. 33, 1960.

Klein, Emilio, *Conflict between rural workers and landowners in central Chile*, PhD. Tesis, University of Sussex, 1973.

Klein, Josephine, *Samples from English cultures*, vol. I, Londres, 1964.
Laclau, Ernesto, "Modos de producción, sistemas económicos y población excedente", *Revista Latinoamericana de Sociología*, núm. 2, 1969.
Lamartine Yates, P., *El desarrollo regional de México*, Banco de México, S. A., México, 1960.
Lavell, Allan, *Industrial development and the regional problems. A case study of Central México*, Unpublished, Ph. D. tesis, Universidad de Londres, 1971.
Lavell, Allan, "Regional industrialization in Mexico: Some policy considerations", *Regional Studies*, vol. 6, 1972.
Leeds, Anthony, "The significant variables determining the character of squatter setetlements", *América Latina*, Río de Janeiro, 12-núm. 3, 1969.
Leeds, Anthony, "The culture of poverty concept conceptual, logical and empirical problems, with perspectives from Brazil and Peru", en E. Leacock (Ed.) *The Culture of Poverty: Review and Critic*, Nueva York, Simon y Schuster, 1970.
Leeds, Anthony y Elizabeth Leeds, "Brazil and the myth of urban rurality", en Field ed. *City and country in the Third World*, Cambridge Mass., 1969.
Lefevre, Henri, *La revolución urbana*, Alianza Editorial, Madrid, 1970.
Lewis, Oscar, "Life in a Mexican village", *Tepoztlan Restudied*, Urbana, Ill. University of Illinois Press, 1951.
Lewis, Oscar, "Urbanization without a breakdown: A case study", en *Scientific Monthly* 75, julio, reimpresa en D. Heath y R. N. Adams (eds.) *Contemporary cultures and societies of Latin America*, Nueva York, Random House, 1965.
Lewis, Oscar, *The children of Sánchez*, Random House, 1961.
Lenin, Vladimir, *Selected works*, Lawrence and Wishart Id, Londres, 1936.
Lomnitz, Larissa, "Supervivencia en una barriada de la ciudad de México", *Demografía y Economía*, vol. VIII, 1973.
Lomnitz, Larissa, *Cómo sobreviven los marginados*, México, Siglo XXI, 1975.
López Cámara, Francisco, *La estructura económica y social de México en la época de la Reforma*, México, Editorial Siglo XXI, 1969.
Mangin, William, "The role of regional associations in the adaptation of rural migrants to cities in Peru", en Heath D. B. y Adams (ed.), *Contemporary cultures and societies of Latin America*, Random House, Nueva York, 1965.
Mangin, William, "Latin American squatter settlements" en *Latin American Research Review*, vol. II, núm. 3, verano de 1967.
Mangin, William, "Poverty and politics in cities of Latin America", en Bloomberg W. y Schandt H. S. (ed.) *Power, poverty and urban policy*, California University Press, 1968.
Mangin, William (ed.), *Peasants and cities*, Boston Houghton Mifflin Co., 1970.

Manjarrez, Froylán, *Rubén Jaramillo, autobiografía y asesinato*, México, Nuestro Tiempo, 1967.

Mao Tse-tung, "Analysis of the classes in Chinese society 1926", en *Selected readings foreign languages*, Pekín, 1967.

Margulis, Mario, "Análisis de un proceso migratorio rural", *Aportes*, núm. 3, 1967.

Margulis, Mario, *Migración y marginalidad en la sociedad argentina*, Argentina, ed. Paidós, 1968.

Margulis, Mario, *Revolucionarios de la periferia*, México, Paper Presented in the CONACYT Continent 1 Meeting, junio, 1973.

Marx, Karl, *The eighteenth brumaire of Louis Bonaparte*, Londres, Allen and Unwin, 1926.

Marx, Karl, *Formaciones económicas precapitalistas*, con un estudio de Eric Hobsbawm, Córdoba, Cuadernos de Pasado y Presente 20, 1971.

Marx, Karl, *Class struggle in France*, Londres, Martin Lawrence Ltd., 1934.

Marx, Karl y Engels, F., *Manifesto of the communist party*, Foreign Languages Publishing House, Moscú, 1955.

Mauro, F., *Le development économique de Monterrey*, Caravelle (Toulousse, France) núm. 2, 1964.

Meadows, P., *Urbanism, urbanization and change*, Wesley Publishing.

Medina, Carlos Alberto, *A favela e o demagogo*, São Paulo, Martins, 1964.

Miller, J. y Gakenheimer, R. A., *Latin American urban policies and the social sciences*, Sage Publications, 1971.

Molina Enríquez, Andrés, *Los grandes problemas nacionales*, México, Instituto Nacional de la Juventud Mexicana, 1965.

Montaño, Jorge, *Partidos y política en América Latina*, Universidad Nacional Autónoma de México, 1975.

Moore, Barrington Jr., *Social origins of dictatorship and democracy*, Londres, Penguin University Books, 1973.

Moreno Sánchez, Manuel, *La crisis política de México*, México, Extemporáneos, 1971.

Moreno Toscano, A., "Migrations to Mexico city in the XIX century" *Journal of Interamerican Studies*, vol. 17, febrero de 1975.

Morse, Richard M., "Recent research in Latinoamerican urbanization a selective survey with commentary", *Latin American Research Review*, I, núm. 1, 1965.

Morse, Richard M., "Urban society in contemporary Latin America", *Ventures*, 7, núm. 2, 1967.

Mosk, Sandford, *Industrial Revolution in Mexico*, Ed. Ezequiel Harper y Bros., 1947.

NAFINSA (varios autores), *La política industrial en el desarrollo de México*, 1972.

Needler, Martin, *Politics and society in Mexico*, Albuquerque, New Mexico University Press, 1971.

Nelson, Joan M., *Migrants, urban poverty and instability in developing nations*, Cambridge, Center for International Affaires, Harvard University, 1969.

Padgett, Vincent L., *The Mexican Political system*, Boston, Houghton Mifflin Co., 1966.

Park, Robert, "The city", en Park, Burgess y McKenzie Editors, *The city*, 1925.

Portes, Alejandro, *Cuatro poblaciones: informe preliminar sobre situación y aspiraciones de grupos marginados en el Gran Santiago*, Chile, 1969.

Portes, Alejandro, "Rationality in the slum: An essay in interpretative sociology", *Comparative studies in society and history*, vol. 14, núm. 3, 1972.

Powell, John D., "Peasant society and clientelist politics", *American Political Science Review*, LXIV, núm. 2, 1970.

Powell, Sandra, "Political participation in the barriadas", *Comparative political studies*, vol. 2, núm. 2, julio de 1969.

Pratt, Raymond, "Community political organization and lower class politization in two Latin American cities", *Journal of Developing Areas*, julio, 1971.

Pynziur, Eugene, *The doctrine of anarchism of Michael Bakunin*, Milwaukee, 1955.

Quijano, Aníbal, "La urbanización de la sociedad en América Latina", *Revista Mexicana de Sociología*, vol. XXIX, núm. 4, 1967.

Quijano, Aníbal, *Urbanización y tendencias de cambios en la sociedad rural en América Latina*, CEPAL, División de Asuntos Sociales, 1967.

Quijano, Aníbal, "Dependencia, cambio social y urbanización en América Latina", *Revista Mexicana de Sociología*, vol. XXX, núm. 3, 1969.

Quijano, Aníbal, *La constitución del mundo de la marginalidad urbana*, EURE, Santiago de Chile, julio, 1972.

Rabasa, Emilio, *La Constitución y la dictadura*, Madrid, Edit. América, 1917.

Rabinovitz, Francine F., "Sound and fury signifying nothing? a review of community power research in Latin America", *Urban Affairs Quarterly*, 3, 1968.

Rabinovitz, F. y Trueblood, Felicity, *Latin American urban research*, Sage Publications, 1917, vol. I, vol. III.

Ray, Talton, *The politics of the barrios of Venezuela*, University of California Press, Berkeley, 1969.

Restrepo, Iván, "Ninguna esperanza para cuatro millones de campesinos". *Excélsior*, México, 22 de octubre de 1972.

Reynolds, Clark, *The Mexican economy*, Yale University Press, 1970.

Roberts, Bryan, "Urban Poverty and Political Behaviour in Guatemala", *Human Organization* 29, núm. 1.

Roberts, Bryan, "Politics in a neighbourhood of Guatemala city", *Sociology*, núm. 2, 1968.

Rudé, George, *The crowd in the french Revolution*, Clarendon Press, Oxford, 1959.

Rudé, George, *La multitud en la historia, 1730-1848,* Buenos Aires, Siglo XXI, 1971.

Scott, Robert, *Latin American modernization problems,* University of Illinois Press, 1973.

Scott, Robert, *Mexican government in transition,* University of Illinois Press, 1964.

Scott, James, "Corruption, machine politics and political change", *American Political Science Review* 63, núm. 4, 1969.

Segovia, Rafael, "La política nacional", *Plural,* México, julio de 1973.

Serge, Víctor, *Memoirs of a revolutionary,* Oxford University Press, 1972.

Shanin, Theodor, *Awkward class political sociology of peasantry in a developing society,* Russia 1910-1925, Oxford University Press, 1972.

Shanin, Theodor, "The peasantry as a political factor", *Sociological Review,* vol. 14, núm. 1.

Simpson, Lesley, *Many Mexicos,* University of California Press, Berkerley, 1967.

Sigüenza y Góngora, Carlos de, *Relaciones históricas,* selección, prólogo y notas de Manuel Romero de Terreros, México, Biblioteca del Estudiante Universitario, 1954.

Sjoberg, G., "The origin and evolution of cities", *Scientific American,* septiembre, 1965.

Soares, Glaucio D., "Desarrollo económico y radicalismo político", en J. A. Kahl Ed. *La industrialización en América Latina,* México, Fondo de Cultura Económica, 1965.

Soares, Glaucio D., "The politics of uneven development. The case of Brazil", en S. M. Lipset y Rokkam Eds. *Party systems and voter alignments cross national perspectives,* New York Free Press, 1967.

Soares, Glaucio D., *Apuntes sobre las consecuencias políticas de la migración,* trabajo presentado al Seminario sobre migraciones del Centro Latinoamericano de Demografía, Santiago, Chile, diciembre, 1972.

Soares, Glaucio D., *Apuntes sobre las consecuencias políticas de la migración en México* (mimeo.), 1973.

Sorauf, F., "The silent revolution in patronage", en E. Banfield Ed., *Urban Government,* New York Free Press, 1961.

Southall, Aidan Ed., *Urban Anthropology,* Oxford University Press, Londres, 1973.

Stavenhagen, Rodolfo, "Un modelo para el estudio de las organizaciones políticas en México", *Revista Mexicana de Sociología* (abril-junio), 1967.

Stavenhagen, Rodolfo, "Aspectos sociales de la estructura agraria en México", en *Neolatifundismo y explotación,* Nuestro Tiempo, 1968.

Stavenhagen, Rodolfo, "Seven wrong thesis about Latin America", en Horowitz, I., *Latin American radicalism,* 1970.

Stavenhagen, Rodolfo, *Sociología y subdesarrollo,* Nuestro Tiempo, 1972.

Stern, Claudio, en I. Restrepo, "Ninguna esperanza para cuatro millones de campesinos", *Excélsior,* 22 de octubre de 1972.

Silverman, S., "Patronage and community nation-relationship in central Italy", *Ethnology*, núm. 4, 1965.

Sympson, E., *The ejido, Mexico's way out*, Chappel Hill, 1937.

Tucker, W., *The mexican government today*, University of Minnesota Press, 1957.

Turner, John K., *Barbarous Mexico, 1910*, Texas Pan American Series, Austin, 1969.

Turner, John F. C., "Carriers and channels for Housing Development in modernizing countries", *Journal of American Institute of Planners*, vol. 33, 1967.

Turner, John F. C., "Uncontrolled urban settlement problems and policies", en Breese G. Ed. *The city in newly developing countries*, Readings of Urbanism and Urbanization, Prentice Hall, 1969.

Ugalde, Antonio, *Power and conflict in a Mexican community. A study of political integration*, Albuquerque, University of New Mexico, 1970.

Unikel, Luis, "Ensayo sobre una nueva clasificación de población rural y urbana en México", *Demografía y Economía*, II, 1, 1968.

Unikel, Luis, *La dinámica del crecimiento de la ciudad de México*, edición Fundación para Estudios de la Población, México, 1972.

Unikel, Luis, "Urbanización y urbanismo", en M. Wionczek, Ed. *Disyuntivas sociales*, Sepsetentas, Editores, México, 1972.

Vanderschueren, Franz, "Pobladores y conciencia social", *Revista Latinoamericana de Estudios Urbanos Regionales*, vol. 1, núm. 3, octubre, 1971.

Vanderschueren, Franz, "Significado político de las juntas de vecinos en poblaciones de Santiago", *Revista Latinoamericana de Estudios Urbanos Regionales*, junio, 1971.

Vernon, Raymond, *The dilema of Mexico's development*, Harvard University Press, 1966.

Weingrod, Alex, *Patrons patronage and political parties*, Comparative Studies in Society and History, 10, núm. 4, 1960.

Weintraub, B., *Immigration and social change*, Manchester University Press, 1971.

Wilkie, James W., *The Mexican Revolution. Federal expènditure and social change since 1910*, University of California Press, 1967.

Wolf, Eric, "Aspects of group relations in a complex society; Mexico", en *Contemporary cultures and societies of Latin America*, Heath D. y Adams R., Editores, Random House, 1965.

Wolf, Eric, "Friendship and patron-client relations in a complex society", en Banton M. Ed. *The social anthropology of complex societies*, Tavistock Publications, Londres, 1966.

Wolf, Eric y Hansen, Edward, "Caudillo politics. A structural analysis", *Comparative studies in society and history*, 9, 1967.

Wolf, Eric, *Las luchas campesinas en el siglo XX*, México, Siglo XXI, 1972.

Wolf, Eric, "On peasant rebellions", *International Social Science Jour-*

nal, vol. 21, 1969; reimpreso en T. Shanin, *Peasant and peasant societies*, Londres, Penguin, 1972.

Wolfe, Marshall, "Some implications of recent changes in urban and rural settlements patterns in Latin America", *United Nations, World Population Conference*, Belgrado, 1965.

Womack, John, *Zapata y la Revolución mexicana*, México, Siglo XXI, 1969.

Worsley, Peter, "The concept of populism", en Ionescu y Gellner (comps.), *Populism*, Weidenfield and Nicholson, 1969.

Worsley, Peter, "Problems of the have-not world", en Marcus, Cunliffe, *The times history of our times*, Weidenfield and Nicholson, 1971.

Worsley, Peter, "Frantz Fanon and the lumpenproletariat", *Socialist Register*, Merlin Press, 1972.

Worsley, Peter (comp.), *Two blades of grass*, Manchester University Press, 1968.

HECHO EN MEXICO

impreso en editorial romont, s.a.
presidentes 142 - col. portales
del. benito juárez 03300 méxico, d.f.
un mil ejemplares y sobrantes
16 de enero de 1985

www.ingramcontent.com/pod-product-compliance
Lightning Source LLC
Chambersburg PA
CBHW030008290326
41934CB00005B/262